호미 바바의
탈식민적 정체성

Homi K. Bhabha by David Huddart
Routledge Critical Thinkers
ⓒ 2006 David Huddart
All Right reserved.

Korean translation edition ⓒ 2011 LP Publishing Co.
Authorized translation from English language published by Routledge,
an imprint of the Taylor & Francis Group, UK
Arranged by Bestun Korea Agency, Seoul, Korea.
All rights reserved.

이 책의 한국어 판권은 베스툰 코리아 에이전시를 통해
저작권자와 독점 계약한 도서출판 앨피에 있습니다.
저작권법에 의해 한국 내에서 보호를 받는 저작물이므로
어떠한 형태로든 무단 전재와 무단 복제를 금합니다.

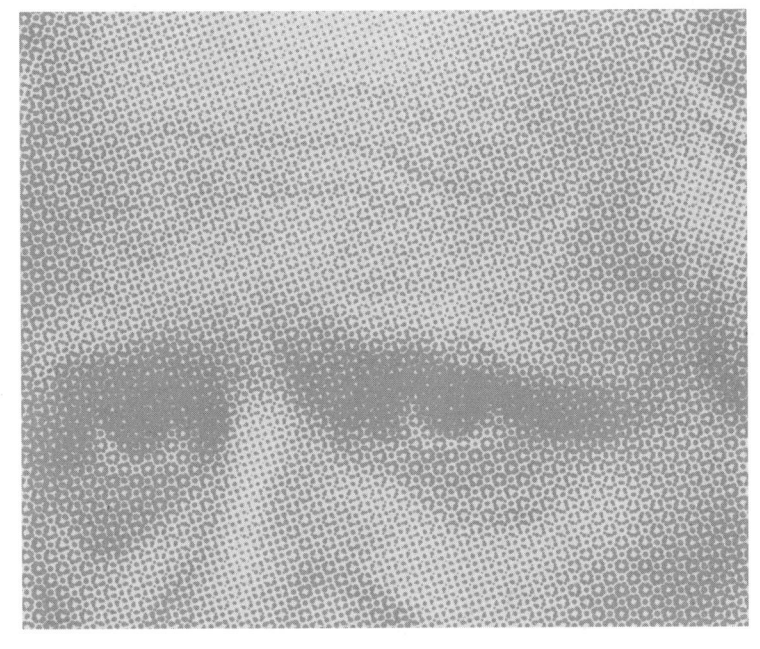

호미 바바의
탈식민적 정체성

데이비드 허다트 지음 | 조만성 옮김

옮긴이 글
바바에게 다가가는 몇 가지 방법

탈식민 이론의 '성삼위聖三位'

호미 바바는 로버트 영에 의해서 에드워드 사이드, 가야트리 스피박과 더불어 '탈식민주의의 3대 이론가'로 칭송받은 인물이다. 탈식민주의 이론의 활성화를 가져온 사이드와, 탈식민주의 진영에서 페미니스트들의 찬사를 받는 스피박은 이미 국내에 여러 권의 저서가 번역되었다. 또한 두 이론가는 문학 분야를 넘어서서 역사학, 철학, 사회학 등 여러 사회인문학 분야에서 다양한 용도로 활용되고 있다. 이 두 사람에 비하면 국내 독자들에 대한 바바의 영향력은 매우 미미해 보인다.

그도 그럴 것이 바바의 대표적인 에세이 모음집인 《문화의 위치》가 오래전에 번역되었지만, 그 수준과 질이 의심스러워 오히려 원본에 대한 오해를 가져올 정도이다. 이것 말고는, 민족의 혼종성과 근대적 이데올로기로서 민족주의가 가진 불안정성을 다룬 일련의 에세이들을 바바가 편집한 《Nation and Narration》이 최근에야 '국민과 서사'라는 제목으로 번역되어 나온 정도이다.

바바는 어렵다

바바는 그의 글을 읽기가 매우 어렵다는 것이 문제이다. 이에 대한 재미있는 일화가 있다. 1996년부터 1998년까지 《철학과 문학Philosophy and Literature》지에서 이른바 '나쁜 글쓰기 상Bad Writing Contest'을 수여했다. 이 상을 제정한 목적은 쓸데없이 글을 어렵게 쓰는 철학자나 문학비평가들을 비판하는 데 있었다. 이 상을 제정한 데니스 더트 교수는 '평생 칸트를 공부한 사람'으로서, 칸트는 복잡한 문제와 씨름할 때에만 글이 어렵고 복잡해진다고 말한다. 그런데 더트가 보기에 1980, 90년대 이론가들은 스스로 학계의 연구 대상이 되려고 글을 어렵게 쓴다. 물론 글을 어렵게 쓰는 것 자체도 심도 있는 논의가 가능한 주제인지라 연구자들마다 이견이 있을 수 있다.

우리가 이 책에서 논의할 바바는 1998년도에 철학자 주디스 버틀러에 이어 '나쁜 글쓰기 상' 2위를 차지했다. 바바가 2위에 그친 것이 아쉽긴 하지만, 전년도 1위 수상자가 프레드릭 제임슨이란 사실을 떠올려 보면, 이 상도 아무나 받는 것은 아니라는 걸 알 수 있다. 문제는 앞서 데니스 더트 교수가 칸트에 대해 말한 내용이 바바에게도 적용될 수 있는가이다. 즉, 바바가 이해하고 설명하기 힘든 문제를 붙잡고 온 힘을 다해 드잡이하기 때문에 그 글이 어려워지는 것인가? 아니면 별것 아닌 문제를 대단한 문제인 양 부풀리려고 없는 문제를 '만들고', 그 문제에 대한 비판도 '만들어서' 복잡해 보이도록 '만드는' 것인가? 바바의 글쓰기가 가진 '어려움'을 어떻게 바라보는지에 따라 바바에 대한 평가, 즉 비평가 또는 이론가로서 바바가 지니는 진정성에 대한 평가도 달라질 수밖에 없다.

  바바의 글이 전문 연구자들조차 해독이 불가능할 정도로 어렵다는 것은 가벼이 넘길 일이 아니다. 어려운 이유는 여러 가지로 생각해 볼 수 있겠지만, 그의 글에서 수사rhetoric가 차지하는 비중이 꽤 크다는 점과 그가 기존 개념들에 의문을 제기하면서 글을 쓴다는 점을 고려할 수 있다. 게다가 바바가 사용하는 개념이 갖는 불연속성으로 인해 같은 기표로 된 개념도 문맥에 따라 완전히 다른 의미로 사용되는 경우가 많아 일관된 독해를 하기 힘들다.

어려움의 이면

과도해 보이는 수사와 개념에 대한 근본적 회의는 그의 글을 해독 불가능하게 만들기도 하지만, 바바가 말하고자 하는 바를 형식 그 자체로 보여 주는 것이기도 하다. 이러한 형식을 통해 바바는 기존에 당연하게 여겼던 주체와 객체의 관계, 식민지배자의 우월성과 피지배자의 열등성, 서로 확연히 구분되는 문화, 신체적으로 그리고 문화적으로 다른 본질을 가진 민족들의 존재 등등에 심각한 의심을 보낸다. 이렇듯 고정된 것으로 여겨졌던, 그리하여 사고 과정에 안정감의 토대를 제공하던 개념들은 바바의 수사와 근본적 회의를 거치며 모두 어느 정도는 그 본질적 특성에 치명상을 입게 된다. 그 대신에 양가적이고 혼종적인 존재가 전면에 등장하게 된다. 바바는 '양가성'과 '혼종성'이란 개념을 통해서 기존의 인식의 지도 바깥에 존재하던 것들을 논의한다.

혼종성

문화적 혼종성이란, 어떤 문화도 다른 문화의 영향 바깥에 놓여 있으면서 순수하게 존재할 수 없음을 말한다. 그러나 바바는 이런 식의 문화적 구분이 애초에 존재한다고 생각하지 않기 때문에, 이러한 구분은 그의 사고의 출발점이 아니다. 그는 서로 다른 문화가 상호작용하여 혼종적인 문화를 만들어 낸다고 보는 것이 아니라, 애초에 출발점은 지금 우리가 문화들 간의 경계선 또는 중간 지대라고 여기는 지점이라고 생각한다. 이렇게 되면 문화를 논할 때 혼종적인 것이 규범적인 것이 되고, 서로 뚜렷이 구분되는 것이 특수한 것이 된다. 바바의 입장에서는 기존에 우리가 사유하던 지점은 서구의 근대를 통해서 개념화된 특수한 지점이다. 이는 우리가 기존에 생각하던 문화의 보편적인 존재 양식을 거부하는 것이다.

양가성

양가성이라는 것도 바바를 읽기 힘들게 만드는 요소이면서 동시에 개념의 고정성에 의문을 제기하게 한다. 양가적이라고 말하는 것은 어떤 개념이나 대상을 지칭하는 기표가 실제로 그 지시 대상을 완전히 다 포괄할 수 없음을 의미한다. 즉, 어느 대상에 대해 말하는 순간, 그 대상을 지칭하기도 하지만 그 대상을 완전히 지칭하지 못한다는 이유로 그 대상을 지칭하지 않을 가능성도 있다는 말이다. 예를 들어, 근대적 인간이라고 하면 그 인간이 지니는 특성들이 떠오르게 마련인데, 그러한 특성을 갖지 못한 대상, 즉 근대적 인간에 해당되지 않은 대상들도 존재할 수 있다는 것이다. 그러면 근대적 인간이라는 개념은 보편적인 개념이 아니게 되고, 그 안에 스스로를 부정할 수 있는 가능성, 즉 양가성을 드러내게 된다.

바바가 노리는 바

이처럼 심도 깊은 사고를 하는 데 필요한 개념들의 순수성과 보편성이 각각 혼종성과 양가성으로 불안정해진다는 사실은 필연적으로 사고의 복잡성과 불안정성, 그리고 혼란스러움을 불러일으킨다. 바로 이것이 바바가 의도하는 바이다. 우리가 당연시하던 개념이 애초에 서구 중심적이므로 그것이 시공간적으로 (계몽주의 이후 서구가 아닌) 다른 구체적인 맥락에 적용되면 애초에 그 개념에 있다고 여긴 보편성과 안정성이 흔들리게 된다. 우리가 생활하고 살아가는 시공간은 보편적인 기준이 적용되는 곳이 아니라, 구체적인 상황과 맥락이 지배하는 공간일 수밖에 없다. 그러면 그 맥락에 비추어 반드시 기존의 개념들을 변형시키고 조정해야만 한다. 이 지점이 바바가 현대 철학 이론에 기여한 부분이다. 한 마디로, 바바의 탈식민적 사고는 근대의 패러다임 바깥에서 근대가 가진 식민성을 재고해 보려는 시도이다.

바바의 폐해

그동안 학계에서는 근대에 대해 의문을 품는 바바와 같은 탈근대/탈식민주의자들의 이론을 근대에 대한 전면적인 부정으로 단순화시키는 경향이 지배적이었다. 탈근대적 사고에는 근대에 대한 제대로 된 이해와 성찰이 뒷받침되어야 하는데, 바바를 비롯한 몇몇 탈식민/탈근대 이론가들의 저서를 궁극의 지식인 양 떠받드는 모습도 보인다. 바바와 같은 이론가들이 서구를 전면적으로 비판한 끝에 서구 근대의 억압적·식민적 측면이 드러난 것은 사실이다. 그러나 이들의 비판적 사고 또한 그 뿌리를 보면 서구의 탈근대적 경향과 궤를 같이하고, 이들의 주요 활동 무대가 뉴욕과 런던으로 대표되는 서구의 메트로폴리스에 위치한 대학이라는 점은 이들의 주장도 이들이 제기한 비판에서 자유롭지 못함을 말해 준다.

바바의 활용

바바의 글이 가진 장점과 단점을 염두에 두고 다시 맨 처음에 제기했던 문제로 돌아가 보자. 바바가 지닌 어려움에는 진정성이 묻어나는가? 구체적으로 말해서, 바바는 정치적 식민지배가 거의 종결된 시점의 구체적이고 실질적인 문제를 다루고 있는가? 아니면 단지 지적 유희에 그치고 있는가? 이는 서구의 역사적 과정에서 만들어진 규범적 개념들의 네트워크에 기반하여 구체적인 현실로서 우리 사회를 설명해 나가는 데 이 개념들을 어떻게 받아들일 것인가 하는 문제로 귀결된다.

  이에 대해서는 두 가지 상반된 입장이 있을 수 있다. 우선, 바바가 근본적이라고 제기한 문제는 실제로는 경험할 수 없는 문제라서 기존에 서구에서 발전한 개념들을 굳이 폐기할 필요는 없고, 거기에 기대어 우리 사회를 충분히 설명할 수 있다는 입장이 있을 수 있다. 이와는 상반되게, 바바의 고민이 애초에 서구 근대가 경험하지도 인식하지도 못한 문제라는 입장이 있을 수 있다. 이러한 입장은 서구의 개념으로는 식민지배를 경험한 우리 사회를 설명할 수 없다는 주장으로 이어질 것이다. 바바를 읽는 우리는 이 양극단의 어디쯤엔가 우리를 위치시켜야 한다.

클리포드 기어츠는 어떤 새로운 개념이 우리의 사고 속으로 들어올 때 그 개념이 발휘하는 파괴력을 수잔 랑어의 설명을 빌려 소개한다. 초기에는 이 새로운 개념이 우리가 고민하는 문제를 단번에 해결해 줄 수 있는 것처럼 보여 모든 연구자들이 이 개념을 확장시켜 하나의 체계를 만들려고 달려든다. 그러나 시간이 흐르면서 새로운 개념이 기존 체계 속으로 편입되기 시작하면 초기의 혼란은 어느 정도 해소된다. 그런 후에는 새로운 개념이 초기에 제시한 것처럼 보였던 전지전능함은 사라지고, 모든 현상이 아니라 일부 현상을 설명할 수 있는 것으로 자리 잡는다.

바바와 그의 개념 및 이론도 마찬가지일 것이다. 나는 이 책이 한국 독자들이 바바를 읽으면서 겪게 되는 어려움을 해소하는 데 조금이나마 보탬이 되길 바란다. 이 책을 통해 바바를 에워싼 어려움이란 껍질이 한 꺼풀이라도 벗겨져, 그에 대해 무비판적 찬사나 일방적 폄훼가 아닌 좀 더 공정하고 정당한 평가를 내릴 수 있기를 기대한다.

2011년 10월 옮긴이

| 차례 |

옮긴이 글 바바에게 다가가는 몇 가지 방법 5

제1장 왜 바바인가?
바바가 포착한 서구 열강의 '불안' 19
방법론: 식민지배 담론 분석 24
자아와 타자 28
이 책 33

제2장 읽기
강제하고 강제당하는 읽기 39
바바 읽기 41
바바의 읽기 43
비판적 사고 읽어 내기 46
정치적 읽기: 자유주의와 밀 52
정치적 읽기: 마르크스주의와 파농 56
시적 읽기 68

제3장 스테레오타입
'스테레오타입'이 일으킨 문제들 73

식민지배 담론에 관한 이론　78
도구성과 환상　80
정신분석학적 재현　83
대상(목표) 바꾸기　88
역사 속의 백인성　94
'어둠의 속'　97

제4장　흉내

과장된 흉내, 조롱의 한 형태　107
미메시스와 흉내 내기　109
식민지배 텍스트　114
부분적 존재로서의 정체성　119
시각적 (성)충동　124
'상상 속의 고향'　128

제5장　기괴한 낯섦

식민지배의 괴상한 닮은꼴 관계　143
과거를 반복하기　145
기괴한·낯섦의 정의　150
이주의 경험　155
'스스로에게 낯선 우리'　158

인간과 그의 닮은꼴 163
  '인도로 가는 길' 174

제6장 민족

  '민족'이라는 안정된 정체성 185
  '반항하는 젊은 영혼들' 189
  민족을 상상하기 192
  민족을 수행하기 195
  민족이 되기 200
  민족에 대한 관점 203
  공동체와 민족 213
  민족과 교육 215

제7장 문화적 권리

  문화 담론과 인권 담론 223
  문화와 혼종성 225
  자유주의와 소수민 권리 231
  권리 서술 238
  성과 집단 권리 243
  서사할 권리 246
  '민주주의의 비-실현' 251

전 지구적 시민권 257

바바 이후

'다음 세기를 빛낼 100명의 미국인' 267
역사 수정: 영 268
이데올로기로서의 탈식민주의: 아마드 272
담론의 문제: 베니타 패리 275
읽기: 닐 라자루스 278
차이의 문제: 베니타 패리 281
협력: 라쉬드 아라인 284
읽기: 스튜어트 홀 287
징후로서의 탈식민 이론: 하트와 네그리 290
탈식민적 단일성: 홀워드 294

바바의 모든 것

바바가 쓴 텍스트 303
바바에 대한 논의 320

참고문헌 328
찾아보기 336

| 제 1 장

왜
바바인가?

■ 일러두기

호미 바바의 저작, 글, 인터뷰의 약어 표기는 다음과 같다. 더 자세한 서지 사항은 책 뒤 〈바바의 모든 것〉 참조. 관련된 다른 사상가들의 저작은 〈참고문헌〉 참조.

AN	'Anxious Nations, Nervous States'(1994)
ANI	'Art and National Identity'(1991)
ATL	'At the Limits'(1989)
BM	'"Black Male": The Whitney Museum of American Art'(1995)
CM	'Cosmopolitanisms'(2000)
CSP	'Caliban Speaks to Prospero'(1991)
DBD	'Day by Day ... With Frantz Fanon'(1996)
DC	'Designer Creations'(1997)
DD	'Democracy De-realized'(2003)
DV	'Double Visions'(1992)
HH	'Halfway House'(1997)
JA	'Joking Aside : the Idea of a Self-critical Community'(1998)
LC	*The Location of Culture* (1994)
LSC	'Liberalism's Sacred Cow'(1997)
MD	'Making Difference'(2003)
NN	'Narrating the Nation' in *Nation and Narration* (1991)
OM	'On Minorities: Cultural Rights'(2000)
OQ	'The Other Question'(1983)
PA	'Postcolonial Authority and Postmodern Gulit'(1992)
RB	'Re-Invention Britain: A Manifesto'(1997)
ST	'Surviving Theory'(2000)
TP	'Threatening Pleasures'(1991)
TS	'Third Space'(1991)
TT	'Translator Translated'(1995)
WH	'The World and the Home'(1992)
WR	'On Writing Rights'(2003)
WS	'The White Stuff'(1998)

원어 표기 인명이나 지명은 외래어 표기용례를 따랐다. 단, 널리 알려진 이름이나 표기가 굳어진 명칭은 그대로 사용했다. 본문에서 주요 인물(생몰연대)이나 도서, 영화 등의 원어명은 맨 처음, 주요하게 언급될 때 병기했다.

출처 표시 주요 인용구 뒤에는 괄호를 두어 간략한 출처를 표시했다. 상세한 서지 사항은 책 뒤 〈참고문헌〉 참조.

도서 제목 본문에 나오는 도서 제목은 원 제목을 번역 표기하는 것을 원칙으로 하되, 국내에 번역 출간된 도서는 그 제목을 따랐다.

옮긴이 주 옮긴이 주는 (─옮긴이)로 표기했다.

바바가 포착한 서구 열강의 '불안'

1949년 인도 봄베이(뭄바이—옮긴이)에서 태어난 호미 바바 Homi K. Bhabha는 '탈식민 post-colonial 비평'이라고 불리는 영향력 있는 문화 이론 운동에서 가장 중요한 사상가로 손꼽힌다. 바바의 저작은 혼종성 hybridity, 흉내 mimicry, 차이, 양가성 등과 같은 탈식민 이론의 중심을 차지하는 도전적인 개념들을 발전시켰다. 이러한 개념들은 식민 피지배인들이, 겉보기만큼 안정적이지 못한 식민 지배자의 권력에 저항하는 방식을 설명한다. 이러한 강조점은 현재 우리가 처해 있는 상황, 즉 폭력적으로 드러나는 문화적 차이와 전 지구적으로 복잡하게 얽혀 있는 네트워크가 역설적으로 합쳐진 세상을 조명해 준다. 식민지배는 과거에 잠겨 있는 어떤 것이 아니다. 바바는 식민지배의 역사와 문화가 지속적으로 현재에 침입하는 방식을 보여 주며, 비교문화적 관계를 이해하는 방식을 바꾸라고 요구한다. 지배적인 민족 및 그 사상이 갖는 권위는 겉으로 보이는 것만큼 완벽하지 않다. 왜냐하면 그것은 항상 불안으로 특징지워지기 때문이다. 이 불안은 지배받는 사람들이 맞서 싸울 수 있게끔 해 주는 어떤 것이다.

바바는 이러한 불안을 보여 주고자 식민지배의 역사를 되돌아본다. 1914년 당시 전 세계 땅의 거의 85퍼센트가 몇 안 되는 유럽 식민주의 열강의 통제를 받았다. 이 통제의 결과는 단순한 지배가 아니었다. 식민지배 상황을 지배자가 피지배자를 직접 억압하는 것으로 파악해서는 안 된다는 의미다. 유럽 열강의 식민지배가 이어진 지난 500년간의 시간은 지배와 폭력의 시기이자, 다양한 문화적 접촉과 상호작용의 기간이기도 했다. 사실 식민지배의 기간은 지속되고 있으며, 탈식민적 관점은 식민지배가 여전한 현재의 모습을 이해하는 데 도움을 준다. 이러한 탈식민적 관점을 만들어 낸 주된 동력이 바로 바바의 저작이다. 그는 문학 및 문화 이론에서부터, 지배와 피지배 사실을 단순히 표현한 것으로 보이는 식민지배 문서에 이르기까지 다양한 자료를 이용한다. 바바의 면밀한 텍스트 분석은 식민지배 상황에 존재하는 숨겨진 틈과 불안을 찾아낸다. 텍스트상의 이러한 불안 지점들은 식민지배자가 겉으로 드러나는 것보다 덜 강력한 순간들, 즉 피지배자가 자신에게 가해지고 있는 지배에 저항할 수 있는 순간을 나타낸다. 요약하자면, 바바의 저작은 식민 피지배자들이 능동적인 행위주체agency임을 강조한다.

지금까지 식민지배 시절에 대한 연구는 항상 특정한 식민지배 행위주체, 특히 폭력적인 반反식민 투쟁에 중점을 두어 왔다. 식민지의 독립은 그저 조용히 발생한 사건이 아니라, 식민지배 권위에 대항하여 반란을 일으킨 피지배자들이 만들어 낸 것이다. 그러나 바바가 연구한 것은 이러한 혁명적 요인과 동일한 것이 아니었다. 그의 저작이 독창적인 이유는 두 가지 연관된 작업을 하기 때문이다.

첫째로, 그의 저작은 19세기 영국령 인도의 텍스트에서 시작하여 식민적 텍스트와 탈식민적 텍스트를 읽는 데 필요한 개념적 어휘를 제공한다. 앞서 간략하게 언급했듯이, 이러한 읽기는 지배자와 피지배자 사이의 엄격한 구분을 유지하는 것이 언제나 불가능하다는 것을 보여 준다. 둘째로, 바바의 저작은 개념적인 어휘를 통해서 서양이 자신의 '닮은꼴', 특히 동양으로 인해 곤란한 처지에 빠졌음을 보여 준다. 이 닮은꼴 때문에 서양은 제 정체성을 억지로 설명해야 하고, 합리적인 자아상을 어쩔 수 없이 정당화시켜야 한다. 서구의 문명은 그리 유별나지도, 단순히 서구적이지도 않다. 여기에 다른 문명들도 다 비슷한 상황에서 서구의 '우월성'이라는 것은 자신 있게 주장할 수 있는 것이 못 된다. 그래서 바바는 식민지배의 역사를 조사하는 한편으로, 식민지배가 과거의 것처럼 보이는 현재의 순간을 다시 생각한다.

그의 저작이 가진 이 두 가지 측면은 서로 연결되어 있다. 식민지배의 닮은꼴은 지배자의 자아상을 혼란스럽게 만드는데, 비슷한 방식으로 동양은 서양의 제한된 자아상을 혼란스럽게 한다. 바바는 이러한 닮은꼴, 즉 식민적 텍스트와 탈식민적 텍스트, 특히 환상적인 것과 괴물스러운 것, 그리고 기괴하고 낯선 것을 자주 공격하는 닮은꼴을 문학 텍스트 속에서 찾아낸다. 문학이라는 것이 종종 닮은꼴에 대한 문제인 데다, 바바에게 닮은꼴은 탈식민적 관점을 형성하는 과정에서 중심적인 역할을 한다. 여기서 탈식민적 관점이란 서구를 재상상하게 하고, 서구에 자신의 억압된 식민적 기원을 상기시켜 주는 관점을 의미한다.

그러나 바바의 방법론, 특히나 언어가 의미를 전달하는 직설적인 소통 수단이 아니라는 생각에 영감을 불어넣은 것은 문학을 넘어선 언어 일반이다. 이 사실이 중요한 이유는, 문화의 의미는 단순히 지배자가 부여하는 것이 아니기 때문이다. 지배자의 문화적 의미는 피지배인에 의해 변화될 가능성이 있다. 다른 텍스트와 마찬가지로, 식민지배 텍스트의 의미도 그 저자가 장악할 수 없다. 지배자와 피지배자가 한데 모이면, 문화적 의미가 교섭될 여지가 생겨난다. 바바의 저작은 지배자와 피지배자가 상호작용할 때 언어가 어떻게 그 정체성이 구성되는 방식을 변화시키는지를 살핀다. 그 결과, 바바는 피지배자와 지배자가 서로 의존하는 복잡한 정체성의 경제가 식민지배를 특징지운다는 사실을 알아낸다. 이미 말했던 대로, 그의 저작은 피지배자가 행위주체임을 강조하고 확장시킨다. 그런데, 피지배자들이 참여하는 저항의 형태가 폭력을 수반하는 반 식민적 저항이라는 통상의 기대에 들어맞지 않으면 그 저항이 갖는 의미가 축소되어 온 것이 사실이다. 바로 이 지점에서 바바는 행위주체의 언어적 모델을 발전시킨다.

비록 바바의 가장 영향력 있는 글들은 1980년대에 출간되었으나, 그는 21세기에 어울리는 사상가이다. 그가 식민지배 문서에서 발견한 복잡한 닮은꼴은 지금 우리가 처한 상황과도 여전히 연관되어 있다. 2001년 테러리스트들이 뉴욕의 세계무역센터 건물을 파괴한 9·11 사건 이후 이러한 연관성은 더욱더 분명해졌다. 이후 바바는 식민적 그리고 신식민적 전쟁과 반counter 지구화 운동, 그리고 광범위한 문화 대립을 특징으로 하는 복잡한 세계를 탐구하기 시작했다.

우리는 겉보기에는 뚜렷이 구분되는 문화들로 나뉘어져서 서로 대립하는 세계에 마주해 있다. 이런 상황은 역사가 버나드 루이스Bernard Lewis의 말처럼, 곧잘 '문명의 충돌'로 설명된다.(2004) 이러한 설명은 차이를 정치적인 것이 아닌 문화적인 것으로 파악한다. 이 말은 곧, 역사적인 사건들은 그 사회 속에 원래 내재해 있는 문화적 차이에서 생겨나기 때문에 이슬람과 서양, '성전Jihad'과 '맥월드McWorld' 등은 화해할 수 없다는 뜻이다. 바바는 이러한 대립 구도가 지속적인 역사 과정을 무시하기 때문에 얼마나 단순하고 위험한지를 보여 준다. 그리고 식민지배가 어떻게 여전히 우리와 함께하는지를 탐구한다. 즉, 식민지배는 우리가 복잡한 방식으로 살아가는 세계를 조건지운다는 말이다.

그러나 세계를 단순히 선善(이전에 억압받은 자들)과 악惡(이전에 억압한 자들)으로 나눈다고 해서 이 상황이 설명되지는 않는다. 바바의 글쓰기는 우리가 식민지배와 그 유산에 대해 알고 있다고 생각한 것을 더욱 복잡하게 만든다. 바바가 다시 쓴 식민지배 관점은 현재의 순간에 대한 복잡한 이해를 요구한다. 왜냐하면 현재의 순간은 겉보기만큼 그렇게 완전히 새롭지 않기 때문이다.

방법론: 식민지배 담론 분석

이제 바바의 관점을 뒷받침하는 방법론을 살펴보자. 그의 저작은 식민지배 텍스트에 탈구조주의적 방법론을 적용시켜 식민지배 연구를 변화시켰다. 탈구조주의post-structuralism는 많은 유명한 저자들의 저작을 가리키는데, 그들의 저작을 명쾌한 방식으로 연결짓기란 불가능하다. 통상 여기에는 질 들뢰즈Gilles Deleuze (1925~1995)와 미셸 푸코Michel Foucault(1926~1984), 자크 데리다 Jacques Derrida(1925~1995) 같은 철학자들의 저작이 포함된다. 이 저작들을 관통하는 개념을 하나만 든다면, 그것은 바로 '차이difference'일 것이다. 탈구조주의자들은 글쓰기에서도 차이와 복잡성을 찾아내는데, 여기서 차이와 복잡성이란 텍스트는 처음에 드러나는 의미, 텍스트가 의도하는 의미, 아니면 우리가 생각하는 텍스트의 의미를 말하지 않는다는 것을 뜻한다. 마찬가지로 열거한 사상가들은 정체성이나 주체성처럼 우리 자신에 대한 생각에서도 분열과 차이를 찾아낸다. 이러한 통찰은 철학적 사안을 넘어 역사적·문화적 맥락으로까지 확장될 수 있다. 왜냐하면 문화적 차이라는 것은 종종 분명하게 드러나지 않는 주제임에도 불구하고, 분명히 드러나는 방식으로 논의되기 때문이다. 바바는 탈구조주의가 문화적 차이에 대해 갖는 이러한 연관성을 탐구하고 확장시킨다.

바바의 저작은 '탈구조주의적 접근 방식을 취하고 이를 식민 지배 연구에 적용시켜 '식민지배 담론 분석colonial discourse analysis' 이라는 것을 만들어 낸다. 20세기 식민지배 연구에서는 마르크스주의 관점이 지배적이었다. 이는 마르크스주의가 반 식민지배 전통에서 수행한 역할을 감안할 때 어쩌면 당연한 결과이다. 이러한 경향에 도전한 가장 중요한 사례는 아마도 에드워드 사이드Edward Said(1935~2003)일 것이다. 사이드의 가장 영향력 있는 저작은 '동방' 또는 동양에 대한 서구 담론의 일관성을 연구한 《오리엔탈리즘Orientalism》(1978)이다. 사이드는 서구 사람들이 동양을 논의하는 방식이 '오리엔탈리즘'이라는 일련의 담론을 발전시켰다고 주장한다. 여기서 오리엔탈리즘은 우월하다고 여겨지는 서구 자아를 열등하다고 여겨지는 비서구 타자와 연관 지어 설정하는 방식을 말한다.

동양에 대한 학문적 연구는 다양한 여러 문화를 단순히 '비서구'라고 억지로 합침으로써 그 학문 분야와 대상을 만들어 낸 것이 사실이다. 철학적으로 오리엔탈리즘은 서양과 동양 사이에는 근본적으로 다른 구분이 있다고 가정하며, 모든 것을 이 가정을 뒷받침하는 증거로 간주하며 시작되었다. 새로운 증거는 결코 완전히 새로울 수 없다. 왜냐하면 그러한 증거가 할 수 있는 일이라곤 오리엔탈리즘이 이미 만들어 놓은 기본적인 구분을 확인해 주는 것뿐이기 때문이다. 그러므로 오리엔탈리즘이 동양을 설명하는 데 실제로 얼마간 유용한지를 탐구하는 것보다, 오리엔탈리즘이 어떤 식으로 일관된 사고방식을 형성해 왔는지를 살펴보는 것이 더 의미 있을 것이다. 사실 오리엔탈리즘으로 드러나는 것은 동양이 아닌 서양의 실체이다. 서양이 동양을 연구하면서 동시에 수행한 작업은 바로 식민지 지배와 확장이었다. 이는 우연의 일치가 아니다. 사이드는 오리엔탈리즘이 정치적·경제적 목적을 위해 조종할 수 있는 대상을 만들어냈다고 주장한다.

바바 역시 사이드의 주장을 받아들인다. 그러나 여기서 한 발짝 더 나아가 식민지배 권력에 대한 추가적인 질문을 던진다. 이 권력을 정신분석학적으로 설명하는 데 관심이 있었던 바바는, 실은 식민지배 담론이 식민 피지배자들을 지배하는 데 성공한 것처럼 보였을 따름이라고 주장한다. 식민지배 담론의 목표와 주장, 성취에 대한 근본적인 불안이 그 외형상의 성공 밑으로 비밀스럽게 이 담론을 특징지운다는 것이다. 그렇다면 이렇게 물을 수 있다. '식민지배 담론은 무엇을 원하는가?' 이에 대한 대답은 '피지배자에 대한 지배'로 귀결된다. 이 지배는 차이에 대한 주장에 의존한다. 피지배자는 지배자보다 열등하다. 그러나 식민지배의 권위는 이처럼 차이로 여겨지는 것이 피지배자들에게서 발견되는 실질적인 동일성으로 인해 약화된다는 사실을 비밀스럽게 또는 무의식적으로 알고 있다. 이런 무의식적 지식은 부정된다. 다른 말로 하면, 동일성은 인정되는 동시에 부정된다. 여기서 중요한 것은, 차이라는 환상과 동일성이라는 현실 사이의 긴장이 불안으로 이어진다는 점이다.

사실 식민지배 권력이 불안할 수밖에 없는 것이, 그 권력은 스스로 원하는 것, 즉 지배자와 피지배자 사이의 안정적이고 최종적인 구분을 결코 얻지 못한다. 이러한 불안이 식민지배 담론 내에서의 틈, 즉 억압받는 피지배자들이 활용할 수 있는 틈을 열어 준다. 앞서 주장했던 대로, 이런 식으로 행위주체를 강조하는 것이 바바의 독창성이 나타나는 대목이다. 이는 면밀한 읽기를 통해 폭력과 지배의 구조에도 불구하고 피지배자가 지배자에게 저항할 수 있는 순간을 포착해 낸 것과 비슷하다. 바바에 따르면, 사이드는 동양을 끊임없이 그리고 잔인하게 종속시키는 서구의 모습을 만들어 내어 저항의 공간을 최소화시킨다. 그러나 우리는 서발턴subaltern(마르크스주의 사상가인 안토니오 그람시가 사용하던 용어를 남아시아 서발턴 연구 진영에서 도입하면서 탈식민주의 연구에 사용되었다. 계급, 카스트, 연령, 젠더, 지위, 식민 지배 등의 범주에서 종속적인 위치에 있는 모든 계층에 대해 유연하게 사용하는 개념이다.—옮긴이)의 목소리, 식민지배 역사의 바깥에 존재하는 억압받은 사람들의 목소리에 귀를 기울여야 한다.

이러한 비판적 시각에도 불구하고, 바바는 사이드의 생각을 매우 세밀하게 쫓아간다. 바바의 탈식민 비평은 우리의 초점을 조금 이동시켜 지배자와 피지배자를 모두 보게 한다. 사이드와 마찬가지로, 바바는 전통적인 세계관이 민족/국가나 사람들 사이에 오랫동안 계속된 불평등과 일종의 공모 관계를 맺어 왔다고 주장한다. 그의 저작은 자아와 타자, 주체와 객체 관계에 대한 전통적인 철학 방식이 매우 치명적인 결과를 가져올 수 있다는 가정 하에 작동한다. 이러한 치명적인 결과는 다른 문화들이 서로 우연히 마주칠 때 종종 목격할 수 있다. 만약 자신의 정체성이 어디에서 끝나고 세계의 나머지가 어디서 시작되는지 잘 안다면, 그 세계를 자신과 다르고 자신보다 열등하며, 자신의 정체성과 이익에 위협을 가하는 타자로 규정하기가 쉬울 것이다. 만약 이런 식으로 문화에 안정적이고 명확히 구분되는 정체성이 있다면, 문화들 간의 구분은 항상 적대적인 모습을 띨 수밖에 없다.

자아와 타자

그의 가장 중요한 에세이 모음집인 《문화의 위치The Location of Culture》(1994)에서, 바바는 세계를 자아와 타자로 구분하는 단순한 대립 구도를 약화시키는 일련의 개념들을 만들어 낸다. 특히 이러한 개념들 중에서 가장 유명한 예로 문화의 혼종성混種性을 강조한다. 어떤 문화도 완전히 순수하지 않다고 생각할 경우, 이 혼종성은 단순히 섞여 있음 혹은 문화의 '비순수성'을 의미하는 수준에서 논의된다. 그러면 이 용어는 모든 형태의 정체성 내에 있는 원래의 섞여 있음을 가리키게 된다. 문화적 정체성을 말할 때에도 혼종성은 문화라는 것이 따로 구분되는 현상이 아님을 의미한다. 그리고 문화적 정체성이 항상 서로 접촉하고 있으며,

이러한 접촉은 문화적 섞임으로 이어진다는 뜻을 갖게 된다.

살만 루슈디 Salman Rushdie 같은 작가들도 혼종적 문화적 정체성을 표현하고, 혼종적 문화 형태를 사용하는 데 관심을 가져 왔다. 사회학자나 인류학자 등 수많은 다른 분야의 작가들도 이를 탐구했다. 그들의 글쓰기는 순수하고 정통성이 있다고 주장하는 모든 문화 정체성이나 형태를 약화시켰다. 그러나 바바는 혼종성보다 혼종화 hybridization를 더 강조한다. 다른 말로, 혼종성의 지속적인 과정을 역설한다. 바바가 보기에, 함께 모여서 혼종적인 형태로 이어지는 문화란 존재하지 않는다. 문화라는 것은 문화적으로 혼종적인 요소들의 유입을 완화시키려는 시도의 결과물이다.

바바는 순수한 문화들이 상호작용한다는 생각에서 출발하지 않는다. 그보다는 우리의 관심이 문화들의 경계선에서 발생한 일에, 즉 문화들의 중간 지대에 in-between 생겨나는 일에 향하게 한다. 그리고 이 일을 경계에 있는 것을 의미하는 '경계에 있는 것 the liminal'을 통해서 사고한다. 이 용어는 자아와 타자처럼 이미 자리잡은 문화 형태나 정체성들 '사이에 있는 것'이 새로운 문화적 의미를 생성하는 데 중심적이라는 생각을 강조한다. 경계성 liminality을 높이 사는 시각은 견고하고 정통성 있는 문화를 약화시키고, 예상치 못하고 우연적이며 혼종적인 문화들을 강조하게 된다. 이는 문화의 실질적인 위치가 비교적 잘 알려진 형태의 공식적인 문화들의 중간임을 의미한다.

이처럼 민족/국가 사이의 경계라는 물리적인 위치보다는 의미작용-signification에 중점을 두기 때문에, 바바의 견해는 이상주의적이고 비현실적이라는 비판이 제기됐다. 그러나 그가 '문화의 위치'라고 할 때, 그 위치는 문자 그대로의 의미와 반대되는 은유적인 위치를 가리키는 것이 아니다. 여기서의 위치는 공간적이면서 동시에 시간적이다. 경계성은 특정한(탈식민적) 사회적 공간에서 발견될 뿐만 아니라, 새로운 정체성(열려 있음 또는 '변화')을 창조해 내는 지속적인 과정을 그 특징으로 한다. 혼종성과 경계성은 공간만이 아니라 시간에도 적용된다. 바바의 저작이 비판하는 것 중 하나는, 다른 국가나 대륙 등 다른 공간에 사는 사람들이 다른 '발전' 단계에 살고 있다는 가정이다.

혼종성과 경계성에 대한 강조가 중요한 까닭은, 식민지배 담론이 순수한 문화들 간의 구분을 상정해 왔기 때문이다. 식민지배 권력은 세계를 자아와 타자로 나누어 식민지배에 핵심적인 물질적인 불평등을 정당화하는 데 이바지했다. 식민지배 권력 연구를 논의하면서, 바바는 뭔가 다른 일을 해야 한다고 주장한다. 계속해서 자아와 타자의 관계에서 생각하면서 단순히 자아와 타자의 가치를 역전시켜 식민지배자를 도덕적으로 열등한 존재로 만드는 것은 생산적인 접근 방법이 아닐뿐더러 어떤 실질적인 변화도 제공하지 못한다. 예를 들어, 여성에 대한 억압 문제를 다룰 때 단순히 입장을 바꿔서 이 억압에 도전하고 그 대신에 남성을 억압하는 것은 그 누구에게도 장기적인 해결책을 제공하지 못한다. 식민지배와 인종주의 유산 문제도 마찬가지다. 바바는 식민지배가 한 집단에 의한 다른 집단의 지배 이상의 현상임을 강조한다. 그러면서 피지배자의 역사에서 나타날 수 있는 예상치 못한 형태의 저항을 강조하며, 지배자가 겉보기엔 우월해 보이지만 지배자를 지속적으로 괴롭혀 온 예상치 못한 불안이 있음을 강조한다. 바바는 지배자와 피지배자 모두 관여하는 하나의 현상, 예를 들어 식민지배 스테레오타입stereotype의 유통과 같은 현상을 끄집어내어 이러한 목적을 동시에 달성한다.

바바는 식민지배에 대한 설명을 제시하며 식민지배 연구의 방법과 목적에 대한 우리의 생각을 모두 변모시킨다. 바바는 이 기획을 식민지배 연구에 국한시키지 않는다. 탈구조주의 사상가들과 동일한 방식으로 근대성에 대한 우리의 생각에 도전하고 이를 변화시키려 한다. 특히 후기 저작에서 바바는 이 분석을 근대 일반, 즉 근대 서구를 특징짓고 지구화된 서구의 문화를 통해 표출되는 과학적이고 물질적인 진보 사상으로까지 확장시킨다. 식민지배 연구를 역사가들만 관심을 갖는 협소한 분야로 간주하는 것은 잘못된 시각이다. 사실 바바 주장의 요점은, 피지배 주민들의 경험에서 도출된 관점을 활용하여 근대를 다시 점검해 봐야 한다는 것이다. 바바는 탈식민적 관점으로 근대를 바라봐야 하며, 근대성과 탈식민주의는 불가피하게 연결되어 있다고 주장한다.

우리의 주된 임무는 서구 근대의 교묘함과 서구의 역사적 아이러니, 분열된 시간성, 과시적인 재현이 가져온 위기를 더 심도 있게 탐구하는 것이다. 서구의 출현에 식민적·탈식민적 계보를 부여하는 행위는 모든 중대한 저작들의 가치를 바꿀 것이라고 말하는 것이 중요하다. 우리는 식민지배 공간의 성립이, 근대적 안정이라는 개념과 연결된 소위 계몽주의 이후의 가치들의 출현을 심각하게 특징지우며, 그러한 가치들의 출현에 역사적으로 이의를 제기한다는 사실을 결코 잊지 말아야 한다.(CSP: 64)

식민지배는 유럽과 미국의 권력, 그리고 근대 진보의 거대 서사를 형성하는 숨겨진 실존이다. 근대의 서사는 자기 확신에서 불안해 하지 않고 일관성 있어 보이며 민주주의적이고 기술적인 진보에 대해 말한다. 그러나 그러한 일관성과 침착함은 역사적 현실을 희생시키고 얻은 것이다. 근대가 식민지배의 기원을 억압했기에, 어떤 의미에서 바바의 기획은 이러한 억압을 드러내는 데 없어서는 안 될 근대에 대한 분석이다. 이것은 사실 근대에 대한 정신분석과 같은 것이다. 이러한 생각이 애초부터 혼란스러워 보일 수 있는 것이, 통상 우리가 생각하는 정신분석이란 민족이나 국가와 같은 집단보다는 개인을 대상으로 하기 때문이다. 그러나 정신분석의 관심사는 이야기를 해석하는 것이고, 집단에는 분석되는 환자의 이야기와 마찬가지로 집단만의 이야기가 있다. 사실 정신분석은 개인적 정체성이나 집단적 정체성에 상관없이 모든 정체성이 불완전하다고 주장한다. 이러한 불완전성은 해결할 수 있는 문제가 아니며, 이는 그 누구도 원칙적으로는 온전하고 완전한 정체성을 가질 수 없다는 뜻이다. 그러므로 정체성이 불완전하다는 사실을 인정해야 한다.

근대는 자신만의 진보 서사로 인해 안정적으로 보일 뿐이다. 우리는 근대를 혼종화시킬 필요가 있는 것으로 보아야 한다. 근대 세계를 이해하는 방식에는 여러 가지가 있고, 이 방식들은 근대를 형성하는 데 기여했으나 한편으로 무시된 것들도 많이 있다. 이제는 이런 다양한 방식과 그것들이 기여한 바를 인정하고 탐구해야 한다. 그래서 바바의 기획은 근대의 복잡한 혼종성을 전면에 내세운다.

이 책

이 책의 구조는 시간순이며, 바바의 생각을 인권 문제의 맥락에 적용시킨 최근의 논의로 끝맺는다. 각 장에서는 《문화의 위치》에서 드러나는 바바의 생각들을 살펴보면서 예술과 사진, 영화 등을 다룬 바바의 텍스트들에서 그에 걸맞은 예들을 찾아 보여 줄 것이다. 일부 장에서는 이러한 생각을 특정한 문학 텍스트를 읽는 데 세밀하게 적용할 것이다. 바바 사상을 이해하는 데 핵심이 되는 중요한 용어들을 통해서 바바의 저작 및 사상에 대한 그림을 그려 나간다. 이러한 방법으로 그가 다양한 식민적·탈식민적 맥락에서 이 개념과 용어들을 어떻게 적용하는지를 보여 줄 것이다.

〈읽기〉 장에서는 탈구조주의 사상가 자크 데리다와 미셸 푸코의 저작이 바바에게 미친 영향을 개괄한다. 계속해서 바바의 탈구조주의적 읽기 방법의 예, 즉 존 스튜어트 밀John Stuart Mill과 프란츠 파농Frantz Fanon을 바바가 어떻게 해석했는지를 살펴본다. 〈스테레오타입〉 장에서는 바바가 식민지배 담론을 재해석하여 지배자 담론의 중심을 차지하는 불안을 찾아내는 방식을 살펴본다. '불안' 개념은 그 다음 장인 〈흉내〉에서 더 깊이 논의될 것이다. 여기에서는 지배자의 외형적 지배에도 불구하고 피지배자가 행동할 수 있는 권력을 보유하는 방식을 점검한다. 이 두 장은 식민지배를 다룬 바바의 초기 저작에 대한 설명이 될 것이다.

다음에 나오는 장은 그의 생각을 현대적으로 적용한 경우에 해당한다. '기괴한 낯섦'이란 장은 바바가 정신분석학적 범주를 사용하여 식민지배와 탈식민주의를 어떻게 이해하는지를 다룬다. '기괴한 낯섦The Uncanny'이라는 개념은 식민지배 정체성에 대한 바바의 이론과 현재에 대한 바바의 탈식민적 관점을 모두 구성한다. 이러한 개념적 구조는 이어지는 6장과 7장으로 확장되는데, 여기서는 민족주의와 문화 권리 담론에서 혼종성이 의미하는 바를 따라가 본다. 바바의 저작은 민족/국가에 적용될 수도 있고, 민족/국가를 넘어선 것들, 즉 초민족주의transnationalism와 지구화에도 적용될 수 있기 때문이다. 이 두 장은 바바의 생각이 민족/국가에 대한 우리 생각을 어떻게 변화시키는지, 더 나아가 초민족주의와 지구화에 대한 생각을 어떻게 변화시키는지를 보여 줄 것이다. 달리 말하면, 이 장들은 바바의 생각이 지니는 미래의 방향성을 제시해 준다.

마지막 8장인 〈바바 이후〉는 바바의 저작에 대한 긍정적 그리고 부정적 반응들을 설명하면서, 다른 사람들이 바바의 분석에 제기한 문제나 그 분석을 변화시킨 방식을 보여 준다. 〈바바의 모든 것〉은 바바의 글과 그와 관련된 텍스트에 대한 세부적인 서지 정보를 제공하여 바바의 사상을 좀 더 심도 깊게 연구할 수 있도록 돕는다.

　이 책의 각 장은 다음의 두 방향 사이에서 균형을 유지해 나갈 것이다. 한편으로는 바바의 생각을 완전히 맥락화시키면서 그의 개념을 단순히 추출해서 다른 곳에 적용할 수 없는 이유를 강조한다. 다른 한편으로는 맥락을 제공하는 정보를 과감히 통과해서 모든 텍스트를 읽는 데 필요한, 논리상 핵심이 되는 내용과 방법을 제공한다. 바바가 예술사부터 법 연구에 이르기까지 많은 사상가들에게 영향을 끼치고 있음에도 불구하고, 그의 가장 영향력 있는 저작이 다루는 분야는 식민 문학과 다른 형태의 식민지배 문서로 엄격히 제한되어 있다는 사실은 바바의 위치가 갖는 명백한 역설이다. 이러한 명백한 역설이 어떻게 등장하게 되었는지 보려면, 우선 바바의 읽기 방법부터 살펴보아야 한다.

제 2 장

읽기

강제하고 강제당하는 읽기

이 장에서는 바바가 이론적·역사적·문학적 텍스트에 어떻게 접근하는지를 설명한다. 더 나아가 그의 읽기 방법과 이 방법을 통해 그가 읽은 텍스트, 그리고 그의 텍스트를 읽는 우리의 경험에 대해 논의한다. 바바의 비판이 중요한 이유는, 그가 불안과 행위주체에 관심을 기울이기 때문이다. 그는 자신의 읽기 방법으로 불안과 행위주체의 흔적을 찾아낸다.

  이 장과 그 다음 장은 바바의 읽기에 핵심적인 영향을 끼친 것은 무엇이며, 바바가 그 영향을 어떻게 활용하고 발전시켰는지를 다룬다. 그는 애초에 놀라운 방향으로 자신의 읽기 모델을 비판적으로 발전시켰다. 한 인터뷰에서 바바는 이렇게 말했다. "나는 정말로 강제하는 읽기, 강제당하는 읽기를 주장하는 쪽이다."(ST: 373) 읽기는 텍스트를 강제하는 것인 동시에 강제당하는 것이라는 말이다. 이 두 가지 형태의 강제가 의미하는 바는 무엇일까?

이 장에서는 바바가 쓴 산문을 통해 이 질문에 답할 것이다. 그러고 나서 이런 비판적 사고가 자유주의 정치 전통과 관련하여 어떻게 작용하는지를 살펴볼 것이다. 특히 비판적 사고와 마르크스주의 전통 간의 관계에 의지하여 바바에게 핵심적인 영향을 미친 프란츠 파농을 바바 식으로 읽어 본다. 이 장 전체를 통해 나는 바바가 시적으로 읽힐 수 있다고 제안하는 바이다.

바바의 저작을 읽으면서 생겨나는 수많은 복잡함은 그의 저작이 지닌 시적 특성에 기인한다. 그가 한때 시인이 되려 했다는 것은 놀라운 일이 아니다. 바바가 매력을 느낀 읽기 방식은 바로 문학적인 읽기다. 이 문학적이고 비판적인 읽기 방식은 언어 자체와 언어의 불분명함, 주저함, 과도함, 침묵 등에 주의를 기울인다. 서로 다른 맥락과 학문에서 활동하는 다른 저자들에 대한 바바의 읽기는 이런 문학적 특징을 공유하고 있다. 그런데 식민지배는 시나 희곡, 소설의 문제라기보다는 정치적이고 법적인 문서에 관한 문제로 보이기 때문에 이러한 특징으로 인해 어려움이 생겨날 수 있다. 바바는 식민지배 텍스트에 부적절한 읽기 방법을 적용하여 '범주상의 오류'를 범하고 있는 것처럼 보인다. 게다가 바바 본인이 쓴 텍스트의 의미도 손에 잘 잡히지 않는다. 도리어 끊임없이 의미를 약화시키거나 혼란스럽게 만드는 것처럼 보여서 정확히 규명하기가 불가능해 보인다. 그러나 그 스스로 말하듯이, 이러한 혼란스러움이 독자의 참여를 이끌어 낸다. "나에게 독자는 이론적인 생각을 내보이는 중간에 모든 경우를 증거하는 데 참여하고 있다고 느껴야 하는 존재이다. 나에게 글쓰기는 진실로 불확정적이고 극적인 과정이다."(ST: 372) 바바는 자신이나 다른 사람의 생각이 수동적인 독자에게 간단하고 투명하게 전달될 것이라고 생각하지는 않는다. 바바의 읽기와 쓰기에서 보이는 문학성과 그 문학성이 독자에게 요구하는 적극적인 참여는 그의 저작을 이해하는 데 핵심적이다. 이에 대해서는 다음 장에서 설명할 것이다.

바바 읽기

첫 장에서 밝힌 바와 같이, 이 책의 목적은 바바의 저작에 담긴 핵심적인 생각을 간략히 설명하면서 그 생각을 개념적인 그리고 역사적인 문맥 속에 위치시키는 것이다. 이 작업은 바바를 읽을 때 특히나 유용한데, 왜냐하면 바바를 읽는 것이 처음에는 혼란스러울 수 있기 때문이다. 그의 에세이들은 인용구와 신조어, 시, 그리고 문화 분석 등을 복잡하고 파편적으로 모아 놓은 모자이크 같다. 게다가 모든 조각이 조화롭게 모여 있는 일관된 모자이크도 아니다. 그 조각들은 종종 그 끝이 들쭉날쭉하다. 이런 종류의 글쓰기를 이해하려면 입문적 지식이 필요한데, 바로 이 책이 그 지식을 제공할 것이다. 그러나 그렇다고 해서 시적 논리를 담고 있는 바바의 원래 글을 읽을 필요가 없다는 말은 아니다.

정치심리학자 아쉬스 난디Ashis Nandy(1937~)의 글은 바바의 글 쓰기 방식이 지닌 의미를 이해하는 데 도움을 준다. 난디는 문화 비평을 쓰는 방식에는 그 자체의 정치적 중요성이 있다고 주장한다. 특히 그 문화가 식민지배 문화처럼 정치적인 의미로 채워져 있을 경우는 더욱 그러하다는 것이다. 난디는 "탈식민적 의식을 식별하게 하는 최초의 특징은, 세계 지식산업의 중심지에서는 전혀 의미가 통하지도 의미가 통하게 노력하지도 않을 이견의 언어를 발전시키려는 시도일 수밖에 없다"고 주장한다.(1998: 147) (유색인종, 여성, 어린이, 환경, 동물 등등에 대해) 다양하고 미심쩍은 태도를 취해 온 서구 지식이 반드시 바람직한 목표는 아니라는 것이 난디의 요점이다. 따라서 탈식민적 지식은 서구 지식이 정한 범위 속에 부합하는 것을 목표로 해서는 안 된다. 탈식민적 형태의 지식은 우리가 어디에 서 있는지에 따라서 '무의미한 말non-sense'처럼 보일 수도 있다. 그럴 때 바바의 까다로운 스타일은 탈식민적 비평과 이론을 서술하는 데 매우 적합한 방법일 수 있다. 바바를 읽을 때에는 이런 종류의 논의를 기억해 두면 도움이 될 것이다.

바바의 저작은 시 그 자체인 척하지는 않는다. 다만, 시적 특징을 보인다. 그의 저작은 다양한 스타일을 통합하여 역사적인 설명과 정신분석학적 유비analogy, 문학비평을 병치시킨다. 이것이 부적합하지 않은 이유는, 철학과 경제학, 역사 등등 모든 분야에서 언어의 수사적 가능성을 탐구해 온 작가들의 긴 역사가 있기 때문이다. 더욱이 시인들과 소설가들은 '정반대'의 작업을 하면서 작품 속에 철학과 경제학, 역사학의 요소를 통합시키기도 한다. 바바의 글쓰기는 이렇게 캐묻는 방식을 통해 유용하게 이해할 수 있다. 사실 바바가 영향을 받은 많은 작가들 또한 이런 식으로 글을 쓴다. 이제 그 작가들에 대해 논의해 보자.

바바의 읽기

바바는 특히 미하일 바흐친Mikhail Bakhtin(1986), 안토니오 그람시 Antonio Gramsci(1971), 한나 아렌트Hannah Arendt(1951; 1958), 윌리엄 듀 보이스William Du Bois(1995), 알베르트 멤미Albert Memmi(1965; 2000)의 저작에서 큰 영향을 받았다. 그에게 영향을 미친 사람들이 너무 많아서 여기서는 바바에게 핵심적인 영향을 끼친 두 명, 자크 데리다와 미셸 푸코에게만 집중하여 과정으로서의 비판적 사고라는 생각을 바바가 어떻게 발전시켰는지를 논의할 것이다. 바바가 이 두 사상가들을 어떻게 읽었는지, 특히 그들의 저작에서 끌어온 읽기 모델을 살펴보는 것은 바바의 일반적인 읽기를 이해하는 유익한 첫걸음이 될 것이다.

바바의 읽기 방법의 핵심에 다가가려면 두 단어를 기억해야 하는데, 바로 '반복iteration'과 '진술statement'이다. 전자는 데리다에게서, 후자는 푸코에게서 온 것이다. 반복이란 의미를 만들어내는 어떤 표시나 생각 또는 진술의 필수적인 반복 가능성을 가리킨다. 일회적인 표시에는 의미가 없을 수도 있다.(예를 들어,

내가 '0'이라고 주장하는 휘갈겨 쓴 곡선이 있다고 하자. 그것이 반복되어 받아들여지지 않는다면 내가 아무리 '0'이라고 주장해도 그것은 '0'을 의미할 수 없다.) 반복 또는 반복 가능성은 의미가 만들어지는 과정 중 하나이다. 그러나 이러한 반복 가능성은 다른 시간과 공간에서 동일한 표시를 단순히 재생산하는 것을 의미하지 않는다. 여기서 중요한 것은, 반복이란 그러한 표시와 진술이 그 진술이 의미하는 바를 변화시키는 다른 문맥에서 재등장할 수밖에 없다는 것이다. '사랑해'라는 말을 예로 들어 보자. 이 말은 너무도 많이 사용되어 이젠 독창적이지 않은 진부한 표현이 되었다. 그러나 이 말은 앞으로도 전 세계 사람들이 계속 말하고 사용할

알제리에서 태어난 **자크 데리다**Jacques Derrida는 서구 철학 전통의 해체deconstruction로 가장 잘 알려진 프랑스 철학자이다. 다른 논의를 제외하더라도, 해체라는 것은 겉으로는 이분법적으로 보이는 대립 구도(예를 들어, 부재absence에 대한 실존presence, 또는 글writing에 대한 말speech)가 실제로는 매우 복잡하다는 것을 의미한다. 식민지배자/피지배자 또는 메트로폴리스/식민지의 대립 구도가 복잡하게 서로 얽혀 있다는 사실을 알게 된 바바는 데리다 저작의 이런 측면에 주목했다. 데리다의 사상은 '절대적인 타자', 즉 생각을 넘어선 것에 관한 것이다. 그는 《그라마톨로지De la grammatologie》(1967)에서 말과 글 사이의 대립 구도가 서구 사상의 핵심이라고 주장한다. 말은 살아 있으며 유연하고 화자가 현존해야 하는 반면에, 글은 죽어 있으며 구체적이고 유한한 존재인 화자가 모든 곳에 존재할 수 없기 때문에 그 메시지를 전달하고자 존재할 뿐이다. 이러한 가정은 '타자'에 대한 거부와 밀접한 연관이 있다. 그러나 데리다는 '말'과 '글'이 사실은 다르지 않고 비슷하다고 주장한다. 그는 글쓰기의 전통적인 특징이 말 속에도 작동하고 있음을 알게 된다. 사실 글쓰기와 언어철학에 관한 글을 많이 썼지만, 데리다는 언어철학자라기보다는 언어를 통해서 생각하는 철학자라는 표현이 어울린다. 그의 글은 문학적인 효과를 내고자 애를 쓰고, 체계 속에서 형식적으로 표현될 수 있는 것 이상의 의미를 가지려 한다. 여기에서도 데리다가 바바에게 미친 영향은 분명하다. 바바가 사용하는 용어 중 많은 것이 데리다에게서 나왔다. 반복, 글쓰기, 차이, 지연이 이에 해당한다.

것이다. 그리고 언제나 똑같은 것을 의미하면서도 그때마다 약간 다른 무엇을 의미할 것이다.

바바는 '진술statement'의 맥락 속에 데리다의 반복이라는 개념을 위치시킨다. 여기서 진술이란 특별한 의미를 지닌 용어로, 바바에게 큰 영향을 미친 또 한 명의 사상가 푸코의 저작에서 끌어온 것이다. 푸코는 지식과 제도의 체계인 학문이 어떻게 발전해 왔는지를 연구했는데, 주요 학문들 중 많은 것들이 식민지배를 통해 만들어졌다. 그의 저작은 '식민지배 진술', 즉 식민지배 담론을 구성하는 진술을 분석하는 데 도움을 준다. 우리는

미셸 푸코 Michel Foucault는 사고 체계의 역사에 초점을 맞춘 프랑스 사상가이다. 그의 초기 저작은 과거에 광기(1965)와 병원(1973), 감옥(1978)이 어떻게 이해되었고, 이러한 이해가 시간이 지나면서 어떻게 변해 왔는지를 살핀다. 예를 들어 18세기에는 범죄자들이 신체적 고통과 고문으로 벌을 받았으나, 19세기 초반에 접어들며 교도소에 수감되는 방식으로 바뀌었다. 푸코에게는 이러한 변화가 신체를 다루는 방법과 사람들이 생각하는 인간적인(인간이게끔 만드는) 것이 어떻게 급격하게 바뀌었는지를 보여 주었다. 푸코의 야심적인 후기 저작은 성의 역사에 대한 것으로, 고대로부터 현재에 이르기까지 자아의 형성을 거슬러 올라간다. 이러한 글쓰기는 큰 규모의 정치적 또는 경제적 연구에 반대하여 세부적인 것에 관한 매우 자세하고 복잡한 연구로 이어졌다.(1985; 1986) 푸코의 저작에 핵심적인 것은 그가 '담론discourse'이라고 부른 것이다. 이것은 우리가 당연하다고 여기는 생각 뒤에 놓여 있는 더 깊은 생각이며, 어떤 생각이라도 가능하게 만드는 일종의 구조이다.(1981) 어느 순간, 푸코는 겉보기에는 완전히 다른 두 학문 사이에서 일종의 평행 관계를 찾아내기도 한다. 일정 기간 동안의 생물학 내에서 또는 급격한 변화 혹은 '인식론적 전환'을 가운데 두고 있는 두 종류의 생물학 사이에서 찾아낼 수 있는 공통점보다, 같은 시기의 생물학과 경제학 사이에 더 많은 공통점이 있다는 것이다.(1970) 비록 푸코는 식민지배를 자주 논하지 않지만, 담론에 대한 그의 저작은 탈식민 이론의 핵심적인 토대가 되어 오리엔탈리즘을 담론으로 분석한 에드워드 사이드에게 영감을 불어넣었다. 이에 대해서는 다음 장에서 더 논의할 것이다.

보통 어떤 진술이 무엇을 의미하는지 안다고 느낀다. 이러한 느낌은 우리가 그 진술이 행해지는 맥락을 알고, 그 진술이 전체 지식 체계에 어떻게 맞아 들어가는지를 알기 때문에 생겨난다. 그러나 이러한 이해는 언제나 불완전하다. 바바는 이렇게 말한다. "진술이 이용되고 재투입되는 조건의 변화, 그것을 경험하거나 확증하는 분야의 변화, 아니면 해결해야 할 문제의 차이는 새로운 진술의 출현으로 이어진다. 동일한 것의 차이다."(LC: 22) 다시 말해, 진술의 의미는 그 맥락 또는 그것이 수행하려 했던 기능이 변하면서 함께 변한다는 것이다. 이것은 반복을 통해서 생겨나는 차이며, 바바가 많은 식민지배 진술에서 발견한 것이다. 그의 읽기 방식은, 반복의 논리 때문에 식민지배 권위가 통제할 수 없는 의미의 미묘한 차이에도 민감하게 반응한다.

비판적 사고 읽어 내기

바바는 이러한 반복의 논리를 따라가면서 비판적 사고에 대한 생각을 분명하게 발전시킨다. 이 반복 논리에 따르면, 비판하는 입장은 논의 중인 상황의 외부에 놓여 있지 않다. 그래서 우리는 비판하는 입장을 수학 공식처럼 어떤 상황에 간단히 '적용'할 수 없다. 스테레오타입stereotype의 경우처럼(3장 참조), 진술은 고정된 의미를 지닌 것처럼 보이기만 할 뿐, 안정적으로 보이는 진술도 학문 과정에서 생겨나는 불확실하고 명확하지 못한 산물일 뿐이다. 이 사실은 학문이 일부분을 구성하고 있는 진술과 담론 연구에 관해 암시하는 바가 있다.

바바는 비판적 사고를, 미리 준비되고 이미 결정된 입장이라기보다는 하나의 과정으로 파악한다. 그는 이 과정을 '진실을 봉쇄하지contain 않는 이론적 비판이 생겨나는 경계와 장소'라고 부른다.(LC: 22) 그가 생각하는 비판, 항상 하나의 정해진 절차라기보다는 하나의 과정이라는 특징이 있는 비판은 그의 첫 번째 연구 대상인 식민지배 담론만큼이나 양가적이다. 만약 우리가 어떤 것을 읽기 전에 우리가 생각하는 것을 이미 알고 있다면, 우리는 결코 읽기 그 자체를 시작할 수 없다. 우리는 단지 우리가 기대한 것을 발견할 뿐이고, 우리가 기대한 것을 확인하게 될 뿐이다. 이러한 읽기 절차는 식민지배 담론만큼이나 그 자체를 안정시키는 데 열중하고, 그만큼 불확실하다. 바바는 다음과 같이 쓴다.

'진실'은 항상 출현 과정 자체에서 생겨나는 양가성을 특징으로 한다. 출현 과정 자체의 양가성이란 대립적이고 적대적인 요소들이 (부정되기보다는) 교섭되는 관계 속에서, 정치적으로 논쟁agonism하는 바로 그 행위[투쟁] 속에서, [사건이 진행되는] 그 중간에 반counter지식을 구성하는 의미의 생성을 말한다. 정치적 입장은 단순히 진보적이거나 반동적인, 부르주아적이거나 급진적인 것으로 확인할 수 있는 성질의 것이 아니라서, 참여하는 비판critique engagée에 선행하거나 담론적 논의 조건의 바깥에 존재하는 것도 아니다.(LC: 22)

바바의 주장에 따르면, 정치적 입장은 구체적인 논쟁과 사안에 관련하여 언제나 맥락 속에 존재하는 것이라서 구체적인 상황 바깥에서는 '좌파'와 '우파'를 나눌 수 없다. 사람들은 종종 정치가 가능성의 예술이라고 말한다. 유토피아적인 정치적 기획, 예를 들어 마르크스주의와 같은 것은 종종 실천적인 정치 현실을 감안하지 못한다고 말한다. 그 이유는 마르크스주의가 상상 속에나 존재하는 외부 입장에서 나온 비현실적으로 순수한 주장을 하기 때문이다. 그래서 우리는 현실적으로 될 필요가 있으며, 정치적 삶의 복잡한 실천 가능성도 고려해야 한다. 비록 후자의 입장이 딱히 바바의 것이라고 할 수는 없지만('현실적으로 된다'는 것은 유토피아적인 정치적 비전의 용어를 단순히 뒤집을 뿐, 현재 우리의 상황에서 더 나아질 것이 없다고 말하는 것이기 때문이다.), 복잡성과 혼종성을 강조한다는 점에서 비슷하다. 바바는 어떤 일이 발생하는 중간이 우리가 스스로를 발견하는 장소일 뿐이며, 어떤 정교한 생각도 이러한 우연한 상황에서 우리를 꺼내 줄 수 없다는 것을 인정한다. 그래서 어떤 절대적인 보장도 없이, 어떤 최종적인 확신도 없이, 그리고 목적성이 지니는 과도한 엄격함도 없이 기획을 진행해 나가는 데 익숙해지라고 충고한다. 우리가 가진 것이 분명질 수 있다면 그것은 사후事後에나 그럴 뿐이다.

  이는 바바에게 원칙이 없는 소리처럼 들릴 수도 있다. 그러나 최종성/궁극성이 없다고 생각하는 편이 더 낫다. 어떤 원칙이라도 항상 특정한 상황의 중간에 있기 때문에 최종적이지 않으며,

결코 그렇게 될 수도 없다. 바바는 〈이론에 대한 참여The Commitment to Theory〉에서 정치적 신념의 내용과 우리가 헌신하는 정치적 대상이 중요하고 유효하다는 점을 분명히 한다. 그는 이러한 신념과 대상을 '행동주의activist'라고 부른다. 그러나 그는 또 다른 선택, 즉 다른 '작동 원리'를 가진 '이론주의theorist'라는 선택도 있다고 생각한다.(LC: 21) 이 선택은 행동주의와 함께 작동한다. 이것이 일종의 노동 분업이라면, 이론가는 언제나 움직이며 스스로를 변화시키는 생각 자체가 뒤엉키는 어려움에 투자할 시간을 갖게 된다. 결국 정치적 주체의 형성은, 그 주체가 어떤 종류일지라도 처음부터 깔끔하지 않고 우연한 과정에 사로잡혀 있다.

'무엇을 할 것인가?'는 글쓰기의 힘을, 즉 글쓰기가 지닌 은유성과 수사적 담론을 생산적 기반으로 인정해야 한다. 이 생산적 기반은 '사회적인' 것을 규정지으며 사회적인 것이 행위에 대한 목적이 되게끔 해 준다. 텍스트성은 단순히 부차적인 이념적 표현이나 이미 주어진 정치적 주체의 언어적 징후인 것만은 아니다.(LC: 23)

바바의 주장에 따르면, 우리는 정치적 결정을 내릴 때 사회나 사회적인 것이라 불리는 기존의 어떤 대상에 근거해서 행동하지 않는다. '사회적인 것'이란 형성 과정에 있는 수사와 담론의 여러 형태를 통해서 만들어지는 어떤 것이다. 그는 여기에 데리다의 용어인 '은유성metaphoricity'을 사용한다. 은유에는 (있는 것을) 묘사/설명하는 능력뿐 아니라, (어떤 것을) 형성시키거나 규정짓는 능력도 있다는 뜻이다. 예를 들어, '도시는 하나의 살아 있는 유기체다'라는 은유를 따라가면, 그 은유가 가진 논리적인 의미에 이른다. 그 유기체의 어떤 부분이 병들었는지, 유기체가 죽어 가고 있거나 죽었는지, 그리고 그러한 부분에 살고 있는 사람들에게는 어떤 일이 생겼는지를 질문하게 된다. 사회적인 것의 맥락에서, 은유성은 정치적 사고에 중요한 영향력을 발휘한다. 데리다와 마찬가지로, 바바에게 사회적인 것은 언어의 미끄러짐과 주저함으로 인해 굴곡을 겪게 된다. 따라서 이론가가 사회적인 것의 의미를 완전히 이해하려면 언어로서의 언어와 그에 수반되는 모든 어려움에 주의를 기울여야 한다. 바바가 보기에, 이론가는 글쓰기 쪽으로 많이 기울어 있다.

 부분적으로는 여기에서부터 바바가 그만의 '주체the subject' 개념을 발전시킨다. 사회라고 불리는 기존의 대상, 즉 사회적인 것이 없는 것처럼 이미 주어진 주체도 없다. 물론 주체는 대상에 대해 행동한다. 그러나 주체가 어떤 행위를 구성하는 것만큼 주체에 가해진 행위도 주체를 구성한다. 주체가 상황에 영향을 주는 행위를 하는 것과 마찬가지로, 상황이 주체에게 영향을 준다는 것이다. 그래서 '사람이 코끼리를 사냥한다'라는 문장에서 이 사람은 자신의 행위로 정의되는 '코끼리 사냥꾼'이 될 수 있다. 우리는 우리에게 일어나는 많은 일들을 통제할 수 없기 때문에, 비평가들은 종종 주체를 '구성된constructed 존재'라고 부른다. 예를 들어, 우리는 우리가 태어난 장소에 대해 선택권이 없다. 개인적인 선택에 앞서 (예를 들어) 일본인이라는 주체로 구성되는 것처럼, 이러한 사실은 우리의 '주체성'이나 정체성에 일정한 역할을 한다. 다른 사람의 선택이 우리의 정체성을 구성하고, 그 다음에는 우리 자신의 선택이 우리의 정체성을 구성하고 변화시킨다. 매일매일의 활동이 이러한 구성 과정을 지속시킨다.

이런 구성 과정을 정치의 관점에서 본다면, 우리는 정치적 선택을 하는 행위주체인 동시에 그러한 선택의 결과물인 행위 대상이기도 하다. 주체로서의 우리는 창조하는 동시에 창조된다는 말이다. 이런 방식으로 주체성은 언제나 과정 중에 있다. 그래서 우리의 주관적 정체성은 결코 대상의 고정성과 고체성을 띠지 않는다. 바바는 "상대주의에서 생겨난 문화적 이항대립의 일부인 주체와 객체 사이의, 안과 밖의 인식론적 거리는 사회적 과정으로서의 선언행위enunciation로 대체된다"라고 서술한다.(PA: 57) 비판적 사상가는 주관적 정체성을 이해하고자 한다. 그러나 그러한 정체성을 고정시킬 수 있다면, 달리 말해서 그러한 정체성을 대상화할 수 있다면, 주체는 더 이상 주체가 아닐 것이고 그것을 알고 싶은 사람은 아무도 남지 않을 것이다. 무언가를 안다는 것은 과정 중에 있다는 것을 의미한다.

그래서 바바는 반복 논리에 대한 자신의 이해와 그것이 의미하는 주체성으로 인해 과정의 문제로서의 비판적 사고를 구체적으로 생각하기에 이른다. 더 나아가, 비판적 사고에 대한 바바의 생각은 그로 하여금 정치사상의 두 가지 중요한 전통인 자유주의와 마르크스주의에 대해 질문하게끔 만든다.

정치적 읽기: 자유주의와 밀

바바는 에세이 〈이론에 대한 참여〉에서 존 스튜어트 밀의 유명하고 영향력 있는 에세이 《자유론On Liberty》을 분석한다. 바바의 분석에서 정치적 과정으로서의 주체, 정치 주체의 탄생은 '일종의 담론적 사건'으로 다뤄진다.(LC: 23) 이는 바바가 어떻게 읽는지와 그의 기획 내에서 읽기가 왜 그렇게 중요한지를 보여 준다. 또한 자유주의 전통에 대한 바바의 이해도 보여 줄 것이다.

밀의 에세이는 영국 자유주의에 대한 고전이다. 이 글은 개인의 방식이 다른 사람의 합당한 이익을 방해하지 않는 한, 그 개인이 자신의 방식으로 자신만의 목적을 추구할 권리를 옹호한다. 밀은 철학자였을 뿐만 아니라, 동인도회사의 운영에도 적극적으로 관여했다. 그의 삶을 이루는 이 두 가지 양상 때문에

존 스튜어트 밀 John Stuart Mill(1806~1873)은 19세기 영국에서 가장 중요한 철학자 중 한 명으로, 영국령 인도의 관리를 지내기도 했다. 그의 가장 유명한 저작은 《자유론On Liberty》(1859)과 《공리주의Utilitarianism》(1861)이다. 밀은 정치경제학, 공리주의 철학, 자유주의와 연관된 글을 많이 썼는데, 바바는 특히 밀의 자유주의와 공리주의에 관심이 있다. 자유주의 철학에서 정치조직의 정당성을 보장하는 유일한 근거는 개인 이익에 대한 봉사이다. 이것이 공리주의, 공리utility의 원칙과 합쳐진다. 이 원칙에 따르면, 가장 많은 사람의 객관적 행복이 핵심이다. 밀은 우리의 권리가 변하지 않는 가장 깊숙한 곳에 있는 이익을 추구할 때 생겨나는 행복에 근거한다고 보았다. 그래서 우리에게는 우리의 이득이 다른 개인의 영구적인 이득을 방해하지 않는 한 우리의 이득을 추구할 자유가 있다. 그렇다면 밀의 입장에서 자유는 부정적인 용어로 정의 내려진다. 그것은 혼자 남겨진다는 뜻이다. 자유에 대한 이러한 생각은 정치적 상호작용은 이미 잘 정의된 개별 주체들 사이에서 발생한다는 의미다.

밀은 바바의 식민지배 담론 분석에 중요한 인물이 된다. 바바는 특히 《자유론》의 〈사상과 토론의 자유 On the Liberty of Thought and Discussion〉 장에 주목한다. 이 장은 공평한 대화적 교류에 적합한 공적 수사 public rhetoric, 다른 말로 하면 필연적으로 지속되는 매일매일의 정치 사업에서 효과를 발휘하는 수사를 정식화시키려고 한다. 바바는 "인간 행위주체의 '투명성' 신화와 정치 행위의 합리성이 가장 강력히 역설되는 곳이 바로 여기[자유주의의 토대가 되는 텍스트]다"라고 주장한다.(LC: 24) 바바는 특히 한 구절을 인용하며 구체적인 부분에 밑줄을 친다.

> 매우 중요한 진실에 대한 반대자들이 존재하지 않는다면, 그들을 상상하는 것이 필수적이다. …… [그는] 주체의 진실된 관점이 마주치고 처리해야 하는 어려움이 주는 전체적인 힘을 느껴야 한다. 그렇게 하지 못하면 그 어려움에 직면하고 그 어려움을 제거하는 진실의 한 부분을 결코 갖지 못할 것이다. …… 그들의 결론이 진실일 수도 있지만, 그들이 알고 있는 모든 것에 대해 거짓일 수도 있다. 왜냐하면 그들은 자신들과 다르게 생각하는 사람들의 정신적인 입장 mental position 속에 스스로를 위치시켜 본 적이 없기 때문이다. …… 그래서 결론적으로 그들은 자신들이 강력히 주장하는 신념에 대해 알지 못한다.(LC: 23)

바바는 밀이 자유주의의 길을 따라가서 논리적이지만 예상치 못한 결론에 도달했다고 주장한다. 자유주의는 정교한 모순을 필요로 하는 주체를 상상한다. 우리가 우리의 주장을 시험하고 발전시키고 우리 입장의 윤곽을 잡는 것은 바로 이러한 모순과 논쟁을 통해서이다. 우리는 우리와 의견을 같이하지 않는 사람들이 무엇을 어떻게 생각하는지 알아야만 그들의 공격에 잘 대응하고 우리의 입장을 선명하게 할 수 있다. 그러나 밀의 텍스트는, 이 과정이 통제하기 어려워서 그것이 과정을 지휘하는 듯 보이는 주체를 서서히 장악하게 된다는 뜻도 내포하고 있다. 앞에서 요약한 것처럼, 이 과정은 끝이 없어 보인다. 지나간 모든 것을 점검할 수 있는 궁극적인 정신적 입장은 존재하지 않기 때문에 이러한 운동 내의 어떤 단계가 최종적으로 어떻게 결정되는지를 알기란 어렵다. 사실 바바에 따르면, 밀은 "텍스트적으로 논의하는 양가적 지점에서 정치사상이 실현한다고, 즉 정치적 투사projection의 형태로 정치사상이 출현한다"고 요약했다.(LC: 24) 이러한 양가성이 우연이 아니라 자유주의 정치사상 안에 원래 존재하는 것이라는 의미다. 정치 담론이 진정으로 공공의 영역에 속하려면 완벽히 자족적일 수 없으며, 정치 행위주체를 완전히 대변할 수도 없다. 더욱이 그 행위주체가 완벽한 투명성을 가지고 분열되지 않고 의심 없이 행동하는 것도 불가능하다. 각각의 행위주체는 분열되어 있고, 각각의 구성된 정체성은 언제나 분리되어 있다는 말이다.

　재미있는 것은, 밀에 대한 바바의 읽기가 밀이 어떤 말을 하려고 했는지와 상관없이, 이러한 분열이 이미 거기에 존재하며 발생하기를 기다리고 있는 것처럼 밀의 생각을 다루고 있다는 사실이다. 이것이 바바의 읽기 방법을 두드러지게 하는 부분이다. 바바는 다음과 같이 주장한다. "정치적 대립의 텍스트적 과정은 행간을 읽는 모순된 과정을 시작한다. 담론 주체는 언급하는 순간에 역전되고 투사된 논쟁의 대상이 되어 자신과 반대되는 입장에 서게 된다."(LC: 24) 다시 말해, 정치적 주장 뒤에 깔려 있는 것은 행간을 읽는 능력, 반대자가 하고 있는 일을 이해하는 능력이다. 정치 주체에 대한 밀의 주장에는 (자신도 모르는 사이에) 바바의 읽기를 가능케 하는 동일한 구조가 있다. 그래서 바바는 다음과 같이 주장한다. "밀을 거슬러 읽게 되면, 정치는 재현/대표 주체의 의미작용 안에서 생겨나는 분열을 통해서, 다시 말해 정치적 주장이 선언되는 지점에 있는 양가성을 통해서 대표/재현할 수 있으며 진정으로 공적 담론이 될 수 있다."(LC: 24) 읽기가 불안정성과 불분명함, 변화하는 맥락을 발견해내듯이, 정치도 그러하다. 어떤 고정된 입장도 없으며, (밀을 따라가다 보면) 불안정성과 '분열된 선언행위'가 논쟁이라는 정치적인 과정 아래에 놓여 있다. 정치적 주체 안에 차이가 존재한다.

만약 이와 같은 자유주의의 고전적 텍스트에서조차 이러한 분열이 필연적이라면, 바바의 입장에서는 어떤 정치적 주체에게도 본질적인 정체성이란 있을 수 없다. 이런 입장은 현대 정치 문화에 더 많은 영향력을 행사한다. "본질주의적 논리와 정치적 대표성에 대한 모방적 지시 대상을 부정하는 것은 모든 색깔의 정치적 분열주의에 반대하는 강력하고 원칙 있는 주장인 동시에, 보통 그러한 주장에 동반되는 윤리주의를 가르며 나아간다."(LC: 27) 우리는 우리가 애초에 존재하던 일관성 있는 사회적 정체성에 근거한 정치적 정체성을 가지고 있다고 간단하게 가정할 수 없다. 사회적 정체성은 구성된 것이며, 정치적 정체성도 마찬가지기 때문이다. 밀 또는 바바가 읽은 밀이 그러했듯, 이러한 사실은 문화와 공동체가 교섭과 구성의 결과라는 주장을 피해 갈 수 없음을 의미한다. 읽기 과정은 지속적인 것이고, 이 과정은 사회적·정치적 정체성의 생산이 똑같이 열려 있음을 드러낸다.

정치적 읽기: 마르크스주의와 파농

바바가 밀에게서 찾아낸 정치적 주체의 분열은 단지 밀의 글쓰기를 이해하거나 자유주의가 식민지배 담론 내에서 어떻게 작동하는지를 이해하는 데에만 영향을 미치는 것이 아니다. 이러한 분열은 정치적 읽기 일반에 대해, 특히 마르크스주의적 읽기에도 영향력을 행사한다. 바바는 활동주의적 기획에 경의를 표했지만, 일부 비평가들은 그의 입장을 오해했다. 그는 〈이론에 대한 참여〉의 후반부에서 '아이덴티킷 정치적 이상주의identikit political idealism'에 대해 언급한다.('identikit'은 목격자의 진술을 바탕으로 기존에 만들어 놓은 얼굴 부위와 모양을 조합하여 몽타주를 제작하는 것을 가리킨다. 여기서는 맥락을 고려하지 않고 기존의 원칙을 교조적으로 적용하는 것을 비유적으로 칭한 것이다.—옮긴이) 이러한 이상주의는 결코 역사적으로 사고하지 않고, 이전과 동일하고 케케묵은 해결책을 전혀 다른 역사적 맥락에 단순히 적용한다. 이렇게 구체적 역사를 부정하는 것은 식민지배의 복잡성을 부정하는 것과 일치한다.

바바는 '비평 언어'는 이와 다르다고 기술한다. 비평 언어가,

……유효한 이유는 주인과 노예, 상업주의와 마르크스주의의 관계를 영원히 분리된 것으로 유지하기 때문이 아니라, 이 언어가 전이의 공간을 열어 주고 기존에 주어진 대립의 근거를 극복하기 때문이다. 그 효과는 극복하는 정도만큼이다. 이 전이의 공간은 혼종성의 장소인데, 비유적으로 말하면 이것도 저것도 아닌 새로운 정치적 대상의 구성으로 우리의 정치적 예상이 적절히 소외되는 장소이다. 그리고 반드시 바꿔야 하는, 정치의 순간을 인식하는 양식을 바꾸는 장소이다.(LC: 25)

논의 중에 있는 식민지배 담론의 유산에는 흔히 등장하는 대립 구도가 있다. 바바는 비판이나 비판적 사고가 이러한 평범한 대립 구도를 해소시키는 경향이 있다고 주장한다. 그런데 바바는 이런 식의 해소를 통합, 즉 더 높은 단계의 산물이라고 보지 않는다. 오히려 그는 의도적으로 변증법적인 논의에 대항하는 글쓰기를 한다.(변증법적 논의에서는 하나의 입장, 즉 테제가 반대 입장, 즉 반反테제와 충돌하고 그런 후에 이 둘은 진테제Synthese, '더 높은 단계'로 통합된다. 그 다음에는 이 진테제가 또 다른 테제가 된다. 이것에 대해 앞

으로 논의할 것이다.) 우리는 정치적인 것이 무엇인지 또는 정치적으로 생각하는 것이 무엇을 의미하는지를 이미 알고 있다고 가정할 수 없다. 아마도 제대로 된 이론적 태도는 모든 이론은 아니라 할지라도, 여기저기 그리고 미래까지 포함해서 모든 것을 설명할 수 있다고 주장하는 이론을 만들어 내는 데 주저할 것이다. 바바에 따르면,

> 어려움은 정치적 행동의 시간을 생각해 내는 데 그리고 어떤 공간을 열어 주는 것으로 이해하는 데 있다. 그 공간은 개입하는 순간의 구별되는 구조를 받아들이고 정리하는데, 성급하게 사회적 대립이나 모순의 통합을 만들어 내지는 않는다. 이것은 이론의 페이지 속에서 역사적인 것의 이동을 상상하고자 만들어 내는 체계와 구조 속에서 역사가 생겨난다는 신호이다. (LC: 25)

이론을 구성하는 행위는 종종 논의 중인 구체적인 역사들보다 우선시되기도 한다. 그래서 바바는 우리가 성급하게 대답이나 변증법적 진테제를 만들어 내지 말아야 한다는 점을 분명히 한다. 이론은 그것이 만나는 모든 텍스트와 역사를 점진적으로 끌어들이는데, 이러한 개별적인 예들을 이론을 구성하는 단순한 도구로 간주해서는 안 된다. 이론에 대한 하나의 모델, 즉 변증법에 대한 이러한 저항을 이해하는 가장 좋은 방법은 바바에게 영향을 미친 또 다른 사상가인 프란츠 파농에 대한 바바의 읽기를 따라가는 것이다.

바바의 〈파농을 기억하며Remembering Fanon〉는 이 정신과 의사이자 혁명가에 대한 전통적인 이해를 통해 파농을 전면에 다시 내세웠다. 이를 위해 바바는 보통의 읽기 순서와는 달리 파농을 역순으로 읽는다. 바바는 알제리혁명을 다룬 나중에 씌어진 더 유명한 글보다 이 초기작을 더 강조한다.(Fanon 참조 1961; 1970; 1988) 바바의 여러 초기작과 마찬가지로, 〈파농을 기억하며〉는 《문화의 위치》의 한 부분으로 수정되었고, 여기서 말하는 것은 이 책의 〈정체성에 관한 질문Interrogating Identity〉에 해당된다.

바바가 파농을 읽는 방식은 다시 문학적이다. 다음 문장이 밝혀 주듯이, 바바는 파농의 텍스트 속에 있는 서로 다른 수사적

프란츠 파농 Frantz Fanon(1925~1961)은 프랑스의 해외 영토인 마르티니크에서 태어나서 제2차 세계대전 중 자유 프랑스 군대 소속으로 샤를 드골 휘하에서 싸웠다. 그 뒤에 프랑스에서 교육을 받아 정신과 의사가 되었고, 1963년 프랑스령 알제리에 있는 블리다 조인빌 병원에서 근무했다. 여기서 프랑스 지배에 반대하는 저항운동에 연루되었다. 파농은 〈엘 무하지드El Moudjahid〉 신문에 글을 쓰는 등 알제리 독립운동에 관여했다는 이유로 병원을 관두어야 했고, 알제리를 떠나 튀니지로 가야 했다. 1960년 알제리 임시정부가 들어서며 가나 대사로 임명되었으나, 이듬해에 백혈병으로 죽었다. 오랫동안 파농의 가장 중요한 저작으로 여겨진 것은 식민지배에 대한 폭력적 저항의 필요성을 강조한 《대지의 저주받은 사람들Les Damnés de la Terre》(1961)이었다. 이 책은 반식민지배 운동에서 미국의 민권운동에 이르기까지 1960~70년대에 전 세계적으로 엄청난 영향을 끼쳤다. 그러나 지난 15년간 초기작인 《검은 피부, 하얀 가면Peau noire, masques blancs》(1952)이 그에 못지않게 유명해졌다. 이 책은 인종과 식민지배의 심리학적 구조를 강조하여 많은 비평가들로 하여금 더 현대적인 사안과 연관된 파농의 중요성을 재고하게끔 했다. 하지만 이러한 강조점의 변화는 파농에게서 혁명적 기운을 제거하는 것이라는 논쟁을 불러일으켰다. 재발행된 《검은 피부, 하얀 가면》의 서문인 〈파농을 기억하며〉에서 가장 잘 나타나는 바바의 파농 읽기는 파농을 재구성하는 모범적인 텍스트로 인정받는다.

형태가 상호작용하고 병치되는 모습에 세심한 주의를 기울인 다. "파농의 텍스트가 밝혀 주듯이, 과학적 사실은 거리의 경험으로 공격당하고, 사회학적 관찰의 결과들은 문학적 유산으로 잘려 나간다. 그리고 해방의 시가 식민 사회의 맥빠진 죽어 가는 산문에 대항하여 일어난다."(LC: 41) 바바에 따르면, 파농의 글쓰기에 나타나는 문학적 특징은 생기를 잃어버린 식민지배에 도전하는 효과가 있다. 시적인 것 자체가 식민지배에 저항하는 한 형태라는 말이다. 그래서 출판사에서 텍스트상의 불분명한 구절을 설명해 달라는 부탁을 받았을 때, 파농은 다음과 같이 대답했다. "나는 이 문장을 설명할 수 없다. 그런 문장을 쓸 때, 나는 독자들에게 정서적으로, 다른 말로 하면 비이성적으로, 감각적으로라고 할 수 있는 방식으로 접근하려 했기 때문이다. 내가 볼 때, 단어들에는 어떤 기운이 채워져 있다. 나는 단어가 주는 효과를, 물음표가 주는 현기증을 피할 수 없다는 것을 알고 있다."(Macey 2000: 159) 언어의 정서적 기운을 강조하는 것은 바바의 글쓰기에도 영향을 끼친다.

그러나 바바는 파농에게서 더 많은 것을 취한다. "파농은 거스르고 넘나드는 진실을 공급해 준다. 그는 인간과 사회의 완전한 전환을 갈망한다. 그러나 역사적 변화의 불확실한 틈새에서 가장 효과적으로 말한다."(LC: 40) 그리고 파농에 대한 이후의 에세이에서는 다음과 같이 쓴다.

파농이 식민지배 폭력과 반反 폭력의 미장센으로 제공하는 식민지배 공간과 정신의 이분법적[예를 들어, 완전히 대립하는 두 진영이 있는] 변증법은 두 개의 분리된, 대립하는 공간으로 읽혀서는 안 된다. 이 둘은 각기 부정되어 더 높은 단계, 세 번째 단계로 합쳐지지 않는다. (여기에는 어떤 보편 인간도 존재하지 않는다!) 그 공간들은 그 사이에 난 통로를 표시하는 경계선에서 읽혀야 하기 때문이다. 이것이 차이를 가른다.(DD: 202)

'부정된다sublated'는 것은 변증법 철학자, 특히 헤겔G. W. F. Hegel (1770~1831)과 같은 독일 철학자들에게서 가져온 전문 용어로, 기본적으로 앞서 설명한 것처럼 진테제가 만들어지는 것을 가리킨다. 예를 들어, 우리가 두 집단 사이의 문화적 차이를 지적하고 '하나의 인종, 인류만이 존재할 뿐이다'라고 주장하면, 이것은 앞선 문화적 차이를 부정하고 '더 높은' 범주로 나아간다. '세계음악World Music'이라는 장르를 생각해 보자. 이 장르는 서로 다른 종류의 음악들을, 지역적·문화적 차이를 초월하는 더 높은 단계로 합치는 것처럼 보인다.

논문 〈세계음악은 존재하지 않는다World Music Does Not Exist〉에서 탈식민 비평가 티머시 브레넌Timothy Brennan은 장르로서의 세계음악은 "그것이 실재하는 것처럼 논의될 때에만 실재하는 것"이라고 주장한다.(2001: 44) 그래서 다른 형태의 음악이 이런 식으로 판매되어 전 세계적 소비 순환 구조 속으로 통합된다면 그 장르는 실재성을 획득하게 되지만, 그것은 어디까지나 소비에 실재하는 것이다. 우리는 음악 문화의 이러한 인공적인 통합적

진테제 아래에 또 다른 현실이 있음을 안다. 이러한 음악에는 공통점이 거의 없다는 것과 그중 몇몇(예를 들어, 특정 지역의 기도 음악)은 세계 시장에서 결코 편안하게 이동하지 않는다는 것이다. 게다가 우리는 세계음악이, 대중음악이건 아니건 간에 지배적인 형태의 서구(특히 미국) 음악을 포괄하지 못한다는 것도 안다. 그래서 이처럼 의심스럽고 비현실적인 범주를 만들어 내지 말고 각 음악 형태의 지역적 맥락과 구체성을 고려해야 한다고 주장할 수 있다. 결국 우리는 세계음악의 탄생을 지연시켜야 한다. 아마도 영원히 지연시켜야 할 것이다.

이러한 지연deferral은 바바의 변증법적 사고 이해에 핵심적이다. 바바나 파농에게 지연은 변증법적 마르크스주의의 요구와 관련하여 특히나 중요하다. 예를 들어《검은 피부, 하얀 가면》에서 파농은 마르크스주의적 휴머니즘의 보편적 요구 사항에 대해 다음과 같은 말로 대응한다.

> 뭐라고? 나는 가려진 눈을 거의 떠 보지도 못했는데, 누군가가 벌써 나를 보편적인 것 속에 빠뜨리려 한다고? 타자들은 어떻게 된 것인가? '목소리를 내지 못하는' 사람들, '대변인이 없는' 사람들 말이다. …… 나는 네그리튀드négritude(흑인성—옮긴이) 속에 나 자신을 몰입시켜 불fires과 분리, 억압, 강간, 차별, 보이콧을 보아야 한다. 우리는 검은 제복을 울긋불긋 물들이는 모든 생채기에 손가락을 집어넣을 필요가 있다.(1952: 186)

식민지배에 저항하는 마르크스주의적 휴머니즘 서사는 바로 돌아서서 인종의 언어를 초월하여 연대를 만드는 상상을 한다. 이러한 서사는 '인류라는 인종'만이 있을 뿐이고, 식민지에서의, 노동계급의, 그리고 여성의 억압이라는 다른 형태의 일들이 모두 동일한 과정의 결과라고 주장한다. 실제로 마르크스주의는 모든 반식민 투쟁은 일반적인 반자본주의 투쟁의 일부로 보아야 하며, 인종의 중요성을 주장하면서 스스로 제한을 가해서는 안 된다고 말한다. 이 입장이 바람직한 목표일 수 있지만, 파농이 보기에 마르크스주의는 너무 빨리 움직이고 계급투쟁과 관련된 색깔의 차이를 구별하지 않는 주장으로 잘못을 저지르고 있다. 앞의 인용문에서 볼 수 있듯이, 파농은 특별한 역사적 순간과 구체적인 문화적 맥락을 강조한다. 이를 더 넓게 보면, 파농의 이 책은 심리적 인식과 식민지배에 대한 저항의 문제를 거론하면서 그가 '피부화epidermalization'라고 부르는, 분명한 문제가 있다고 주장한다. 이 말은 본질적인 정체성이 피부의 표면에서 발견된다는 생각이다. 이것은 실제로 인식과 연대를 방해하며, 본질적 정체성의 서사가 가진 일관성을 붕괴시킨다. 파농이 말하듯이, 마르크스주의 휴머니즘은 세계를 전반적으로 바꾸겠다고 주장하지만 계급이 아닌 다른 양상, 즉 인종과 성에 근거한 비대칭적인 관계의 지속을 간과한다. 만약 그렇다면 우리에게 필요한 것은 구체적으로 인종화된 생각에 대한 관심이다. 《검은 피부, 하얀 가면》에서는 이러한 관심이 정신분석학을 통해서 작동한다. 바바는 다시 파농에게서 각각의 상황을 특수하고 구체적인 역사에 비추어 관찰할 필요성을 끄집어낸다.

앞서 언급했듯이 《검은 피부, 하얀 가면》에 나타나는 가장 두드러진 특징 중 하나는, 하나의 담론 내에 머물러 있으면서 자신이 정의한 문제에 대해 하나의 접근법만을 고수하지 않는다는 점이다. 이 책은 자전적 성찰과 정신분석학적 문학비평, 그리고 현상학 사이에서 발 빠르게 전환한다. 이 책은 손에 잡히는 도구를 모두 활용하는 브리콜라주bricolage 방식으로, 명백한 한계에 도달하면 수단과 도구를 바로 버렸다가 나중에 다시 그것으로 돌아오기를 반복한다. 하나의 이론적 방식에 갇혀 있기를 거부하기 때문에 이 텍스트 자체는 혼종적이고 순수하지 않다. 형식상의 섞임은 스타일을 선택하는 문제를 넘어서서, 권위적인 서사가 되려는 어떠한 주장도 불안정하게 만들거나 인종 문제를 배제시키는 보편주의적 담론으로 표현되는 비슷한 주장을 약화시키기도 한다. 바바와 마찬가지로 파농 역시 고정된 정체성이 안정성과 확실성을 제공하는 듯 보이지만 사실 그것은 우리가 결코 동일시할 수 없는 이상적인 모습을 만들어 낼 뿐이고, 그 결과 우리 자신에 대한 소외를 보여 줄 뿐이라고 믿는다. 우리는 이러한 소외에서 내용적으로 그리고 형식적으로 탈피할 필요가 있다. 파농의 텍스트는 특유의 자서전적인 스타일을 끊임없이 만들어 내면서 이러한 소외에서 탈출한다. 이것은 문제에 대한 주관적 재현의 한 예로서, 파농에게는 선택이자 필수이다. "나는 객관적이고자 하지 않는다. 더욱이 그것은 부정직한 것이다. 내가 객관적이 되는 것은 가능하지 않은 일이다."(1952: 86) 《검은 피부, 하얀 가면》은 미숙하여 색깔을 구별하지 못하는 보편화에 드러내놓고 저항을 말할 뿐만 아니라, 이러한 저항을 공식적으로 실행한다. 실제로 '보편 관점universal view'에 대한 이러한 저항은 다음과 같은 방식으로 설명할 수 있다. 이상화된 모습은 언제나 섞임의 형태가 아니라 '흑인성blackness'을 정화하는 형태를 취하는데, 이는 흑인성이 부차적이고 본질적이지 않은 것으로 간주된다는 의미다. 그래서 흑인 남성이 의식을 가진다는 것은 (파농에게서 항상 분명히 드러나듯이) 항상 백인인 것처럼 사고하는 형태를 띤다.

비non인식의 순간을 '흑인이라는 사실'이 시작되는 때라고 여기는 유명한 부분에서, 파농은 다음과 같이 말한다. "그 순간, 백인 남자가 볼 때 흑인 남자는 존재로서 할 수 있는 어떠한 저항도 하지 않는다."(1952: 110) 다시 말하면, 백인 남성이 흑인 남성을 바라볼 때 흑인 남성에게 어떤 확고한 정체성을 부여해 주는 것은 없다는 뜻이다. 이러한 시선이 철학적인 것일 경우, 백인 남성은 흑인 남성의 흑인성이 그저 중요하지 않은 것처럼 행동한다. 이것은 마치 식민지배 현실이 그러한 흑인성이 얼마나 중요한지를 보여 주고 있음에도 불구하고, 철학은 일상적인 삶의 현실에서 나오는 어떠한 지식도 품위 있게 거절하려는 것처럼 보인다는 것과 비슷하다. 그래서 철학적 보편화의 순간은, 백인의 시선이 실제로 흑인을 고정시키는 피부화의 순간을 건너뛰어 버린다. 실제로,

나는 세상 속에서 천천히 움직인다. 이제는 사회의 격변을 찾지 않는 데 익숙해져 있다. 나는 기어서 앞으로 나아간다. 그리고 나는 유일하게 실재하는 시선인 백인의 시선으로 이미 해부되고 있는 중이다. 나는 고정되었다. 그들은 마이크로톰microtome(박편 절단기. 현미경으로 검사하고자 어떤 물질을 매우 얇게 잘라내는 데 사용하는 기구─옮긴이)을 조절한 후 객관적으로 내 현실의 조각들을 잘라 낸다. 나는 발가벗겨진 채로 있다. 그 하얀 얼굴들 속에서 나는 느끼고 나는 본다. 들어오는 것은 새로운 인간이 아니고 새로운 종류의 인간, 새로운 종의 인간이라는 것을. 물론, 그것은 바로 니그로Negro다!(1952: 116)

파농은 이러한 순간들을 강조하면서 우리가 이 순간들 속에 머물며 그것이 의미하는 바를 통해서 일해야만 보편적인 인간성이 실현된다고 주장한다. 이는 '보편적인 인간성'이라는 개념이 백인, 더 심하게는 유럽인의 정체성을 드러내기 때문이다. 파농에게는 인종주의 역사에 대한 휴머니즘적 비평이라는 것도 무의식적으로는 여전히 '절대적인' 또는 특별한 목적으로서의 백인성whiteness을 의미한다. 하나의 역사적 서사(인종주의, 식민지배)가 또 다른 하나, 겉으로는 더 정확해 보이는 서사(휴머니즘)로 대체된다. 그런데 이러한 휴머니즘조차 색깔을 구분하지 못하고 인종화된 사고 간의 교차점이나 공모 관계를 생각하기를 거부한다는 사실은 유감스러운 일이다. 파농은 우리가 이 서사를 또 다른 서사로 교체할 필요에 대해, 최소한 잠시 동안만이라도, 저항해야 한다고 암시한다.

　파농의 글쓰기 관점에서 보면 파농에 대한 바바의 다양한 설명은 설득력 있어 보이지만, 다른 독자들은 이에 대해 비판적이거나 양가적인 입장을 취한다. 예를 들어, 문학비평가 헨리 루이스 게이츠 주니어Henry Louis Gates, Jr는 바바가 자신만의 파농을 만들어 내고 있다고 주장한다.(1991) 그러나 바바는 자신의 읽기가 파농에 대한 최종적인 해석, 또는 '그가 진정으로 의미하는 바'라고 주장하지 않는다. 바바는《문화의 위치》〈정체성에 관한 질문〉의 초입에서 파농을 불안정한 진실의 전달자라고 부르는데, 여기서 그는 영어로 '진실의 전달자The Purveyor of Truth'로 번역된 심리학자 자크 라캉Jacques Lacan에 대한 데리다의 유명한 에세이를 염두에 두고 있다.(Derrida 1987 참조) 이 에세이에서 데리다는 문학 텍스트와 관련하여 분석가를 진실의 조율자 위치에 놓으려는 라캉의 경향을 비판한다. 데리다를 따라가는 바바의 언급은 파농의 텍스트뿐 아니라 자신의 텍스트가 지닌 열린 특징도 강조한다. 앞서 언급했던 '진실을 봉쇄하지contain 않는 이론적 비판이 생겨나는 경계와 장소'라는 인용구가 기억난다.(LC: 22) 〈정체성에 관한 질문〉에서 바바는 다시 한 번 과정을 강조하는데, 이 장이 요약하는 모든 읽기와 읽기 관행은 읽기에 대해 지속적이고 근본적으로 열린 특징을 가정한다. 예를 들어, 비평가들이 바바 식의 파농 읽기를 어떻게 평가하든지 간에 바바의 읽기가 글자 그대로 하나의 사건이라는 데에는 의심할 여지가 없다. 이 사건은 파농의 텍스트에 대한 읽기와 다시 읽기를 수반할 뿐만 아니라, 식민지배와 탈식민의 권력과 심리를 둘러싼 사안을 일반적이고 생산적으로 재고하는 것과 관련되어 있다.

| 시적 읽기 |

바바가 이렇듯 여러 다른 영향을 받았다는 것과 그가 자유주의 및 마르크스주의 전통(그는 결코 이것들을 거부하지도, 완전히 받아들이지도 않았다.)과 맺은 연관성은 바바를 탈식민주의의 시인으로 읽는 것도 그를 읽는 하나의 방식일 수 있음과, 그가 시인이 되고자 했던 원래의 목표를 성취했음을 암시한다. 어느 인터뷰에서 그는 개념의 내용과 수사성figurality의 차이를 논한다. 그는 계속 내용의 차원에만 머물 수 없으며, 항상 움직이면서 수사적 또는 형식적인 수준이 내용을 어떻게 변화시키는지를 보아야 한다고 주장한다.

> 내가 개념의 수사성(이는 개념이 부서지기 쉽다는 의미이기도 하다.)을 포착했을 때, 그때 일이 시작되었다. 수사로서 개념을 이해한다는 것은 개념의 세계에서 또는 논쟁의 구조에서 개념이 가진 장소적·공간적 지위만을 보는 것이 아니다. 그것은 개념이 가진 비유적 또는 은유적 구조 또한 올바르게 인식함을 의미한다. 은유적 구조 속에서는 어떤 개념이 그 스스로 주장하는 의미가 아닐 수 있으며,

그 개념이 스스로 자신이라고 알고 있는 것이 아닌 다른 어떤 것일 수 있는 이유도 드러난다. 어떤 개념의 수사성을 비유적으로 표현하자면, 그것은 움직이고 있는 개념, 또는 실천과 수행의 과정 중에 있는 개념이 될 것이다. 이러한 생각으로 열려 있으면, 학제 간 또는 학제를 교차하는 방식으로 어떤 개념에 대해 작업하는 중에, 어떤 생각이 갖는 특정한 위치의 구체성 또는 어떤 경험에 대한 독특한 재현을 존중할 수 있을 것이다.(ST: 371)

우리는 특정 개념이 어디에 속하는지를 알고 있다고 생각한다. 그러나 어떤 개념이 가진 비유적인 본성이란 그것이 말하는 것처럼 보이는 것, 또는 말하고자 하는 것 이상을 말한다는 의미다. 개념이란 담론을 구성하며, 다른 시간과 장소에서 언제나 반복 가능한 진술과 비슷하다. 비슷한 방식으로 여기서 묘사된 위치이동 dislocation 과정을 생각해 볼 수 있다. 개념을 실험의 형태로 낯선 장소로 갖다 놓아 보자. 무슨 일이 일어날지는 보장할 수 없다. 어떤 일이 일어나기는 할지조차 보장할 수 없다. 그러나 어떤 일이 일어나는 모든 때, 즉 개념이 새로운 맥락 속으로 변화되거나 번역되는 경우는 바바의 저작이 가장 도전적이고 생산적으로 되는 때이다. 앞서 말한 바와 같이, 파농에 대한 바바의 읽기는 개념적 점화의 가장 명백한 예일 뿐이며 그 효과는 지속될 것이다.

새로운 답을 제시하는 실천적 읽기

바바에게 읽기, 그리고 영향 주기는 단순히 유용한 정보를 뽑아내는 것과 불운한 텍스트의 쓰다 남은 나머지를 버리는 것 이상의 의미가 있다. 독자가 읽기 과정에 가져다주는 것은 읽기를 살아 있게 만들며, 그것이 '시작되게' 만든다. 그리고 식민지배 담론에 지속적인 독자가 있다는 사실은 사람들이 그 담론이 살아 있기를 바란다는 점, 즉 사람들 생각에 그 담론이 현재 우리의 삶에 중요성을 지닌다는 점을 의미한다. 읽기는 무엇인가 일어나게 만들고, 실제로 읽기 그 자체가 역사를 만든다. 이러한 실천적 읽기는 식민지배의 과거를 사고 과정의 일부로 파악하며, 우리가 지금 어떻게 살고 있는지에 대한 새로운 답을 만들어 낸다. 식민지배는 과거에 묶여 있지 않고, 현재에 굳건히 자리 잡고 있다.

 이 장에서는 바바의 저작에서 읽기가 가진 중요성을 살펴봄으로써, 그의 글쓰기와 주요 사상가로부터 그가 어떤 영향을 받았는지를 중점적으로 보았다. 바바는 데리다와 푸코에게서 사고의 복잡성을 분석하는 법과 차이를 강조하는 철학적 접근 방식을 취했다. 이 방법은 특히 담론 속으로 확장되며, 다른 맥락이 용어와 개념의 의미를 바꾸는 방식으로 확장된다. 그러면서 바바는 과정을 강조하는 비판적 사고를 발전시킨다. 이러한 생각은 각 상황에 특수한 것이어서, 구체적인 문제나 사안과 관련된 구체적인 역사를 이해하지 않고서 '지구적인' 대답을 제공할 수는 없다. 자유주의와 J. S. 밀의 에세이에 대한 설명을 통해 바바는 이러한 사실을 증명한다. 그리고 바바는 자유주의 담론의 중심에 차이가 위치해 있음을 증명하는 애매모호한 분열이 자유주의적 가치의 핵심적 진술 속에 놓여 있음을 보여 준다. 마르크스주의에 대한 바바의 설명에 따르면, 파농이 경고했듯이, 최종적이고 보편적인 대답을 얻으려고 성급하게 서두르는 행위는 세부적으로 이해하고 탐구할 필요가 있는 식민지배의 고통이라는 특수한 순간을 놓치게 된다. 그래서 나는 바바를 개념에 불을 붙이려고 하는 '시인'으로 이해하는 시각이 생산적일 수 있다고 주장했다. 다음 장에서는 에드워드 사이드와 자크 라캉의 저작이 바바에게 미친 영향과, 그가 이들의 핵심적인 생각을 어떤 방식으로 확장시키고 변형시켰는지를 살펴볼 것이다.

제 3 장

스테레오타입

| '스테레오타입'이 일으킨 문제들 |

식민지배의 여러 측면 중에서 바바가 특별히 주의하면서 읽는 부분은 스테레오타입stereotype 담론이다. 식민지배가 정치적이고 경제적인 관계라는 것은 분명한 사실이나, 그 자체의 일관성과 정당성을 유지하고자 문화적 구조에 기대어 왔다는 점 또한 중요하다. 식민지배 관계가 존재해야만 한다는 것은 자명하지 않기 때문에 무언가 식민지배에 대한 설명을 제공해야만 한다. 그런 설명으로 종종 제시된 것이 이른바 식민피지배자의 열등성이었다. 인종주의적 색채가 강한 농담, 영화 속 이미지, 그리고 다른 형태의 재현을 통해서 지배자는 피지배 주민들의 게으름이나 멍청함에 대한 스테레오타입을 유통시킨다. 이러한 스테레오타입은 식민지배 권력의 안정적이긴 하나 잘못된 기반이기 때문에 폐기해야만 한다. 그러나 이 장에서는 스테레오타입이 가지는 안정성이 겉보기만큼 확고하지는 않으며, 스테레

오타입 밑에 깔려 있는 이상한 불안이 식민지배에 저항하며 글을 쓰는 비평가에게 생산적일 수 있다는 점을 보여 줄 것이다. 스테레오타입이란 불안한 식민지배 지식의 한 형태이며, 이러한 불안에 대한 바바의 글쓰기는 전통적인 식민지배 연구에 수정을 가한다. 그 출발점으로 가장 좋은 지점은 《문화의 위치》의 제3장으로, 여기서 바바는 에드워드 사이드의 고전적인 저서 《오리엔탈리즘》을 확장시킨다.

이 3장의 제목은 '다른 문제The Other Question'인데, 그 부제인 '스

팔레스타인 출신의 비평가 **에드워드 사이드**Edward Said(1936~2003)는 두 가지 측면에서 중요했다. 먼저, 그는 미국과 다른 여러 곳에서 팔레스타인 사람들을 대변하는 가장 설득력 있고 가시적인 존재였다. 그 다음으로, 《오리엔탈리즘》(1978)이 발간되고 수년간에 걸쳐서 그의 문학비평 저작은 작가와 예술가, 심지어는 전체 학문의 기초를 마련했다. 이 책은 서구의 인종주의, 잘못된 재현, 그리고 동양(소위 '중동Middle East'이라는 지역)에 대한 일반적인 무지에 대한 충격적인 고발이다. 이 책은 미셸 푸코의 저작을 활용하면서 오리엔탈리스트 담론이 실제로 존재하는 동양과는 거의 상관없이 저절로 형성되는 방식을 강조한다. 동시에 사이드의 가장 영향력 있는 이 저작은 많은 어려운 문제들을 이후의 비평가들에게 남긴다. 특히 재현을 둘러싼 질문과 어떻게 다른 문화를 적절히 재현할 수 있는가라는 문제가 제기된다. 어쨌거나 이 책을 현실과 동떨어진 학문 연구라기보다는 현대 문제에 대한 개입으로 볼 때, 사이드의 저작이 가져온 효과는 이론적 문제를 압도한다. 다른 말로 하면, 사이드의 비판적 글쓰기는 팔레스타인에 대한 그의 글쓰기만큼이나 일종의 행동에 가깝다는 뜻이다. 행동, 즉 수행적 차원에 관한 이러한 강조는 바바가 사이드에게서 끌어내는 가장 중요한 요소 중 하나이다. 《오리엔탈리즘》과 함께 사이드의 가장 중요한 비평서로는 《세계, 텍스트, 그리고 비평가The World, the Text, and the Critic》(1983), 《문화와 제국주의Culture and Imperialism》(1993)가 있다. 이 밖에 아랍 주민들, 특히 팔레스타인 주민들에 대한 글에는 《팔레스타인 문제The Question of Palestine》(1979), 《이슬람 취재Covering Islam》(1981; 1997), 《마지막 하늘 이후After the Last Sky》(1986)가 있다. 이외에도 1999년에 출간된 회고록 《에드워드 사이드 자서전Out of Place》이 있다.

테레오타입, 차별, 그리고 식민지배 담론'이 이 장의 내용을 훨씬 더 선명하게 제시한다. 이 장은 담론 이론의 관점에서 사이드의 저작을 중심으로 스테레오타입과 차별이 어떻게 작동하는지를 연구한다. 비록 나는 바바가 모든 식민지배 담론 또는 탈식민 문학을 설명할 수 있는 새로운 총체적인 이론을 만드는 데에는 관심이 없다고 주장하겠지만, 이 장은 바바의 기획에 대한 프로그램처럼 잘 짜인 정의를 제공한다. 이 에세이에서 바바는 '식민지배 담론a theory of colonial discourse'이라고 공공연히 부른 것을 제시한다.(LC: 66) 이 이론은 바바가 정형화와 관련한 식민지배 담론에 핵심적인 역할을 한다고 생각하는 양가성에 근거해 있다.

스테레오타입 담론은 식민지배 담론이 가지는 권력 일반의 핵심에 다가간다. 그는 이 장의 마지막 부분에 가서 다음과 같이 요약한다.

> 식민지배의 순간에, 인종주의에 기반한 스테레오타입 담론은 권력 행사와 지식 구성에서의 생산적인 분열을 특징으로 하는 통치의 한 형태를 각인시킨다. 이러한 몇몇 관행은 종종 문화와 역사의 차이를 인식하는데, 이러한 차이는 스테레오타입에 대한 지식, 인종에 대한 이론, 식민지 행정 경험 등으로 정교하게 다듬어진다. 그리고 그 몇몇 관행은 이러한 차이에 근거해서 편견을 지니고, 차별적이고, 흔적이 남은, 아주 오래된, '신화적인' 그리고 결정적으로 그러하다고 인식되는 정치적·문화적 이데올로기들을 제도화

한다. …… 그러나 식민지배 권력의 동일한 장치 내에는 통치 정부의 근대적인 과학과 체계, 그리고 진보적인 '서양'의 사회적·경제적 조직이 함께 존재한다. 그리고 이렇게 공존하는 것들은 식민지배의 계획에 명백한 정당성을 부여한다.(LC: 83)

비록 여기서는 '식민지배의 순간colonial moment'이라고 구체적으로 언급하지만, 바바는 스테레오타입에 대한 생각을 이런 식으로 제한하지는 않는다. 그는 스테레오타입에 관한 지식은 실질적인 통제 수단으로 무비판적으로 인식될 뿐만 아니라, '문명화'시킨다는 식민지배 임무에 대한 철학적 정당화와는 분리되어 있다고 주장한다. 그러나 〈다른 문제〉의 요점은 이 둘이 필연적으로 분리될 수 없다는 점이다. 즉, 스테레오타입에 관한 지식은 항상 철학적 정당화를 약화시키며, 스테레오타입이라는 환상적 세계는 언제나 식민지배자의 담론을 침범한다.

일반적으로 스테레오타입이 가진 문제는 그것이 개인이나 집단을 한 장소에 고정시키는 것처럼 보인다는 점이다. 그래서 스테레오타입은 개인이나 집단이 지닌 정체성을 부정하고, 기껏해야 흠결이 있을 뿐인 이전의 지식에 근거하여 그들을 이해한다고 가정한다. 물론 이 문제는 식민지배 담론 내에 존재한다. 식민지배 담론은 스테레오타입이 고정되어 있기를 바라고, 식민지배 스테레오타입에 대한 전통적인 분석 또한 스테레오타입이 고정되어 있다고 가정한다. 그러나 이와 같이 고정된 특징은 혼란과 공존한다. 이 혼란은 식민지배 권력 기구에는 무의식적으로 명백한 것이었으나, 바바 이전에 식민지배를 연구하던 사람들에게는 드러나 보이지 않았다. 식민지배 스테레오타입을 표준적인 판단에 계속해서 종속시키는 식민지배 담론 분석은 식민지배 담론 그 자체와 동일한 가정에 따라서 진행된다. 실증적인 예가 식민지배 담론이 가정하는 표준성과 반대된다 하더라도, 이러한 분석은 이전의 표준성을 가정한다는 뜻이다. 모든 형태의 식민지배 동일화는 "복합적이고 교차하는 결정으로 실현되는, 여러 가지 모양으로 뒤틀린, 그리고 항상 구체적으로 계산된 노력을 요구하는, 구별 방식"으로 여길 필요가 있다.(LC: 67)

이 마지막 공식에 따르면, 스테레오타입과 마주치는 순간마다 우리는 그것을 쉽게 부정되는 일반적인 유형의 또 다른 예가 아닌 유일한 예로서 새롭게 보아야 한다. 물론, 스테레오타입은 일반적으로 바람직하지 못하다. 그러나 이러한 주장을 하는 것은 흥미로운 일이 될 수 없다. 비록 다른 스테레오타입들이 비슷한 방식으로 기능한다 할지라도, 가장 흥미로운 것은 스테레오타입들 간의 차이일 것이다. 그래서 우리는 스테레오타입과 마주칠 때마다 그 효과를 새롭게 측정하여 그것이 어떻게 만들어졌는지, 그리고 그것이 무엇을 만들어 낼지를 추정해야 한다. 이론이 어떻게 이런 식으로 추정할 것인지는 바바의 기획 내에서는 단지 용어의 문제일 수도 있고, 더 큰 어려움을 가리킬 수도 있다. 왜냐하면 바바는 여기서 이론을 정의하는 동시에 이론 일반은 자신이 논의하는 바를 실제로 얻을 수 없다고 말하는 것처럼 보이기 때문이다.

식민지배 담론에 관한 이론

더 큰 문제는 나중에 다시 얘기하고, 〈다른 문제〉를 계속 얘기해 보자. 이 장이 모든 것은 아니라 하더라도 가능한 한 많은 것을 설명하려는 거대 이론에 관한 것이라면, 그러한 이론을 제대로 설명하고 넘어가는 것이 중요할 수밖에 없다. 그러나 바바는 그러한 이론을 제시하면서도, 그것이 얼마나 거대해질 수 있는지 또는 이론을 적용시키는 폭이 얼마나 넓은지에 대해 매우 조심스럽다. 바바는 식민지배 담론에 대한 최소한의 정의를 제안하는데, 이 정의는 길게 인용할 만큼 중요하다.

이것은 인종적/문화적/역사적 차이에 대한 인식과 부정을 작동시키는 일종의 장치다. 이것의 지배적인 전략적 기능은 지식의 생산을 통해 '피지배 주민subject people'을 위한 공간을 만들어 내는 것이다. 그러한 지식의 관점에서 감시가 행해지고 복잡한 형태의 즐거움/비즐거움이 유발된다. 이것은, 스테레오타입적이되 반테제적으로 평가되는 지배자와 피지배자에 대한 지식을 만들어 냄으로써 제 전략이 권위를 가지게끔 한다. 식민 담론의 목적은 인종적 기원에 근거하여 피지배자들을 퇴보한 인간들로 간주하게 만들어서 정복을 정당화하고 행정과 지도의 체계를 만들어 내는 것이다. (LC: 70)

바바는 서사의 관점에서 식민지배 담론을 이야기함으로써 이러한 정의를 확장시킨다. 모두 알다시피 바바는 일반적으로 사실주의에 적대적이어서 그것이 식민지배 담론 분석에 부적합하다고 생각한다. 여기서의 사실주의는, 사실주의 소설의 경우처럼 재현의 직접적인 형태라고 내세우는 서사를 의미한다. 바바는 사실주의와 식민지배 담론을 직접 연결시킨다. (그는 이러한 연결 고리를 민족에 대한 서사 전략이라는 맥락에서 다시 환기시킨다. 〈민족의 산포 DissemiNation〉에서 '사실주의와 스테레오타입의 물화된 reified 형태'를 언급한다.(LC: 152)) 사실주의는 식민지배 담론이 아닌 경우도 있지만, 식민지배 담론은 언제나 사실주의의 형태를 띤다. 다른 말로 하면, 모든 사실적인 서사(예를 들어, 19세기 소설)가 식민지배와 연결된 것은 아니지만, 식민지배 담론은 언제나 직접적으로 식민지배 현실을 재현한다. "[식민 담론은] 서사의 한 형태와 닮았다. 그 서사에 의해서 대상과 기호의 생산과 유통이 인식 가능하도록 수정된 전체 속에서 제한된다. 그것은 리얼리즘과 구조적으로 비슷한 재현 체계와 진실의 체제를 활용한다." (LC: 71) 약간의 제한과 망설임에도 불구하고, 여기서의 식민지배 담론은 사실주의와 전체성 모두와 분명히 연관성이 있다. 그리고 이 둘(사실주의와 전체성)은 현실에 대한 설명을 의미하며, 이러한 설명은 현실이 가지는 전체성을 규정하려 한다. 이러한 연관성이 암시하듯이, 무조건적인 사실주의 또는 전체성의 관점에서 작동하는 식민지배 담론에 대한 어떤 추가적인 분석도 그 관점 내에서 작동하는 만큼 그 대상과 비슷할 수밖에 없다.

그래서 식민지배 담론을 분석할 때에는 담론이 지닌 기괴하거나 비현실적인 특징을 포착할 수 있는 서사 전략이 필요하다.

도구성과 환상

사실주의와 식민지배 담론의 관계를 닮음과 유사성의 관점에서 수정하면서, 바바는 에드워드 사이드의 논의로 넘어간다. 이렇게 되면 소설이 지니는 함의는 분명해진다. 사이드는 이후 《문화와 제국주의》(1993)에서 제국주의와 소설 형식 간의 연관성을 인상 깊게 서술했기 때문이다. 바바가 다룬 《오리엔탈리즘》의 한 부분을 살펴보면, 사이드는 오리엔탈리즘을 잠재적이면서도 드러나는 형식으로 이루어진 것으로 개념화했다. 비록 사이드는 자신이 참조한 부분을 자세히 설명하지 않지만, 이러한 용어들은 정신분석학에서 나왔다. 그래서 바바는 자신의 식민지배 담론 정의를 가능케 하는 것이 이러한 프로이트적 용어에 대한 설익은 암시적 언급이라고 말한다. 이는 별로 중요하지 않은 이야기처럼 보이지만, 사실 담론을 보는 사이드의 관점에 대한 바바의 논평은 바바의 저작에서 매우 핵심적인 부분이다. 바바는 사이드의 저작이 현대 문화 분석에 독창적으로 기여한 부분을 설명한다. 이 에세이의 초기 버전에서 바바는 단순히 이렇게 주장한다. "사이드에게는 언제나 다음과 같은 암시가 깔려 있다. 즉, 식민지배자가 식민 권력과 담론을 온전히 소유한다는 것인데, 이것은 역사적 이론적 단순화이다."(OQ: 23) 바바는 저작 전체를 통해 이러한 단순화에 반대한다. 이와 같은 특정한 맥락에서, 프로이트Sigmund Freud에게서 가져온 용어로 생각하는 것이 바바로 하여금 식민지배 담론의 생산성, 즉 스테레오타입이 문제에 대한 해결책이 되는 방식을 시험하게 한다. 이러한 강조점은 바바가 푸코를 불러낸 것과 잘 맞아떨어지는데, 바바가 보기에(바바만 이렇게 생각하는 것은 아니다.) 담론에 대한 푸코의 복잡성을 사이드가 충분히 다루지 않았다.

바바는 《오리엔탈리즘》에 나오는 "기쁨과 두려움 사이를 왔다 갔다 반복하는 형태로 친숙하지 않은 것을 확립된 것에 고정시킴으로써, 문화적 그리고 인종적 차이에 대한 인정과 부정 사이를 움직이는, 요약하고 고정시키는 이론"을 암시하는 구절을 발전시킨다.(LC: 73) 바바의 주장에 따르면, 이 부분은 스테레오타입 이론을 프로이트의 물신 개념에 연결시킨다. 그리고 이러한 연결은 구조적이며 동시에 기능적이다. 바바는 정신분석학과 언어학을 합치면서, 다음과 같은 물신에 대한 담론적 고찰을 제시한다.

담론 내에서, 물신은 (부재와 차이를 은폐하는) 대체로서의 은유와 (이미 알고 있는 결핍을 계속해서 알려 주는) 환유가 동시에 일어나는 것을 나타낸다. 물신 또는 스테레오타입은 하나의 '정체성'에 접근하는 것을 허용하는데, 이 정체성은 지배와 즐거움만큼이나 걱정과 방어에 기반한 것이다. 왜냐하면 페티시fetish나 스테레오타입은 여러 가지 모순된 믿음, 차이를 인식하는 동시에 그 차이를 부정하는 믿음의 한 형태이기 때문이다.(LC: 74-5)

바바는 식민지배 담론이 가진 양가성에 대한 자신의 생각이 스테레오타입의 문제를 어떻게 변화시키는지를 정교하게 설명한다. "스테레오타입이라는 것은 주어진 현실을 잘못 재현한 것이기 때문에 단순화는 아니다. 그럼에도 불구하고 그것이 일종의 단순화인 이유는 사로잡힌, 고정된 형태의 재현이기 때문이다. 그 재현은, (타자를 통한 부정negation이 허용하는) 차이의 작용을 허용하지 않으면서, 심리적·사회적 관계의 의미작용을 통해 주체의 재현에 대한 문제를 구성한다."(LC: 75) 에세이의 끝으로 가면서 점점 더 중요한 존재가 되는 파농을 언급하며, 바바는

은유Metaphor와 **환유**Metonymy는 기호 체계의 두 축으로, 전자는 선택의 과정을 가리키고, 후자는 조합의 과정을 가리킨다. 어떤 언어에서 문장을 만들 때, 우리는 언어의 패러다임에서 단어를 선택하고 그 단어들을 언어의 규칙에 맞게 조합한다. 은유는 유사성에 기반한다.(그는 금속의 시선을 가졌다.) 반면에 환유는 공간적 또는 시간적 연속성으로부터 나온다.(윌리엄은 왕좌의 계승자이다.) 은유는 선택의 과정과, 환유는 조합의 과정과 연관되어 있다. 더 중요한 용어가 환유의 하위 개념인 제유synecdoche인데, 이것은 부분과 전체가 갖는 관계의 역전을 가리킨다. 은유와 환유에 대한 가장 영향력 있는 논의는 로만 야콥슨Roman Jakobson(1896~1982)의 저작에 나오는데, 특히 그의 에세이 〈두 종류의 언어와 두 종류의 실어증〉(1987)이 유명하다. 실어증 환자(언어장애를 가진 사람)는 보통 다음의 두 가지 작용 중 어느 하나에 문제가 있는데, '선택 결함selection deficiency'과 '구조 결함contexture deficiency'이 그것이다. 비평가들은 폭넓은 현상을 고려할 때 이 두 축이 매우 생산적이라는 것을 알게 되었고, 야콥슨도 환유를 소설과 연관시킨 것으로 유명하다. 이후 수많은 비평가들이 이러한 연관성을 발전시키고 이에 도전했다.

"스테레오타입은 '인종'이라는 기표가 인종주의에서 말하는 고정성 이외의 것으로서 유통되는 것과 명확히 표현되는 것을 방해한다"고 주장한다.(LC: 75) 이전 장으로 돌아가서, 우리는 스테레오타입이 '사랑해' 같은 진부한 표현과 비슷하다는 것을 알았다. 그러나 그것은 새로운 의미를 갖기는 어려운, 그 힘을 박탈당한 진부한 표현이다. 식민지배 담론은 정체성을 고정시키며, 정체성에 어떤 변화의 가능성도 허용하지 않는다. 바바는 스테레오타입을 이해하는 데 유동적 '흑인성'에 대한 파농의 이해를 따른다. 《검은 피부, 하얀 가면》에는 (프랑스어로) '흑인 남성이 살아온 경험 The Lived Experience of the Black Man'이라는 장이 있는데, 이 장이 영어로는 '흑인이라는 사실 The Fact of Blackness'로 번역되어 잘못된 이해를 초래할 수 있게 되어 있다. 인종의 의미는 하나가 아니며, 그렇다고 여러 가지 의미가 동시에 존재하는 것도 아니다. 그것은 서로 경쟁하고 모순되는 의미들이 끊임없이 끝도 없이 생겨나는 것을 의미한다. 바바는 라캉의 저작을 활용하여 이런 식의 의미 생성을 통해 사고한다. 이제 이를 살펴볼 차례이다.

정신분석학적 재현

사실 스테레오타입 이론은 시각적 (성)충동 scopic drive("'보는 행위'의 즐거움을 재현하는 (성)충동"(LC: 76))이라는 관점에서 글을 쓴 파농을 통해서 살펴보아야 한다.

바바가 파농은 진정한 의미에서 라캉주의자라고 암시하는 것은 일종의 과장일지도 모른다. 그러나 그의 읽기는 식민지배 스테레오타입의 핵심에는 피부색으로 결정되는 본질(즉, 피부색에 강조점을 둔다는 의미)이 있다는 파농의 다양한 분석을 이해하게끔 해 준다. 바바의 라캉 읽기가 가진 해석적 힘을 차치하더라도, 이 에세이에서 그가 다양한 작가들을 통해 추적하는 양가성

자크 라캉 Jacques Lacan(1901~1981)은 프랑스 정신분석학자로서 프로이트의 글을 텍스트적으로, 심지어는 문학적으로 꼼꼼히 읽는 것을 의미하는 소위 '프로이트로의 귀환' 작업으로 명성을 얻었다. 라캉의 프로이트 읽기는 자아에 대한 언어의 효과를 강조하는 탈구조주의적 담론으로 정신분석학을 변화시킨다. 프로이트의 정신분석학이 자아ego와 이드id로 분리된 자아self를 완전하게 만들려 한다면, 라캉의 정신분석학은 그러한 목표가 불가능하다고 주장한다. 언어처럼 구조화되어 있는 무의식은 존재의 근간이고, 자아는 무의식이 만들어 내는 효과라는 것이다. 라캉이 무의식은 언어처럼 구조화되었다고 말할 때, 많은 사람들은 그가 기의로부터 자유롭고, 제어할 수 있는 중심이나 눈에 보이는 목적이 없는, 기표의 사슬에 대해 얘기한다고 여겼다. 특히 라캉이 통시적 연구보다는 공시적 언어 체계 연구를 강조한 페르디낭 드 소쉬르 Ferdinand de Saussure(1857~1913)의 생각을 적용했다고 보았다. 라캉의 가장 유명한 이론 중 하나는 어린아이가 자신의 자아에 대한 환상을 만들어 내는 과정을 가리키는 '거울 단계'이다. 이에 따르면, 거울 단계에서 어린아이는 거울 속 자신의 이미지와 자신을 동일화함으로써 자아에 대한 환상을 만들어 낸다. 어른이 되는 전체 과정은 기의의 순환 운동을 중지하려는 시도, 즉 자아에 안정감을 주려는 시도이다. 이러한 안정화 과정에 관계하는 것은 근본적인 통합(특히, 어머니와의 통합)으로 돌아가려는 바람이다. 그러나 안정화는 언제나 실패하며, 자아는 언제나 환상일 뿐 근본적인 통합에는 접근할 수 없다. 라캉은 실재계(언어를 넘어 있는 근원적/원초적 통합)와 상징계(자아에 대한 환상을 가능케 하는 언어의 구조), 상상계(동일화의 과정)의 관점에서 사고한다. 이 세 가지의 중심적인 용어는 바바가 식민지배가 지닌 불안을 이해하는 것과 관련이 매우 깊다. 특히 파농을 읽으며 바바는 라캉의 분석으로 식민지배 독해를 시도하여, 상실된 통합에서 고개를 돌리고 필연적으로 분리된 자아 사이에서 동일화와 조정의 과정을 살펴본다.(Lacan 1977; 1992 참조)

과 그의 읽기는 잘 맞아떨어진다. 이것이 바로 바바의 읽기에서 핵심을 이루는, 라캉이 '거울 단계'라고 부른 것이다. 바바는 거울 단계가 식민지배 담론의 정형화된 생산물에서 발생한다는 것을 요약적으로 보여 준다고 생각한다. 거울 단계는 적어도 식민지배 상황에 대한 훌륭한 모델이 될 수 있다는 의미다. 바바는 "거울 단계와 마찬가지로, 스테레오타입의 '완전성', 즉 정체성으로서의 이미지는 항상 결핍으로 위협받는다"고 주장한다. (LC: 77)

거울 단계에서는 자기애와 공격성이 한데 엉켜 있다. 이런 엉킴은 또한 식민지 광경에 특징을 부여하는데, 자기애적인 것은 은유와 동일시되고, 공격적인 것은 환유와 동일시된다. 이러한 쌍은 식민지배 지식의 양가성을 상상하는 다른 방식인데, 항상 타자에 대한 지배라는 공격적인 표현이면서 동시에 자아에 대한 자기애적 불안의 증거이다. 지배자는 피지배자에 대한 우월함을 공격적으로 진술한다. 그러나 항상 자신의 정체성을 불안하게 생각한다. 왜냐하면 자신의 정체성은 자신의 공격성만큼 안정적이지 않기 때문이다.

바바의 주장을 풀어내는 다른 방법은, 시각성visibility이 식민지배 담론이 추구하는 최종적 판단closure을 가능케 하면서 동시에 약화시킨다고 보는 것이다. 스테레오타입에 대한 인종화된 식민지배 담론이 지닌 순전히 시각적인 측면은 이 담론을 논의 중인 구조의 핵심적인 예로 만드는데, 바바가 보기에 이 구조의 적용 범위는 더 넓다. 시각화된 정형화의 이러한 전형적인 예는 파농의《검은 피부, 하얀 가면》에 있는 유명한 단락에 대한 바바의 논의를 잘 설명해 준다. 여기서 바바는 다양한 방식으로 파농을 프랑스 백인의 시선에 포획된 존재로 설정한다. 그는 자신이 이해한 바를 다음과 같은 방식으로 요약한다. "시각적 (성) 충동을 대상화하는 데에는 항상 위협적으로 되돌려지는 시선이 있다. 상상계의 관계라는 동일화 속에는 항상 멀어지는 타자 (또는 거울)가 있어서 제 이미지를 주체에게 돌려준다. 일종의 물신화인 대체와 집착의 형태 속에는 항상 손실, 부재의 흔적이 있다."(LC: 81) 다른 말로 하면, 시각에 의한 동일화는 항상 완전하고 안정적인 정체성을 유지하려고 한다. 그러나 그 정체성은 손실로 바로 위협받는다. 왜냐하면 시각적 동일화는 한 방향의 고정된 관계라기보다는 유통되는 여러 관계들의 한 부분이기 때문이다. 만약 내가 사람들을 쳐다보면, 내가 그 사람들을 공간적으로 고정시킨 것으로 보일 수도 있다. 그러나 그들은 항상 시선을 되돌려 줄 것이고, 나의 자아에 대한 생각에 위협을 줄 것이다. 다른 말로 하면, 자아와 타자는 함께 묶여 있다. 파농과 마찬가지로 바바에게도 흑인성이라는 사실은 없다. 백인성이라는 '사실' 또한 없다. 그러한 사실들이나 정체성들을 영구적인 것으로 상상한다 할지라도, 그러한 사실은 존재하지 않는 것이다. 스스로를 고정시켰다고 생각하는 순간, 스스로 미끄러져 나가는 것을 느낄 것이다.

 많은 사람들이 어떻게 이런 구조가 식민 사회에서 실제로 발생하는 것으로 번역되는지 궁금해 했다. 모든 정신분석학적 언어는 식민지배자에게 강조점을 두는 경향이 있다. 그리고 이 언어는 자아의 관점에서 상상된 식민지배 담론이, 어떤 의미에서 타협되었을 뿐만 아니라 필연적으로 그렇게 될 수밖에 없어서 그 기원에서부터 분열된 상태에 있다고 주장하는 경향도 있다. 왜냐하면 이러한 명백한 타협은, 식민통치 사업 전체가 그 사업이 표방하는 고상한 이상과 사업에서 드러나는 추악한 현실 사이의 분리에도 불구하고, 계속 진행되게끔 해 주기 때문이다. 만약에 그러하다면, 비평가로서는 이러한 분열이 분명히 드러나는 것을 인식하는 것에는 정확히 어떤 이점이 있는지 질문해 보는 것이 당연하다. 왜냐하면 피지배자, 즉 저항하는 자는 이러한 변화에서 얻는 것이 거의 없기 때문이다. 이에 대해 바바는 "지배자의 (가장 흔한 의미로 쓰인) 가장 허황된 환상에 동의함으로써, 정형화된 타자는 그 지배의 위치가 지닌 (욕망 혹은 방어수단으로서) '환상'의 어떤 것을 밝혀 준다"고 주장한다.(LC: 82)

독자의 입장에서는 이러한 깨달음의 결과가 무엇인지 묻고 싶을지도 모른다. 그리고 식민지배 현실은 언제나처럼 계속된다고 반박할 것이다. 식민지배 지식의 기원에 분열이 있다는 이유만으로 식민지배의 잔혹함과 착취가 멈추지 않았다는 주장인 것이다. 나는 정신분석학의 언어가 식민지배자만을 강조한다고 주장했다. 그러나 어떤 의미에서 이것은 이상한 주장처럼 들린다. 결국 바바는 파농을 인용하는데, 파농의 언어와 개념은 최소한 부분적으로는 정신분석학적이기 때문이다. 그러나 많은 경우에 제시된 것과 같이, 정신분석학은 구체적인 분야이다. 그래서 일부 극단적인 비평가는 정신분석학의 적용 가능성은 프로이트가 살았던 20세기 초기 부르주아 환경에만 한정된다고 말한다. 적용 분야가 넓은 것은 아니라는 주장이다. 그래서 이런 정신분석학의 개념적 기획을 제각기 다른 식민지배 맥락에 적용하면서 그러한 맥락을 단순화시키거나 더 발전된 담론 형태의 식민지배를 만들어 내지 않기란 어려워 보인다.

대상(목표) 바꾸기

정신분석학이 제기하는 질문은 매우 문제적이어서 쉽게 해결되지 않는다. 파농 자신도 진료 목적으로 정신분석학을 활용하는 데 주저했고, 심지어 《검은 피부, 하얀 가면》에서는 이를 참조하는 데 비판적이었다.(Macey 2000:187) 이러한 어려운 질문은 정신분석학을 바라보는 관점을 변화시킴으로써 수월히 접근할 수 있다. 엄격한 과학 또는 치료 행위로서의 정신분석학은 적용 범위가 제한적이다. 그러나 특히 프로이트의 글쓰기는 더 이론적인 사고에 큰 영향을 주었다. 그래서 바바에게 정신분석학이 지닌 위치는 그의 글쓰기가 가진 일반적인 특징을 생각하면 더 쉽게 이해할 수 있다. 그가 〈다른 문제〉에서 분석 대상을 바꿔야 한다고 고집하는 것을 생각해 보면 그 특징을 이해할 수 있다.

실제로 이 에세이의 제목에는 두 가지 의미가 있다. 한편으로 타자성Otherness에 대한 문제를 가리키고, 다른 한편으로는 식민지배에 대한 다른different 질문을 하고 있다고 암시한다. 이것이 분명 식민지배로부터 멀어지는 변화를 지칭하지는 않는다. 그보다는 비평가가 식민지배를 재현하는 방식에 대한 변화를 가리킨다. 강조점의 변화는 전통적인 '좌파' 방식의 비판적 사고에 대한 바바의 불신과 연결되어 있다. 그가 보기에, 전통적인 좌파의 사고방식은 식민지배 담론 자체와 동일한 재현 방식을 사용한다. 반면에 바바의 글쓰기는 다르게 재현하려는 시도 그 자체이다.

바바의 글쓰기가 어떻게 그리고 왜 대상을 바꾸는지를 재현의 두 가지 형태, 미술관과 박물관의 비교로 살펴보자. 우선 재현 방식을 바꾸는 데 '실패한' 시도를 생각해 볼 수 있다. 콜럼버스의 항해 500주년을 기념하고자 워싱턴 국립미술관에서 개최한 전시회 〈1492년경: 탐험시대의 예술 Circa 1492: Art in the Age of Exploration〉이 그러한 예이다. 바바는 《아트포럼 Artforum》에 기고한 글에서, 평행 관점을 이용하여 진보에 대한 직접적이고 모든 것을 포함하는 서사를 보여 주려 한 이 전시회를 생각해 본다. 한편으로 이 전시회는 전 세계적인 시야, 즉 수평적이고 이차원적인 재현 또는 지구상의 지도를 제공한다. 다른 한편으로 이 전시회는 소위 '콜럼버스의 관점'과는 별도로 각 문명 자체의 관점에서 그 문명을 재현하려는 복잡한 세 번째 차원을 삽입한다. 그러나 이 두 가지 목적을 함께 묶어 놓기가 어렵다는 것은 분명하다. 그리하여 이 전시회는 다음과 같은 두 개의 까다로운 입장을 제시하는 것처럼 보인다. 첫째, 전체 지구를 포괄하는 '알 수 없는 장소nowhere'에서 오는 관점이 있을 수 있다. 두 번째로 각 '문명'을 특징지우고, 진정한 자기 실현을 가능케 하도록 재활성화되는 순수한 관점도 있다는 것이다. 첫 번째 입장만을 취한다면 이 전시회가 워싱턴 국립미술관에서 열린 것은 우연이 아니다. 이는 알 수 없는 장소로부터의 관점이 실제로는 구체적인 어느 지점으로부터의 관점임을 암시한다. 바바는 다음과 같이 주장한다.

> 이상한 신들이 영감을 불어넣어 한때 이국적이고 예스러웠던 것, 부족적이고 민속적이었던 것이 이제 세속적이고 민족적인 현재를, 그리고 국제적인 미래를 부여받았다. 탈근대 서구는 자신의 종족성을 갈망한다. 다른 어떤 곳Elsewhere에서 인용하고 환영의 메아리를 찾으려고 갈망한다. 문화적 차이의 지점들은 너무나도 쉽게 이러한 갈망의 한 부분이 되어 버렸다.(DV: 88)

이 전시회가 '타자성'을 탐욕스럽게 통합하는 데 유별난 것은 아니었다. 바바는 이것을 탈근대 문화의 일반적인 문제로 간주하는데, 그가 파악하는 탈근대 문화는 현재 각 문화의 풍부함을 가능하게 한 개별 역사를 고려하지 않고, 자신의 다문화주의를 찬양하고자 다른 문화들을 소비한다. 이러한 전시회를 쉽고 단순하게 표현하면, 역사에 대한 억압이다. 유럽의 탐험을 추동하고 그에 동반된 착취의 역사를 품위 있게 지운다는 의미에서뿐만 아니라, 여러 다른 공간을 한 공간에 몰아넣어 통제하는 것 또한 역사에 대한 억압이다. 이러한 통시성에 대한 억압 문제는 바바의 민족 논의에서 다시 나타난다. 바바가 보기에 민족은 '사람들'을 재현할 때 스스로를 완결되고 일관성 있으며 정적인 것으로 간주하는 서사 전략이다. 〈1492년경〉은 거의 같은 방식으로 작동하는데, '사람들'을 '지구'로 대체하면서 '우리'가 진정으로 역사의 마지막에 도달했다고 주장한다. 그 역사의 마지막에 서 있는 바로 그 '우리'가 지난 500년간의 평행한 역사 운동을 자기 충족적이고 완결적인 것으로 둘러볼 수 있다는 것이다. 그러나 실제로 이 전시회는 각 문명의 차이를 받아 안을 수 있어 보이는 포괄적인 관점에 대한 어떤 불안을 은연중에 내비친다. 바바는 암묵적으로 이러한 불안을 전시회의 재현 방식, 즉 놀라운 평행 관계와 연결짓는다. 그는 다음과 같은 사실을 상기시킨다.

> 서로 다른 역사적 과거 사이에는 어떤 단순한 평행 관계나 동일한 거리조차 없다. 평소에 행해지는 전시 방법에야말로 어떤 구별이 있어야 한다. 작품의 과거를 통해 파괴적이고 지배적인 식민 폭력을 알 수 있는 그런 예술 작품과, 궁정에서 수집가에게로 그리고 저택에서 박물관으로 이동하면서 연속적인 종류의 고색창연함으로 진화해 간 작품 사이에는 구별이 있어야 한다. 그러한 구별이 없으면 우리는 예술의 생존에 대한 감식가는 될 수 있겠지만, 또한 역사의 죽음에 대한 공모자가 될 것이다. (DV: 89)

어떤 종류의 '연속론적continuist' 서사가 (여전히 너무 일반적이긴 하지만) 유럽 미술과 같은 제한된 대상에게는 적합할 수 있어도, 유럽의 탐험과 식민지배의 결과로 전 세계를 돌아서 종종 메트로폴리스로 운반된 예술 작품들에는 그렇지 않다는 것이다. 식민지배 하의 예술이 지닌 폭력적으로 얽혀 있는 역사를 모두 포괄할 수 있는 어떤 직접적이고 차분한 서사도 존재하지 않는다. 따라서 어떤 형태의 평행 관계를 통해서, 우리가 탈식민 문화 전통의 복합성을 〈1492년경〉이 암시하는 것과 비슷한 방식으로 볼 수 있다고 암시하는 것은 가장 솔직하지 못한 것이 된다. 그래서 이 전시회는 그 뛰어난 노력에도 불구하고 예술 역사의 정형화된 담론에 도전하지 못한다.

바바는 훌륭하긴 하나 또 다른 실패의 예를, 역시 《아트포럼》에 게재한 〈흑인 남성Black Male〉에서 탐구한다. 이 예는 다른 맥락이긴 하지만 우리를 이 장의 중심적인 주제인 스테레오타입으로 돌아가게 한다. 여기서 바바는 뉴욕 휘트니박물관에서 열린 동일한 이름의 전시회에 대해 생각하는데, 이 전시회는 여러 매체를 통해서 생긴 흑인 남성에 대한 정형화된 이미지에 도전한다. 어떤 지점에서 바바는 휘트니박물관의 경비인 흑인 남성에게 말을 건다. 그리고 그에게 이 전시회를 어떻게 생각하는지 묻는다. 흑인 경비는 이 전시회에는 너무도 많은 것이 빠졌다고 대답한다. 자신의 삶이 정형화를 피해 온 방식과, 더욱 중요하게는 그의 삶이 정형화의 효과를 피해 온 방식이 모두 달랐는데, 이 전시회는 그런 다른 방식을 고려하지 않았다는 것이다.

바바는 이렇게 쓴다. "휘트니 경비의 말이 암시하는 바는, 스테레오타입의 바깥과 스테레오타입의 너머에, 심지어는 스테레오타입의 피해자에게도 삶이 존재한다는 것이다."(BM: 110) 바바가 보기에는 정형화 장치에 너무도 많은 권력을 부여하기 때문에, 전시회의 형식 바로 그 자체에 스테레오타입 담론에 대한 도전을 불가능하게 만드는 무엇이 있다. 〈다른 문제〉를 떠올리게 하는 단락에서 바바는 이 생각을 다음과 같이 확장시킨다.

> (잘못된) 인식의 한 형태로서 스테레오타입의 전략은 고정된 좌표가 있는 진공의 공간에 '타자성otherness'과 마주하는 것에 의지한다. 어떤 상호 간의 움직임도 그 공간에서는 불가능하다. 왜냐하면 거기에서의 관계는 주로 예상 가능하거나 반동적이기 때문이다. 차별받은 주체는 투사된 이미지로 축소되어 중층결정된 예가 된다. 반면에 스테레오타입의 가해자는 자기애적 불안과 정치적 편집증만을 행동에 옮긴다. 내가 흑인 남성의 주위를 걸어 다니면서 나에게 시선을 고정시킨 고립된 많은 흑인 남성들의 이미지들을 볼 때, 나는 아이러니와 역전inversion에도 불구하고 스테레오타입의 어떤 사후 강직rigor mortis 같은 것이 그 전시회 그 자체에 침투했다고 느꼈다. 그것을 제대로 알지 못하면, 나 역시 스테레오타입이 만들어 놓은 죽음의 무도danse macabre에 참여한 셈이 된다.(BM: 110)

비록 전시회 〈흑인 남성〉은 내용(아이러니와 역전)상 흑인 남성을 정형화하는 담론에 도전하려 했지만, 그 형태(고립된 개인의 고정된 사진)는 그러한 담론과 공모 관계에 있다. 정형화 담론뿐만 아니라 정형화된 대상도 고정되어 있는데, 이 정형화된 대상의 과정적이고 수행적인 차원은 전시회의 재현 방식으로 포획되거나 동결되었다. 바바는 이러한 공모 관계를 진단하면서 그 속에 자신을 포함시킨다. 보는 자의 시선 또한 그가 무엇을 의도하든지 간에 정형화된 흑인 남성의 시간적·수행적 요소를 포획한다. 이 지점에서 여기에 나타나는 '고립'의 중요성을 미리 지적하는 것이 낫겠다. 왜냐하면 바바가 스테레오타입 담론에 대해 제안하는 것은 그의 저작의 모든 측면에 적용되기 때문이다. 아무리 최소한이라 할지라도, 상황을 열어 놓고 안정적으로 작동하려는 스테레오타입 담론의 최선의 시도도 부정하는 상호주체성intersubjectivity의 요소가 있다. 바로 이러한 상호주체성의 요소는 어떻게든 전시회 〈흑인 남성〉 속으로 통합되어야 한다. 비록 바바는 이러한 통합이 어떻게 가능한지 구체적으로 밝히지 않았지만 말이다.

역사 속의 백인성

《아트포럼》에 실린 심도 있는 논문에는 시간성과 상호주체성을 다시 도입하려면 해야 할 일을 설명하는 마지막 예가 등장한다. 여기서 바바는 백인 종족성에 대한 문화적 역사, 종족기술학, 사회학을 의미하는 '백인성 연구'라는 현상에 관심을 기울인다. 인종주의적 식민지배 스테레오타입이 시각성의 문제라면, 백색 피부의 시각성은 오랫동안 잊힌 것처럼 보였거나 아니면 논의의 주제로 부각되지도 않았다. 백인성은 투명한 것으로, 논의의 주제가 아니었다. 백인성 연구는 이 사안을 하나의 의제로 만든다. 바바가 주장하듯이, 인종주의적 스테레오타입 담론이 가진 어떤 가정, 즉 백인성은 투명하다는 가정과 달리 백인성 연구는 백인성을 불투명하게 만든다. 이 연구는 백인성을 여태까지 그리고 앞으로의 권위 전략으로서 시각적으로 드러나게끔 만든다. 백인성에는 그 권위에 정당성을 부여하는 일관성과 안정성, 종결성이 있는 것처럼 보인다. 비백인성이 언제나 열등한 이유를 설명하는 비일관성과 불안정성과는 대조적이다. 백인성 연구는 과정으로서의 백인성이 구성되는 모든 방식과, 백인성이 계속해서 구성되고 조정되고 미묘하게 바뀌는 방식을 조사한다. 다른 말로 하면, 백인성은 정치적 논쟁의 대상으로서 반론을 불러일으킬 수도, 이의를 제기할 수도 있는 대상이다.

전복적인 움직임이란, '백인성'이라는 바로 그 외피 속에서 정치적으로 논쟁적인 요소들을 드러내는 것이다. 이러한 논쟁적인 요소들은 백인성을 안정적이지 않고 혼란스러운 형태의 권위로 만들어 버린다. 그래서 백인성은 같은 단위로는 측정할 수 없는 다음과 같은 '차이들'을 넘어서야만 권위를 가질 수 있다. 이러한 차이들에는 백인성이 영속화시켜야 하고 동시에 그것으로부터 스스로를 보호해야 하는 정신적 상흔과 공포의 역사들, 스스로에게 부여하는 기억상실증, 투명하고 초월적인 권력이 되려는 과정 속에서 제 자신에게 부여하는 폭력이 있다.(WS: 21)

백인 인종주의는 당연히 반대해야 할 대상이고, 의심할 여지 없이 지금까지 핵심적으로 작동하고 있으며 계속해서 그러할 것이다. 백인 인종주의의 작동은 고정된 정체성과 일관된 공동체의 이름으로 그리고 그 주위를 둘러싸고 조직되는 경향이 있다. 이런 식으로 작동하는(비록 바바는 '이런 식으로 작동하지 않는' 것처럼 보이게 만들 수도 있다고 하지만), 백인성이 하나가 아니며 결코 하나였던 적이 없었던 이유를 찾아야만 한다. 백인성이 권력을 행사하는 데 아무리 통합되어 있다고 할지라도, 그 권위는 분열되어 있고 불안하다. 식민지배 권위와 마찬가지로 백인성의 권위에도 저항과 수정의 전략을 가능케 하는 근원적인 균열이 있기 때문이다. 고정된 스테레오타입을 깨부수고, 우리로 하여금 끊임없는 과정 속에서 정체성을 구성하고 정체성에 문제를 제기하게 만드는 제3의 요소는 바로 시간적 차원이다.

우리가 필요로 하는 것은 견고하게 고정된 단면도에 제3의 차원을 복원시키는 시각이다. 그것은 공유하는 텍스트 속에서 흑과 백이 살아나게 하는 글쓰기 방법이며, 혀와 함께 앞뒤로 움직이면서, 한 번도 완전히 백이거나 완전히 흑인 적이 없는 공동체와 대화의 공간으로 언어를 끌어오는 말하기 방식이다. (WS: 24)

백인성을 불투명하게 만드는 것은, 이미 그것이 지닌 견고함과 안정성을 갑자기 인정하는 것이 아니다. 제3의 차원은 백인성을 구성하는 과정을 강조하는 것이다. 우리는 이 과정의 차원을 복원시킬 필요가 있다. 제3의 차원을 복원시키는 것은 물론 이 맥락에만 국한된 것은 아니다. 바바에 따르면, 그리고 라캉의 글쓰기를 좇아가면, 우리는 우리 생각의 모든 대상을 삐딱하게 볼 필요가 있다. 게다가 정체성과 지식, 재현이 지닌 과정으로서의 열린 속성을 강조하는 스타일로 말하고 글을 써야 한다. 물론 바바가 다른 스타일의 글쓰기로 스테레오타입에 도전할 필요를 가장 먼저 생각한 사람은 아니다. 이제 문학비평으로 돌아가서 바바가 공헌한 바가 다른 사람과 구별되는 지점을 살펴보자.

'어둠의 속'

조셉 콘래드 Joseph Conrad의 1899년작 중편소설 《어둠의 속 Heart of Darkness》은 이 맥락에서 스테레오타입의 유용한 예가 될 수 있다. 이 작품은 말로우 Marlow가 템스 강변에 있는 배에 앉아서 해 주는, 그가 알 수 없는 존재인 커츠 Kurtz를 찾고자 콩고 강을 따라 올라간 항해에 대한 이야기다. 커츠는 상아 무역을 하는 과정에서 흑인들을 잔혹하게 착취하는데, 그 잔혹성으로 인해 다른 유럽인들과 동떨어진 존재로 여겨진다. 그러나 우리는 커츠가 식민지배 유럽의 야만성을 가장 전형적으로 대표하는 예에 가깝다는 사실과, 여기서 아프리카 주민들은 단순히 이용되는 자원에 지나지 않는다는 것을 금방 알게 된다. 커츠는 식민사업의 현실을 꿰뚫어 보고 있으며, 그의 보고서는 수수께끼처럼 알 수 없고 그만큼 간단하다. 그가 다음과 같이 말한 것은 유명하다. "공포스럽군! 공포스러워!" 그래서 이 작품은 유럽 식민지배 이데올로기에 대한 강력한 공격으로 이해되었다. 그러나 지난 30여 년간 비평가들은 식민지배에 대한 콘래드의 비판이 많은 부분에서 그 공격 대상과 동일한 가정을 보여 준다고 주장했다.

강둑으로 몰려들면서 아프리카의 풀숲만큼이나 유럽인의 불안과 자기 탐구의 배경을 이루는, 정형화된 아프리카 사람들이 있다는 것은 의심할 여지가 없다. 사이드가 주장하듯이 이 작품은 분명히 제국주의 기획을 비판하고 있음에도 불구하고, '낯선 아프리카를 역사화시키고 서사함으로써 아프리카를 유럽의 헤게모니로 복원시키는' 작업을 수행하고 있다.(1993:198) 다시 말해서, 이 작품은 담론적으로는 제국주의적인 방식으로 작동하고 있어서 백인 남성이 제 자신을, 아니면 꾸준히 분열되는 자아를 강을 거슬러 올라가는 항해 도중에 찾게 된다는 식으로 가정한다. 말로우는 자신의 서사의 중간 어느 지점에서 사슬에 묶인 죄수들을 보고 "그들은 적이 아니고, 범죄자도 아니며, 지금은 이 세상의 어떤 존재도 아니다. 그들은 푸르스레한 어둠 속에서 혼란스럽게 누워 있는, 질병과 굶주림의 검은 그림자에 지나지 않는다"고 말한다. (Conrad 1973:44) 아무리 잘 봐줘도, 이 작품에 나타난 스테레오타입은 아프리카인들이 가진 내용을 거의 지워 버리며 그들이 가진 인간성을 부정한다. 다른 곳에서도 더 잔인한 정형화된 묘사를 발견할 수 있다. 바바의 저작이 우리에게 제기하는 질문은 스테레오타입에 반응하는 최선의 방식에 대한 것이다.

소설가 치누아 아체베Chinua Achebe는 1977년에 처음 발간된 〈아프리카의 이미지An Image of Africa〉에서 《어둠의 속》에 대한 유명한 탈식민 비평을 선보였다. 이 에세이는 콘래드의 인종주의와 작품 전체에 퍼져 있는 인종주의를 격렬하게 비판한다. 아체베의 핵심 주장은 두 가지다. 첫째, "조셉 콘래드는 철저한 인종주의자"이다.(1997:119) 둘째, 아체베는 문학 고전의 하나인 이 작품이 이러한 인종주의, 즉 "이러한 오래된 태도가 만들어 오고 앞으로 계속해서 만들어 낼, 아프리카와 아프리카인에 대한 비인간화"가 전반적으로 반복되는 데 기여했다고 주장한다.(1997:120) 물론 이 같은 주장은 콘래드 개인의 문제로는 숙고할 여지가 있으나, 앞서 주장한 두 가지 측면에서는 완전한 정당성을 갖기 어렵다. 그래도 이 에세이는 유해한 스테레오타입에 대한 중요한 반격으로, 이 질문에 대한 바바의 사고를 정교하게 만드는 데 도움을 준다. 아체베가 더 일반적인 서구의 불안이라는 관점에서 스테레오타입에 대해 쓴 것은 결코 우연이 아니다.

우리가 이 책에서 발견하는 아프리카에 대한 이미지를 콘래드가 처음 만들어 낸 것은 아니다. 그것은 서구의 상상력 속에 지배적으로 존재하는 아프리카의 이미지였고, 지금도 그러하다. 콘래드는 단지 그러한 이미지와 관련된 정신적으로 독특한 자신의 능력을 가져온 것뿐이다. 면밀한 심리학적 연구를 확실히 행할 수 있기 때문에 서구는 제 문명의 불확실성에 대한 깊은 불안을 겪는 것처럼 보이고, 아프리카와의 지속적인 비교를 통해 끊임없는 확신을 공급받아야만 하는 것처럼 보인다.(1997:123)

여기서 아체베가 소개하는 불안은 바바가 정교하게 만든 스테레오타입의 구조를 미리 보여 준다. 아체베의 읽기가 지닌 문제점과 콘래드를 고전 목록에서 삭제해야 한다는 그의 분명한 요구는, 식민지배 공간의 문제이기도 한 시간의 문제를 지워 버리는 것처럼 보인다. 여기서 주된 문제는, 아체베가 은연중에 이 작품 자체와 동일한 초시간적 관점에서 작업한다는 것이다. 많은 이들이 동의하는 아체베의 가치를 기본적인 수준에서 적용시키는 문제도 의심할 여지를 남긴다. 그가 말한 모든 것이 1970년대에 사실이었다고 해도, 문학 텍스트는 사용과 오용, 인용, 번역, 변형에 열려 있다. 만약에 콘래드가 인종주의자라고 하더라도, 그 사실로 인해 그가 쓴 모든 책이 인종주의적인 텍스트가 되는 것은 아니다. 그리고 인종주의자의 태도가 작품 속에 등장한다고 해서, 《어둠의 속》이 반드시 인종주의적인 것도 아니다. 게다가, 지속적인 수용 과정에서 독자들이 무비판적으로 받아들이는지, 아니면 그 책에 나오는 특정한 태도를 기분 좋게 한쪽으로 밀어 놓는지도 분명하지 않다. 질문의 공간은 더 이상, 혹시 그랬던 적이 있다 하더라도, 유럽과 아프리카, 백과 흑으로 대립하는 모습으로 나뉘지 않는다.

 그리고 아체베가 콘래드의 소설을 위대한 문학 고전의 일부로 삼는 지혜를 걸고 넘어졌다는 사실을 상기해 보자. 고전 개념에 대해 아무리 복잡한 생각을 가졌다 할지라도, 고전은 정적인 것으로 진행하는 경향이 있다. 문학의 고전은 여태까지 쓰인 가장 훌륭한 것을 포괄하고, 그것을 판단하는 비평적 안목은 변화하는 시류에 면역이 있는 것처럼 보인다. 아체베는, 여태까지 쓰인 최선의 것에는 단순한 인종주의가 포함되어서는 안 된다는 입장에 근거하여, 고전이라는 개념에 질문하기보다는 콘래드의 특권적인 고전 내 위치에 문제를 제기할 뿐이다. 이 문제를 이 장의 초반에서 짧게 논의한 사실주의 서사의 관점에서 생각해 볼 수 있다. 고전 그 자체는 여태까지 생각하고 쓰인 최고의 것과 연관된 서사의 일종이고 그러한 생각이 발전한 것이다. 아체베를 역겹게 했던 태도에 문제를 제기하고자 한다면, 단지 고전의 내용(위대한 작품이 포함하고 있는 이야기, 또는 그 작품이 보이는 태도)에만 집중할 수 없다. 우리는 문화가 멈출 수 있다는 것을 암시하는 위대한 작품의 고정된 총체라는 바로 그 형태에도 도전해야 한다.

 아체베는 내용의 문제, 특히 인종주의적 태도에 초점을 맞춘다. 논문의 마지막 부분에서 아체베는 자신이 공격하는 태도가 자신의 교정 수단인 언어를 약화시켰다고 우려한다. 그는 균형을 바로잡는 일을 하는 데 시기상조란 없다고 말하면서 글을 마무리한다. 그러면 정형화에 반대하는 어떤 종류의 전략을 생각해 볼 수 있을까? 아마도 그의 가장 유명한 소설인 《모든 것이 산산이 부서진다Things Fall Apart》(1958)를 포함해서 아체베 본인의 소설들이 다양한 면에서 그의 대답일 것이다. 물론 이 작품들을 단순히 객관적인 재현으로 보는 것은 문제가 될 수 있지만, 어떤 면에서 이 작품들은 콘래드가 정형화하여 거의 존재하지 않게 된 사람들을 매우 충실히 재현하는 역할을 수행한다. 이와 대조적으로 바바의 반응은 겉으로는 하나의 거대한 정형적 텍스트 내에 이미 존재하는 균열의 순간들에 주목한다. 그의 짧은 읽기는 《어둠의 속》이 가진 권위에 주목하는데, 이는 아체베에게는 결코 문제가 되지 않았던 것이다. 아체베의 에세이에서는 고전적인 문학을 가르치는 것이 그 속에 있는 태도를 재생산하는 문제처럼 보이며, 그래서 《어둠의 속》에 나타나는 인종주의가 강화되는 것처럼 보인다. 바바의 읽기는 초점을 바꿔서, 이 책의 권위가 가진 완결성에 문제를 제기한다. 이를 위해서 바바는 '선박 항해술의 몇 가지 요점에 대한 질문Inquiry into some Points of Seamanship'이라는 책을 한 권 발견하는 것으로 끝나는, 말로우의 이해와 확실성에 대한 필사적인 수색에 주목한다. 재미있는 것은, "타워Tower인지 토우슨Towson인지 그 비슷한 이름"이라는 작가의 이름조차 불확실해서 그 책은 여전히 "터무니없는 미스터리"로 남는다는 점이다.(Conrad 1973: 71) 바바에 따르면, 말로우가 발견한 책은 이중적이어서doubled 권위를 부여하는 단순한 표지도 아니고, 그가 찾던 위안도 제공하지 못한다.

책을 발견한다는 것은 적절한 재현을 위한 신호가 작동할 준비가 되었음을 의미한다. 신, 진실, 예술의 언어는 시작, 즉 역사와 서사의 실행에 필요한 조건을 만들어 낸다. 그러나 야생에서의 말씀이라는 제도는 일종의 왜곡이기도 하다. 즉, 추방, 왜곡, 위치 바꿈, 반복의 과정이다.(LC: 105)

바바가 탐구하는 다른 모든 구조들처럼, 이 책에 있는 필연적 반복 가능성 속에는 시간적 차원과 상호주체적 차원을 이용하여 이 책이 존재하게끔 하는 어떤 것이 있다. 이 책은 권위를 가진 대상처럼 보인다. 그러나 이 책이 의미를 가지려면 그것이 가진 권위는 열린 것이어야 한다. 누구든지 읽을 수 있고, 그래서 그 작가는 책이 받아들여지는 방식에 어떤 권력도 행사하지 않아야 한다는 뜻이다. 처음부터 책의 존재는 다소간 변화의 문제이다. 이는 책이 기능하게끔 하는 것이며, 읽히도록 하는 것이다. 또한 변화라는 것은 책이 다시 반복되고, 수정되고, 완전히 변형되게끔 하는 것이다. 스테레오타입은 필연적으로 전복과 변화에 열려 있다. 그래서 겉으로 드러나는 제 기능을 제대로 완수할 수 없다.

스테레오타입이 드러내는 불안

스테레오타입은 식민지배 권위가 가능하도록 기능하면서, 지배자가 타고난 우월함으로 인해 피지배자를 통치한다는 주장에 정당성을 제공한다. 이러한 논의에 대해 바바는 식민지배 지식이 작동하는 데 불안이 존재한다는 독특한 주장을 펼친다. 한편, 권위는 스테레오타입 내에서 스스로의 근거를 인식하며, 정형화된 지식의 형태를 기반으로 작동하는, 편견에 치우치고 차별적인 통치 구조를 만들어 낸다. 식민통치는 소위 '문명화의 이상'을 특징으로 한다. 다른 한편, 서구의 정치적·경제적 제도가 갖는 근대적인 형태는 우월함의 이데올로기와 공존한다. 이러한 공존 상황으로 인해 식민지배 권력을 실질적으로 행사하는 것이 가능하지만, 그와 동시에 불안이 식민지배 권위의 원천을 혼란스럽게 만든다. 피지배자에 대한 정형화된 지식의 지속적 생산을 보장하는 데 필요한 지식에 대한 과잉 때문에 분명한 선언enunciation 내에 분열이 있다. 이러한 양가성 또는 불안은 새로운 스테레오타입을 만들어 내는 데 필요하지만, 반대로 저항과 논쟁이라는 일종의 반counter 지식 내지 전략의 공간이기도 하다.

더 나아가 식민지배 담론 행위를 분석하며 그러한 행위가 성취하려 한 것을 항상 이루었다고 가정한다면, 우리는 지배자에게 너무 많은 권력을 부여하게 된다. 따라서 권위와 정체성의 불완전하고 정치적으로 논쟁적인 특징을 고려하는 새로운 분석 방식과 재현 방식이 필요하다. 바바는 〈흑인 남성〉이라는 전시회의 관점에서 이러한 요구에 주의를 기울였는데, 이러한 요구는 식민지배를 분석하는 글쓰기와도 관련이 있다. 글쓰기에는 정형화된 태도의 정확성을 기분 좋게 확인시키는 권위가 있는 것처럼 보인다. 그리고 이러한 권위는 콘래드의 《어둠의 속》과 같은 경우에 분명히 드러난다. 문학 고전의 경우에서처럼 권위는 안정적이고 일관되어 보이며 항상 원하는 효과를 달성한다. 그러나 바바는 우리가 권위를 단어 그 자체로, 즉 피지배 주민들이 명백히 저항했고, 탈식민 비평가가 계속해서 저항해야 하는 것으로 받아들일 때에만 그 권위는 완전해질 수 있다고 주장한다.

| 제 4 장 |

흉내

Homi K. Bhabha

| 과장된 흉내, 조롱의 한 형태 |

나는 스테레오타입에 대한 바바의 분석에 대해 설명하면서 식민지배자의 자기 정체성 인식에서 정형화된 재현이 드러내는 불안을 강조했다. 그러나 바바의 분석이 지배자의 불안뿐 아니라 피지배자가 행위주체임을 밝히려면, 그러한 불안이 피지배자가 식민지배 담론에 저항할 수 있는 공간을 열어 주어야 한다. 이 장은 피지배자가 지배자의 문화를 채택하고 그것에 적응하면서, 불안이 흉내와 어떻게 어우러지는지를 보여 줄 것이다. 이러한 흉내 내기가 노예적인 모방이 아니며, 피지배자가 소위 말하는 지배적인 또는 우월하다고 말해지는 문화 속으로 동화되는 것을 의미하지 않는다는 사실이 중요하다.

  사실 바바가 이해하는 흉내는 언어와, 문화, 예절, 사고 등을 과장되게 따라 하는 것이다. 이러한 과장은 흉내가 차이가 있는 반복임을, 그래서 피지배자의 종속성을 보여 주는 것이 아님을 의미한다. 사실 이러한 흉내 내기는 조롱의 한 형태이기도 하며, 바바의 탈식민 이론은 식민지배 담론에 대한 익살스러운 접근이다. 왜냐하면 바바의 이론은 식민지배와 제국의 지속적인 주장을 조롱하고 약화시키기 때문이다. 하나의 예로서, 바바는 유대인과 자신이 속한 종족인 파르시Parsi의 '익살스러운 타이밍'을 연결시킨다.(JA 참조) 그는 두 집단 모두 제 자신에 대한 정형화된 농담을 반복하는데, 그 반복이 항상 농담을 변형시키고 얼어붙은 형태로 유통되는 스테레오타입에 활력을 불어넣는다고 주장한다. 농담은 식민지배 담론에 대한 일종의 저항이 된다. 흉내 내기 일반은 스테레오타입의 유통에 반응하는 방식 중 하나이다.

　흉내가 갖는 익살맞은 특징이 중요한 이유는, 엄숙하고 진지한 식민지배 담론은 항상 교육시키고 향상시킨다는 구실을 내세우기 때문이다. 서구 정치인들이 옹호하는 민주주의의 '수출'은 우리에게 이러한 주장들을 떠올리게 한다. 이러한 구실에도 불구하고, 식민지배의 거대한 야심은 〈흉내와 인간에 대하여Of Mimicry and Man〉에서 바바가 "희극의 수사 [또는] 저급한 모방의 문학적 효과"라고 칭한 것으로 지속적으로 약화된다.(LC: 85) 바바가 문학적인 것을 언급하는 이유는 무엇인가? 가장 먼저 떠오르는 답은 문학성이 종종 객관적이지 않은 것, 진지하지 않은 것, 그리고 현실적이지 않은 것과 연결되어 있다는 점이다. 문학은 농담과 신화처럼 간단히 처리해 버릴 수 있는 것들과 비슷하다. 우리는 이런 것들이 지닌 효과를 알고 있지만, 그렇게 중요하지 않은 것처럼 행동한다. 그러면서 이러한 주변적인 것들이 가진 중요성에 대한 우리의 지식을 종종 부정하기도 한다. 바바는 문학 이론에서 가져온 통찰을 모방 분석에 적용한다. 문학 이론은 우리에게 재현이 세계를 반영하기도 하지만 세계를 구성하기도 한다는 사실을 보여 준다. 그래서 바바가 "흠집이 있는 식민지배의 미메시스"라고 말할지라도, 문제의 그 흠집은 재현 일반에, 심지어는 구체적으로 식민지배적이라고 할 수 없는 재현에도 구조적으로 필연적일 수 있다. 그러나 식민지배 미메시스에서의 흠집은 식민지배 전반에 대한 저항을 가능하게 하기 때문에 중요하다. 이제부터는 이러한 미메시스의 특정한 형태에 대해서 논의해 보자.

미메시스와 흉내 내기

'흉내'는 식민지배 담론에서 저급한 문학적 효과를 가리키는 용어이다. 바바는 이것을 '교활한 공손함'이라고 부르기도 한다. 바바가 이러한 효과를 무엇이라고 부르든지 간에, 이 효과에는 분명한 논리적 구조가 있다. 먼저 이 흉내의 구조부터 살펴보자. 에드워드 사이드가 식민지배 담론 내에는 공시적인 시각과 통시적인 시각 사이에서 생겨나는 긴장, 즉 사물이 영원히 동일하다는 생각과 끊임없이 변화한다는 생각 사이의 긴장이 있다고 말한 것을 떠올려 보자. 바바는 이러한 두 가지의 생각 사이에서 "흉내는 아이로니컬한 타협을 재현한다"고 말한다.(LC: 86) 여기서 아이러니가 제한적으로 사용된 것 같지는 않다. 이 용어가 구체적으로 적용될 수 있는 수사적 용법은 많다. 유머뿐 아니라 더 많은 일상적인 용법에도 똑같이 해당될 것이다. 여기서 이 용어의 용법을 분명히 해 두는 것이 중요하다. 밑줄이 있어서 단지 익살맞다는 것과 비슷한 의미로 작동할 것 같지는 않다. '엔카르타Encarta' 사전은 아이러니와 관련된 용어를 사용할 때에는 그 용법에 주의하라고 권한다. '반드시 완전한 모순, 불일치, 어리석음과 연관된 맥락에서 사용해야 한다. 단순히 우연적이거나 개연성이 없는 일과 연관된 맥락에서는 사용하지 말아야 한다.' 여기서 이러한 권고가 도움이 되는 이유는, 이 권고가 모순에 대한 실질적인 강도를 암시하기 때문이다. 다시 말해서, 우리는 궁극적으로 이러한 모순을 우연적인 것으로 설명해 버릴 수 없다. 물론 어떤 것은 우연히 모순적일 수도 있다. 그러나 그 강도로 인해 우리는 왜 바바가 흉내를 그토록 핵심적인 것으로 보는지에 주의를 기울이게 된다. 그의 에세이가 재빨리 첫 번째 문제적인 진술과 정의로 옮겨 가는 것은 우연이 아니다.

식민지배적 흉내는 개선되고 인식 가능한 타자에 대한 열망이다. 완전히 똑같지는 않지만 거의 똑같은 차이를 가진 주체로서의 타자에 대한 열망이다. 다시 말하면, 흉내의 담론은 양가성을 둘러싸고 만들어진다. 흉내는 효과를 만들어 내기 위해 미끄러짐, 과도함, 차이를 반복해서 생산해야만 한다.(LC: 86)

본질적으로 식민지배 담론은 피지배자가 지배자와 아주 비슷해지기를 바라지만, 결코 똑같아지기를 바라지는 않는다. 만약 둘 사이에 절대적인 동등함이 있다면, 식민통치를 정당화하는 이데올로기는 작동할 수 없을 것이다. 왜냐하면 이러한 이데올로기는 구조적인 불균등성, 즉 한 집단의 인간이 다른 집단을 지배할 수 있는 이유인 우월한 것과 열등한 것 사이의 분열을 가정하기 때문이다. 그러나 이러한 약간의 차이를 보여 준 식민지배 담론은 그 차이로 인해 발생하는 결과를 감당할 수 없다. 이 담론은 특히 의미의 미끄러짐이 암시하는 행위주체로서의 피지배자를 통제할 수 없다.

이러한 주장은 〈흉내와 인간에 대하여〉의 부제가 교묘할 정도로 애매하다는 것을 암시한다. '식민지배 담론의 양가성'은 최소한 다음과 같은 두 가지를 의미할 수 있다. 하나는 식민 담론이 우연히 양가적일 수 있다는 것이며, 나머지 하나는 식민 담론에는 양가성이 포함되어 있다는 것이다.(아마도 식민 담론이 작동하려면 양가성이 필요하다는 의미일 것이다.) 바바의 저작은 두 번째 입장을 내세운다. 그는 이러한 양가성, 즉 결코 정확하지 않은 흉내가 식민지배의 거대 담론인 휴머니즘, 계몽주의 등등을 약화시킨다고 주장한다. 식민지배로 인한 물질적 효과들과 그것에 내재한 도덕적·지적 우월성에 대한 담론 사이에는 명백한 분열이 있다. 바바가 강조하는 것은 처음에는 이러한 분열이 형성되어 그러한 담론이 된다는 사실이다. "식민국가와 주체를 '표준화'시키는 데 계몽주의 이후의 문명화 꿈은 계몽주의 자체가 지닌 자유의 언어를 소외시키고 그 표준에 대한 다른 종류의 지식을 생산한다."(LC: 86) 바바는 이것이 다른 형태의 지식이라는 점을 분명히, 그러나 암시적으로 강조한다. 이는 스테레오타입 담론의 경우처럼 식민 담론 내에는 모든 것이 항상 옳은 것은 아니라는 불분명한 인식이 있다는 의미다. 그러나 이러한 인식은 역설적이게도 무의식적이다. 그래서 제국이나 노예제에 대한 메트로폴리스 내부의 논쟁처럼, 식민통치의 옳고 그름에 대한 의식적인 고찰이 아니다. 이러한 지식은 정신분석학적 의미에서 생각해야 하고, 그래서 바바가 정신분석학적인 언어를 사용하는 이유이다. 바바를 읽을 때 우리는 정신분석학적인 함의를 지닌 설명이 사용되고 있다는 사실을 기억해야 한다.

지금까지 '흉내와 양가성의 결과'인 식민지배 담론이 가진 권위에 구체적으로 무슨 일이 생겼는지를 요약했다. 그러나 이것은 딱히 원인과 결과의 상황이 아니다. 이러한 상황에 대해서는 행위주체를 논의할 때 다시 언급하겠다. 피지배자에게는 무슨 일이 일어났는지 대답되지 않은 채로 남아 있다. 바바의 입장에서, 흉내는 "단순히 담론에 '단절'을 만드는 것만은 아니고 변화되어 일종의 불확실성이 되는데, 이러한 불확실성은 식민 주체를 '부분적인' 존재로 고정시킨다."(LC: 86) 바바는 '부분적'이라는 말을 "'불완전하고' 동시에 '가상적'"이라는 의미로 사용한다. 그렇다고 해서 이 말이 비현실적이라는 의미는 아니다. 왜냐하면 가상의 현상도 그 효과는 지니고 있기 때문이다.(가상현실도 여전히 현실이다.) 그러나 가상 현상은 자체의 현실성에도 불구하고 그 주체가 고정되어 있지 않다는 것을 강조한다. 등가성과 과도함 사이를 움직이는 작용은 식민 피지배자를 안심해도 될 만큼 비슷하게 만들고 동시에 공포스럽게 만든다. "흉내는 닮음인 동시에 위협이다."(LC: 86)

그러나 행위주체로서의 피지배자나 피지배자의 자유의지 문제는 깔끔하게 해결되지 않는다. 피지배자가 흉내쟁이가 되어 흉내를 일종의 교묘한 전략으로 채택한다? 선택으로 인식된 흉내가 일종의 저항 전략으로 바뀔 수 있다는 암시에도 불구하고, 선택은 정확한 단어가 아닌 것으로 보인다. 오히려 자신의 담론으로 괴롭힘을 당하는 것은 지배자이다. 자신의 고정화 전략은 고정되지 않은, 괴물스러운 보충성을 필요로 한다. 그래서 지배자는 자신이 이미 알고 있는 것에 부합하는 새로운 스테레오타입들을 계속해서 발명해 낼 수 있다. 이것은 어떤 면에서는 지배자가 '스스로를 위협하는 것'이라고 볼 수 있다. 자신이 원하는 확실성이 아닌 불안으로만 이어지는 괴물스러운 스테레오타입들을 끊임없이 환상 속에서 만들어 내는 것이다.

여기서 바바의 이론화 문맥을 더 자세히 설명하고 넘어가자. 《문화의 위치》 속 다른 글들처럼 이 에세이도 인도에 대한 설명으로 시작된다. 그는 1835년 토머스 매콜리 Thomas Babington Macaulay (인도 총독 고문을 지낸 19세기 영국의 역사가이자 정치가—옮긴이)가 인도의 교육에 내린 '교서'에 중점을 둔다. 매콜리는 영국 의회에서 인도인들을 교육시킬 필요성을 주장하며 거대한 나라를 통치하는 데 도움을 줄 중간층 인도인을 만들어 내야 한다고 했다. 그러나 이 계급은 지배자들이 볼 때 본토에 너무 가까웠다. 유사성이 편안함을 주는 것은 아니었다. 닮음은 인종적 스테레오타입의 근간이 단단하지 못하다는 것을 떠올리게 한다. 그래서 정당화될 수 없는 식민주의의 본질을 떠올리게 한다. 간단히 말하면, 영국은 교육받은 인도인이라는 계급을 만들었으나, 그렇게 만든 것이 영국인들을 불안하게 만들었다. 바바는 키플링 Rudyard Kipling부터 네이폴 V. S. Naipaul에 이르기까지 '흉내 내는 자의 가계도'에 대해 논의한다. 그러나 많은 비평가들이 지적했듯이, 바바의 주장은 일반론적이다. 이러한 일반화는 합당한 제스처이다. 그가 설명하는 두 개의 극은 영국과 프랑스 식민주의에 모두 존재하는 것처럼 보인다. 영국은 차이를 유지하고 프랑스는 똑같음이라는 문명화의 사명을 추구했다는 점에서 두 식민주의의 태도는 약간 다르게 여겨지지만, 두 개의 극은 상대적 비중에서만 다를 뿐이다. 바바가 설명하는 구조들은 서로 다른 식민주의 태도들이 가지는 겉으로 보이는 역사적 차이들로 설명될 수 있는 것보다는 더 근본적이다.

식민지배 텍스트

바바는 이러한 근본적인 수준을 본 책 2장에서 소개한 바 있는 글쓰기의 수준으로 설명한다. "모방과 흉내 사이에 나타나는 것은 글쓰기, 일종의 재현이다. 글쓰기는 역사가 지니는 기념비적인 의미를 주변화시키면서, 역사로 하여금 모방될 수 있는 위치에 있다고 여겨지게 만드는 그 힘, 즉 하나의 모델이 되려는 역사의 힘을 조롱한다."(LC: 87-88)

이미 주장했듯이, 글쓰기는 예상치 못한 용어이다. 여기서 바바는 책에서 발생한 것에 대해 말하는 것인가, 아니면 현실이라는 것이 담론적으로 구성된다는 것을 암시하는 것인가? 이러한 해석이 아마도 이야기의 일부일 것이나, 충분치는 않다. 여기서 바바는 다시 한 번 데리다의 방식으로 글쓰기와 텍스트에 대한 이해를 도모한다. 이런 식의 이해에서는, 사람들이 보통 글쓰기와 관련해서 연상하는 모든 것이 제한 없이 무한히 일반화된다. 다시 말하면, 현실이라는 것은 이렇게 일반화된 텍스트적인 효과가 모든 현존재를 스스로 존재하는 것으로 만들지 못한다는 의미에서 텍스트성을 지닌다. '역사를 패러디하는 자'는 식민지배자들의 역사에서 이미 진실로 인정된 것을 전면에 내세울 뿐이다. 그러한 역사는 자기 확신도 없고, 스스로 경계를 만들지도 않으며, 자신이 원하는 만큼 통합되어 있지도 않아서, 그것이 갖는 불안은 구조적으로 필연적이다. 흉내의 양극화된 본질은 이러한 구조를 보여 주는 다른 형태이며, 더 나아간 예이다. 그리고 이런 본질은 타자를 가리키는, 단지 또 하나의 이름, 즉 단순한 대체물만은 아니다. 비존재 또는 부분적 존재에 대한 이러한 법칙이 일반적이라면, 식민 담론 내에서 비존재를 바바 식으로 위치지우는 것이 갖는 구체성은 무엇인가? 많은 비평가들이 이러한 질문을 통해 바바 저작에 대한 중심적인 논쟁으로 다가간다.

  그러한 논쟁이 다시금 정신분석학의 문제를 제기한다. 왜냐하면 전략으로서의 흉내에 대한 설명은 그것이 무의식적인 전략임을 암시하기 때문이다. 모든 형태의 저항이 적극적으로 선택되거나 가시적으로 적대적이지는 않다. 어떤 저항은 교묘하고 실제로 무의식적이다. 바바에게는 어쨌든 그것이 저항이라는 사실이 그것이 어느 정도로 적극적으로 추구하는 전략인지보다 더 중요하다. 더 나아가, 그가 논의하는 저항은 분명히 텍스트적 그리고 역사적 실재성이 있고 일련의 문학 텍스트들, 예를 들면 키플링의 이야기에서처럼 확인 가능하다.(Moore-Gilbert 1996 참조) 물론 문학은 정치 담론은 아니다. 그러나 문학은 사실주의적인 재현에 대해 문학이 미묘하게 변형시킨 것에서 생겨나는 정치적 함의를 가지고 있다. 이러한 변형은 많은 탈식민 문학에서 명백히 드러난다.

  피터 캐리Peter Carey의 《속임수 내 인생My Life as a Fake》(2003)은 흉내의 담론으로 작용하는 그러한 변형시키는 힘을 보여 주는 한 예이다. 1940년대 오스트레일리아 애들레이드에서 있었던 실제 사건을 바탕으로 한 이 소설은 문학과 관련된 속임수로 시작된다. 두 명의 보수적인 시인인 해럴드 스튜어트와 제임스 맥얼레이는 호주의 모더니스트 시의 허울을 공격하기로 결심한다. 그들은 '언 멀레이'라는 가상의 시인을 만들고 그 사람 이름으로 아방가르드 잡지인 《앵그리 펭귄Angry Penguins》에 시를 제출한다. 결국 속임수로 드러난 이 소동은 전 세계에 보도되었다. 언

멀레이라는 이름은 유명해졌으며, 가상의 시인은 일종의 실재성을 획득했다. 그 명성과 실재성은 더 과장되었는데, 1944년에 잡지의 편집자인 맥스 해리스가 애들레이드 법정에서 선정성 논란과 관련하여 멀레이를 변호했기 때문이다. 가상의 시인은 호주의 모더니스트 시단의 멍청함을 드러냈고, 그 시 자체의 뛰어남(해리스가 법정에서 증언했다.)은 이 가상의 시인에게 생명력을 부여했다. 그리하여 시인의 '삶'과 작품은 지금까지도 토론의 주제로 남았다.

캐리는 가상의 시인이 실제로 존재하게 되는 과정에 착안하여 이를 가짜들의 역설적인 진짜임과 권력의 탐구로 확장시켰다. 캐리의 소설에서 사라 우드 더글러스라는 영국 문학 편집자는 1970년대에 쿠알라룸푸르를 여행하면서 오스트레일리아에서 온 크리스토퍼 첩이란 사람을 만난다. 그녀는 첩이 모더니스트의 허울에 초점을 맞춘 1940년대의 속임수를 영속화하려 한 일에 대한 이야기를 듣는다. 여기서 첩은 스스로 자기 목적의 정당성에 확신이 있으며, 오스트레일리아 사람들은 여전히 유럽에서 오는 것이면 무엇에든 매료된다는 점이 암시된다. 첩에 따르면, 문제는 이 모든 베낌이 가짜로 이뤄진다는 것이다. 사라와의 대화에서 첩은 자신의 주제를 확장시킨다.

차에 설탕을 의욕적으로 타면서 그는 말했다. 19세기에 시드니의 여성들은 영국 부인들이 해안에 도착하면 무엇을 입고 있는지 보려고 서큘러 퀘이까지 내려가곤 했습니다. 와, 저거 좀 봐. 하나 가져야겠어. 거기서 무엇을 보았든지 간에 일주일 안에 복제가 되었습니다. 앞으로도 똑같을 것입니다. 제 말이 맞습니다. 배 트랩으로 내려오는 것이면 어떤 패션이라도 꼭 가져야 하는 것입니다.(2003: 30)

그러나 소설은 진짜에 대한 첩의 신념을 끊임없이 약화시킨다. 심지어 첩 자신의 발언도 이러한 신념을 약화시킨다. 그의 영어에서 쿠알라룸푸르에서 오랫동안 살아온 특징이 드러났기 때문이다. 어떤 지점에서 첩은 "사마사마Samah-samah, 항상 똑같죠. 어디를 가나 가짜는 가짜죠."라고 말한다.(2003:32) 말레이시아 영어가 또 다른 종류의 가짜처럼 보인다. 이것은, 그녀가 처음 첩을 만나서 그가 'can or cannot'이라는 어구를 사용하는 것을 들었을 때 귀족적인 문학 편집자가 보인 반응임이 분명하다. 그러나 사라는 자신의 첫인상이 틀렸음을 깨닫는데, 왜냐하면 그 어구가 제대로 된 말레이시아 영어라는 것을 알게 되기 때문이다.(2003:23) 영국식 영어를 규정하는 제대로 된 최종적인 정의는 없다. 영어는 사실 누가 소유한 것이 아니다. 그리고 다른 곳에서 생긴 변형은 그들만의 소유권을 만들어 낸다. 사라는 그곳에 머물면서 들은 시에 대해 그에 상응하는 반응을 보인다. 그리고 절망적인 상황에 처한 문학 편집자로서 위기에 처한 문학잡지 《모던 리뷰》를 구해 줄 수 있는 극적인 문학 이야기를 원한다. 그녀는 첩의 가짜 시가 그의 진짜 시보다 더 낫다고 판단한다. "만약에 이것이 그의 진짜 시라면, 그러면 나는 가짜를 선택하겠다." 부차적인 것이 되는 대신에, 속임수로서의 가짜는 실제로 원래 진짜보다 더 우수하다. 다른 말로 하면, 가짜나 모방한 언어는 자신만의 생명력과 힘을 가지고 있다.

소설은 가상의 시인 맥코클이라는 인물에게 실제 삶을 부여함으로써, 이러한 통찰력을 더 밀고 나아간다. 그는 글자 그대로 실제로 존재하게 된다. 그는 점점 더 혼란스러워진 첩을 괴롭히고 놀리고 심지어는 그의 딸을 유괴해서 첩이 실제로 아버지라는 사실이 결코 약화시킬 수 없는 방식으로 그 아이의 아버지가 된다. 진짜임과 실제성이 어떠한 것도 보장하지 못하는 것처럼 보인다. 첩의 딸은 맥코클이 죽은 다음에 쿠알라룸푸르에서 첩과 함께 사는 동안에도, 아버지와 사라의 경고에 반대하며 시인의 기억과 천재성을 변호한다. 가짜의 강력한 실제성은 진짜의 방만함을 압도한다. '만들어진 것'이 세상 속으로 나오게 되면, 그것은 사용되거나 잘못 사용될 수 있다. 다른 말로 하면, 흉내와 모방에 열려 있다.

| 부분적 존재로서의 정체성

캐리의 것과 비슷한 텍스트에 대한 바바의 분석은 그러한 텍스트들이 식민지배의 억압된 측면의 회귀를 어떻게 극적으로 표현하는지를 보여 준다. 그의 분석은 공식적이고 의식적인 수준에서의 식민지배 담론과 비공식적이고 무의식적인 문학적 저

층의 흐름을 충돌시킨다. 그래서 문제가 되는 저항은 부분적인 존재이다. 바바는 식민지배 담론 내 존재의 부분성은 진짜가 되려는 일종의 충동으로 이어진다고 주장한다. 그러나 이미 암시했듯이, 진짜로 영국적인 것이 되려고 하는 충동은 영국적인 것보다 더 영국적인 것으로 미끄러질 수 있다. 바바는 "흉내를 통해서, 즉 글쓰기와 반복을 통해서 '진짜'로서 나타나려는 욕망은 부분적 재현의 최종적인 아이러니"라고 서술한다.(LC: 88) 이러한 욕망은 지배자의 욕망일 뿐만 아니라, 피지배자의 욕망이기도 하다. 앞에서 암시했듯이, 식민지배 담론은 피지배자의 모습에 유사성과 차이를 동시에 요구한다. 그러나 추가적으로 식민지배 담론의 양가성은, 영국인들을 자신들이 틀림없이 믿고 있는 진정한 정체성으로부터 멀어지게 만들어 영국인으로 하여금 완전히 영국인이 아닌 것처럼 느끼게 만드는 이상한 효과를 가지고 있다. 그래서 식민지배 담론을 생각할 때 이를 단순히 지배자의 담론이라고 가정해서는 안 된다. 식민지배 담론은 필연적으로 피지배자를 동일화와 부정의 유통 구조 속으로 끌어들인다.

   가장 중요하게 살펴보아야 할 것은 이러한 유통의 결과이다. 지배자가 자신이 온전히 '자기 자신'이라고 느끼지 못하는 것이 반드시 문제가 되는 것은 아니다. 예를 들어, '현지화'되는 현상은 식민지배 사업 시작부터 인식되었고, 두렵게 여겨졌으며, 분석되었다. 지배자의 심각한 문제는 과거에 실제로 존재했던 아니면 미래에 될 수도 있는 '자기 자신'이 없다는 생각이다. 스테레오타입이 어떻게 작용하는지를 기억해 보자. 스테레오타입이 현실 위를 활강하면서 혐오와 부정, 지배, 죽음을 허용한다는 것은 이해하기 쉽다. 그러나 스테레오타입에 적용되는 것은 여기 지배자와 피지배자에게 모두 적용된다. "흉내는 그 가면 뒤에 어떤 존재도 정체성도 숨기지 않는다."(LC: 88) 바바는 은유와 환유의 쌍에서 시작하여, 정체성은 보통 은유의 차원에서 작동한다고(최소한 그렇게 하기를 원한다고) 주장한다. 그러나 흉내에서는 정체성이 대놓고 환유를 통해서 작동한다고 암시한다. 환유는 전체에 대한 부분의 차원에서 수직 축을 따라서 생겨나는 대체이다. 그것은 어떤 완성된 존재라는 지점에 도달할 수 없는 끊임없는 대체이다. 흉내에서 정체성은 결코 자기 자신과 일치할 수 없다.

  환유로서의 흉내를 이런 식으로 강조하는 것에 반대하는 입장은 다음과 같다. 고정된 영국성이라는 것이 없다는 것이 사실일지 몰라도, 영국인은 계속해서 그러한 고정성이 존재하는 것처럼 지배한다는 것이다. 원칙적으로 그러한 것이 식민지배의 현실에는 그리 많은 영향을 발휘하는 것 같지 않다. 영국인들은 철학을 할 때조차도 이 문제를 철학적으로 생각하지 않는다는 것이다. 더 상세하게 말하자면, (바바가 밀과 존 로크John Locke를 다루면서 했듯이) 근간을 이루는 영국의 텍스트들이 자신들이 말하는 바를 온전히 의미하지 않거나, 아니면 자신들이 말하는 것보다 더 많이 의미한다고 논증될 수는 있어도, 이런 식으로 시대를 거스르는 읽기는 역사적 문제와 거의 관계가 없다. 탈식민주의 연구의 관심사와는 거의 관계가 없다고 주장하는 편이 더 적절할 것이다. 간단히 말하면, 피지배자의 존재의 부분성은 부과된 어떤 것처럼 보인다. 예를 들어, 다른 맥락인 오스트레일리아의 경우를 생각해 보자. 그 땅 원주민의 비정상적인 경험은 확실히 선택된 것이 아니다. 정말로 흉내가 일종의 전략이라면, 누가 이러한 부분성을 압도적인 식민 담론에 부과할 것인가? 앞서 이미 암시했듯이, 이러한 부분성은 지배자에게는 불투명한 방식으로 눈에 보인다. 그러나 그것은 부인된다. 여기서 바바는 더 나아가 다시 한 번 더 행위주체로서의 피지배자 문제를 제기한다. 피지배자의 대상화된 모습은 단순한 대상 이상이다.

그들 또한 쌍으로 존재하는 모습이다. 즉, 환유로서의 식민지배 욕망이 가지는 부분적인 대상들이다. 지배 담론 속에서 식민지배 대상들은 '부적합한' 식민 주체로 등장하는데, 환유로서의 식민지배 욕망은 그러한 지배 담론의 양식과 정상성에서 멀어지게 만든다. 이런 욕망은, 흉내의 기반인 부분적인 존재의 반복을 통해서 식민 권위의 자기애적인 요구에 위협을 가하는 문화적·인종적·역사적 차이의 혼란을 분명하게 보여 준다. 이런 욕망은 지배자의 존재에 대한 불완전한 모습을 만들어 냄으로써 식민지배의 전유를 '부분적으로' 뒤집는다. (LC: 88)

다른 말로 하면, 피지배자는 지배자의 시선을 되돌려 준다.

같은 에세이의 조금 뒤에서 바바는 대놓고 전략적인 것으로서 흉내가 지닌 위협이라는 관점에서 이야기한다. "그것의 위협은 규정하기 힘든 권력의 작용 속에서 충돌을 유발하고, 환상적이고, 차별적인 '정체성 효과'를 놀라운 방식으로 그리고 전략적으로 생산하는 것에서 나온다. 왜냐하면 그것은 어떤 본질도, 어떤 '그 자체'도 숨기지 않기 때문이다." 나중에도 이렇게 쓴다. "물신화된 식민지배 문화에는 잠재적으로 그리고 전략적으로 반란을 일으키는 반counter 호소력이 있다."(LC: 90) 이 잠재력은 특정한 피지배 주체들, 행위자들에게만 잠재력을 지닐 수 있다. 이것이 역사적 설명인가(피지배자들이 알기만 했더라면, 그들은 지구상에서 식민지배자들을 흉내 낼 수도 있었을 것이다), 현재의 이론가들에게도 적합한 것인가? 이 또한 어떤 것이 읽히는 방식에 대한 질문이다.(2장 참조) 식민지배 권위를 지닌 텍스트는 읽히도록 남아 있다. 그것들이 지속적인 연관성을 가지고 있는 한, 역사적 증거로서 기능하면서 동시에 지금 이 순간, 바로 지금 어떻게 살아갈 것인지를 배우도록 도움을 주는 역할을 할 것이다. 이것은 역사에서 배우는 문제만이 아니다. 비록 그것이 확실히 전통적인 해석물일지라도 말이다. 이것은 이러한 텍스트들이 끝난 것이 아니라는 사실을 인식하는 문제이기도 하다.(탈식민주의의 접두어인 '탈'이 식민주의가 끝났다는 것을 의미하지 않는 이유이기도 하다.) 텍스트가 지닌 맥락이 '과거의 어딘가'에 위치해 있는 무언가가 아니라는 것이다.(또는 진실로, 거대 도시가 아닌 어떤 곳, '저 너머'도 아니라는 말이다.) 다시 한 번 이 구조는 절대적으로 일반적이다. 이것은 표시와 텍스트가 어쨌든 읽히게끔 하는 것이다. 이것은 또한 식민지배 담론이 예시하는 무엇처럼 보이기도 한다.

시각적 (성)충동

시선의 문제로 돌아가 보면, 즉 피지배자가 되돌려 준 시선으로 돌아가 보면, 피지배자가 대상인 동시에 주체라는 사실이 지배자에게(바바에게나 우리에게나) 떠올랐다는 것을 알 수 있다. 만약 흉내가 하나의 전략이라면 그것은 특징상 가시적일 수 있는 것처럼 보인다. 바바는 흉내에서 핵심적인 요소로 가시적인 것을 주장하면서 흉내와 스테레오타입과의 관계를 분명하게 드러낸다. 되돌려진 모습은 글자 그대로의 의미인 동시에 비유적이다. 그것은 지배자로 하여금 항상 미끄러지는 자신의 정체성에 관한 자신의 불분명한 직관을 생각해 보게끔 강요한다.(비록 이것이 어떤 것을 의식하거나, 어떤 일을 하고자 하는 문제는 아니라고 할지라도 말이다.) "지배가 가진, 모든 것을 한눈에 보게끔 하는 같은 시대의 시선"은 고정된 정체성의 차원에서 작동한다.(LC: 86) 그러나 그것은 끊임없이 변화를 인정하도록 강요받는다. 그 되돌려진 모습은 (정체성이) 역사적으로 변화한다는 측면에서 말하는 것이고, 이는 곧 정체성의 지속적인 미끄러짐을 말한다. 어떤 측면이 있다고 말하는 것 자체가 불필요하게 상황을 나누는 것이 될 수 있다. 왜냐하면 그 측면들은 하나의 경제 안에서 함께 묶여 있기 때문이다. "감시받는 모습은 위치를 바꾸려 하는 훈육받은 자의 시선으로 돌아온다. 거기서 관찰자는 관찰당하는 자가 되며 '부분적인' 재현은 정체성이라는 전체 개념을 재정의하게 되고 본질로부터 정체성이 멀어지게 만든다."(LC: 89) 자아와 타자 사이의 관계가 지배의 관계로 보이는 경우조차도 거기에 관계가 존재한다는 사실 자체가 전적인 지배만은 아님을 암시한다.

정신분석학은 이 시각적인 것에 대한 문제를 '시각적 (성)충동 the scopic drive'이라는 관점에서 논의한다. 다시 바바는 정신분석학적 개념을 사용한다. 〈흉내와 인간에 대하여〉는 라캉의 개념 중 하나인 '위장camouflage'에 중점을 둔다. 여기서 위장이라는 개념은 완전히 거기에 있지 않음에도 불구하고 배경에 있는 무언가와의 섞임을 가리킨다. 바바는 그러한 정신분석학적 개념들이 흉내가 식민지배 권위를 수행하면서도 그것을 넘어서는 방식을 설명해 준다고 분명히 말한다. 시각성은 식민지배 담론과 인종 담론이 맺은 관계의 불가분한 정도를 보여 주는데, 그것은 바바가 자신의 정식화를 재서술함으로써 특징을 가지게 되는 어떤 것이다. '거의 똑같지만 온전히 그것은 아닌 것'은 '거의 똑같지만 온전히 백색은 아닌 것'이 된다. 그는 "흉내의 시각성은 항상 금지된 장소에서 생산된다"고 쓴다.(LC: 89) 바바가 파농과 관련하여 말한 것을 떠올려 보자. 어떻게 백인 남성과 흑인 남성이 모두 필연적으로 불완전한 상태에 있을 수밖에 없는지 밝힌 파농의 암시를 확장시킨 바바는, 인종주의와 식민 담론에 반대하여 정체성을 고정시키는 것은 그 담론의 규칙 안에서 작용하는 것이라고 주장한다.

이 논의는 탈식민주의 비평에 또 하나의 중요한 영향을 끼친 네그리튀드 운동과 연관이 있다. 파농에게 이 운동은 유동적 정체성으로 가는 한 단계일 따름이다.(당연히 더 높은 단계의 고정된 형태의 정체성은 아니다.) 네그리튀드는 많은 것을 의미하므로 단순화시키지 않는 편이 좋다. 그러나 명백히 이론적이고 시적인 진술들을 통해 이 운동이 식민지배 담론에 대하여 (반대편의 저항하는) 어떤 입장을 의도적으로 만들었다고 하는 것은 틀린 말이 아니다. 그렇게 의도성이 있다면 그것은 흉내가 지닌 수많은 의도적이지 않고 무의식적인 작용과는 분명히 다르다. 나는 바바가 파농이 의미한 바를 인식할 수 없을 정도로 왜곡한 것은 아니며, 파농 자신도 정체성을 고정시키려는 욕망을 비판하는 경향이 있다고 했다. 이 둘 사이의 차이점은, 바바는 이 무의식적인 전략(이러한 것이 가능하다면)이 식민 담론에 저항하는 최고의

네그리튀드Négritude는 본질적인 흑인 정체성과 문화를 자랑스러워할 수 있는 것으로 고양시킨 20세기 문화운동을 가리킨다. 원래 이 단어와 운동은 프랑스어권에서 나온 것으로, 식민지배 상황의 구체적인 특징에 대한 하나의 반응을 구성한다. 이 용어는 에이메 세자르Aimé Césaire의 시 〈귀향 수첩Cahier d'un retour au pays natal〉(1939)에서 처음 사용되었다. 아프리카의 전통과 독특한 문화적 특징을 강조한다. 이러한 특징은 피지배 작가들이 정체성을 구성하는 데 매우 중요한 역할을 했다. 이 운동과 관련된 또 다른 주요 인물로 1960~70년대에 세네갈 대통령이자 시인으로 활동한 레오폴드 세다르 셍고르Leopold Sedar Senghor가 있다.

또는 유일하게 가능한 방식이라고 암시하는 것처럼 보일 수 있다는 것이다.

이 논의는 우리로 하여금 흉내가 어느 정도로 의식적인 것인가라는 복잡한 문제로 돌아가게 한다. 만약에 우리가 흉내를 일종의 저항 전략으로 받아들인다면, 이것은 다음과 같은 문제를 제기한다. 즉, 정체성을 원래의 현실에 기대지 않은, 만들어진 것으로 파악함으로써 누가 무엇을 얻느냐의 문제이다. 바바가 스테레오타입이라는 것이 생산적이며, 과정 중에 있는 것이고 그 자체로 분석될 필요가 있다고 말한 것을 생각해 보자. 그는 여기서 다음과 같이 말한다. "환유의 이러한 예들은 모순적이고 복합적인 신념이 만들어 낸 비억압적인 결과물들이다. 그것들은 의미를 문화적으로 생산하는 은유적 축과 환유적 축의 전략적 혼동을 통해 분명한 문화의 경계를 가로지른다."(LC: 90)

이러한 생산물들이 현실적으로 '비억압적'인가? 식민지배 담론이 이러한 재현의 특히나 강력한 예라고 할지라도, 식민지배 상황 외부에서 정체성의 문화적 생산이 똑같은 방식으로 작동한다는 점에서 이러한 생산물들은 원칙적으로는 비억압적이다. 그러나 바바가 하듯이 식민지배의 예를 논의하는 것은, 다른 예들과 마찬가지로 단지 하나의 예로써 문제 전체를 논하는 것처럼 보일 수도 있다. 흉내를 통해서 누가 혜택을 입는가? 나는 앞서 바바를 인용하면서 흉내라는 것이 식민지배자에게는 닮음이자 위협의 문제라고 주장한 바 있다. 그러나 바바는 다음을 분명히 한다. "식민지배 권위의 양가성은 반복해서 흉내에서 위협으로 전환된다. 흉내는 거의 아무것도 아니지만 온전히 그것은 아닌 차이이고, 위협은 거의 전부 다이지만 온전히 그것은 아닌 차이다."(LC: 91) 똑같은 닮음/위협이 피지배자에게도 전환된다. 이제 너는 '우리'와 같다. 이제 너는 타자이다. 우리는 너에게 폭력을 가해야 한다. 전자가 구조적인 경우라는 사실로 인해 후자가 역사적인 경우라는 것을 잊어서는 안 된다. 바바의 저작이 가장 논쟁적이 되는 것은 그가 주장하는 정도에 정말로 모호함이 발생할 때이다. 스테레오타입이라는 것은 왜 정체성이 단순히 만들어진 것인지를 보여 주는 예이다. 그러나 스테레오타입의 파괴적인 결과와 피지배자의 반counter 담론의 강력한 예들은 정체성이 '단순히' 어떤 것은 아니라는 점을 일깨워 준다. 우리에게 법적 장치와 다른 보안 장치가 있을 때에만 정체성이라는 것이 쉽게 생겨날 수도, 닳아 해질 수도, 찢어질 수도 있다.(7장 참조)

| '상상 속의 고향' |

바바가 흉내를 다른 맥락에, 예를 들어 민족 정체성에 확장시켰을 때 이러한 점을 기억할 필요가 있다. 흉내는 우리가 만든 정체성이 필연적으로 유동적이고 상상에 의한 것이라고 암묵적으로 말한다. 그래서 바바의 분석은 이런 식으로 확장될 가능성이 있다. 그러나 언제나 조심스러워야 한다. 예를 들어, '상상 속의 고향Imaginary Homelands'이라는 말은 살만 루슈디Salman Rushdie 가 쓴 에세이 모음집의 제목이다. 이는 역사가인 베네딕트 앤더 슨Benedict Anderson의 책 《상상의 공동체Imagined Communities》(1983; 개정판 1991)를 떠올리게 한다. 이 책은 6장에서 설명하듯이, 근대 민족의 출현에 대한 설명으로 바바의 생각에 중요한 영향을 끼쳤다. '상상 속의 고향'이 암시하는 것은 무엇인가? 우선 고향을 상상한다는 것은 실제로 자신의 정체성의 기반이 되고 정체성을 보장해 주는 뭔가 견고한 어떤 것을 상상하는 것이다. 자신의 고향이 다른 곳에 있는 것처럼 느끼는 것은, 다시 시작할 수 있는 때 묻지 않은 장소인 고향을 상상할 수 있게끔 해 준다. 예를 들어, 제이디 스미스Zadie Smith의 《하얀 이빨White Teeth》속 이리Irie는 런던에 틀어박혀 있지만 자메이카를 꿈꾸면서 다음과 같이 생각한다.

> 어떤 허구도, 어떤 신화도, 어떤 거짓도, 어떤 얽힌 그물도 없는 곳. 이것이 이리가 자신의 고향을 상상하는 방식이다. 그러나 고향이라는 것은 이제는 사라져 언어 속으로 들어가 버린 유니콘이나 영혼, 무한함과 같이 마술적이고 환상적인 단어들 중 하나이다. 고향이라는 단어가 가진 독특한 마술, 이리에게 그것이 행사하는 독특한 주문은 그것이 하나의 시작처럼 들린다는 것이었다. 시작들 중에 가장 시작. 에덴동산의 첫 아침 그리고 종말이 있은 다음 날처럼. 빈 페이지. (2000:402)

고향에 대한 경험이 없어도, 우리는 우리가 원하는 어떤 방식으로든지 고향을 자유롭게 상상할 수 있고, 충분한 이유가 있는 그리고 의지할 만한 정체성을 고향에 자유롭게 부여할 수 있다. 그러나 고향을 상상하는 다른 방식이 있다. 모든 고향을 잠정적이고 열린 것으로 만들어 버리는 것으로서, 스미스의 소설에서 드러나는 어떤 방식이다. 몇 페이지 뒤에서 탄생과 소속감이 가지는 우연성을 생각하는 이리에게는 "우연성의 땅이 마치 낙원처럼 …… 마치 자유처럼 들렸다"는 것을 알 수 있다.(2000:408) 최종적인 정체성의 부재를 일종의 특권으로 전환시키는 것인데, 이는 확실히 바바의 흉내를 이해하는 한 방법이다. 동시에 최종적인 정체성의 부재를 낭만화시키는 것을 피하는 것도 중요하다. 이러한 부재는 다른 사람들이 매우 다른 방식으로 경험하기 때문이다. 흉내 그 자체는 눈에 띄게 양가적인 현상이다.

다시 루슈디의 《상상 속의 고향》으로 돌아가 보면, 거기에는 '이주민의 조건'에 대해 다음과 같은 진술이 나온다. "우리의 정체성은 여럿이면서 동시에 부분적이다. 때때로 우리는 우리가 두 문화에 양다리를 걸치고 있다고 느낀다. 다른 경우에는 우리가 두 개의 의자 사이에 놓인 것처럼 느낀다. 그러나 그 지역이 아무리 불분명하고 변화무쌍하다 할지라도 그것이 작가가 자리 잡아서 나올 게 없는 불모의 영역이지는 않다."(1992:15) 그러한 특권은 꽤나 자주, 그리고 어느 순간 갑자기 거꾸로 하나의 짐이 된다. 루슈디의 글에서는 이주민의 상상적 고향을 강조하는데, 그것은 모든 이의 상상적 고향에 대한 모범적인 예가 된다. 기억을 되짚어 보면, 바바가 생각하는 흉내는 어떤 고정된, 최종적인, 그리고 근본적인 정체성도 흉내 내지 않는 하나의 과정으로 생각할 필요가 있다. 지배자는 흉내 낼 수 있는, 미리 존재하는 어떤 절대적인 정체성을 갖지 않고, 피지배자도 마찬가지로 흉내를 통해서 자신도 모르게 드러내 보이는 어떤 실질적인 정체성을 갖고 있지 않다. 루슈디와 스미스처럼 바바에게도 우리가 만들어 내는 고향은 상상적이다. 그러나 상상적이라는 것이 비현실적이라는 의미는 아니다. 이러한 비현실성은 우리가 고향을 원칙적으로는 끊임없이 재상상할 수 있음을 암시한다. 물론 현실적인 제약들이 이런 식으로 재상상하는 것을 힘들게 만들기도 한다. 이러한 과정에서 문제가 생기는 것은 흉내가 닫힌 경제 속에 잠겨 버릴 때인데, 이러한 닫힌 경제를 통해서 문화적 정체성이 피지배자들에 의해서 고정되기 때문이다.

  이 부분에서 다룰 예는 이미 언급한 바 있다. 네이폴의 《흉내 The Mimic Men》(1967)는 바바의 흉내 계보에서 핵심적인 작품으로, 〈흉내와 인간에 대하여〉에 이 소설의 짧은 단락이 인용되기도 한다. 이 소설은 주인공의 삶에서 네 개의 기간을 중심으로 구성되어 있다. 우선 카리브 해의 허구적인 섬인 이사벨라에서 보낸 어린 시절과 나중에 그가 사업가로서 그리고 정치인이 되어 돌아온 뒤의 삶이 함께 나온다. 추가적으로 우리는 런던에서의 그의 학창 시절과, 나중에 호텔에 살면서 자신의 삶을 이야기로 서술하는 주인공의 모습을 보게 된다. 이 작품의 문맥과 주제는 바바의 저작과 명백한 연관성이 있다.

그러나 네이폴의 작품 전반과 특히 이 소설에 친숙한 독자들은, 이 작품이 바바의 흉내 개념과 관련성이 있다는 바바의 암시에 의아해 할 것이다. 우선, 네이폴의 작품은 서구 문화를 치켜세우면서 '반쯤 만들어진' 다른 문화들을 폄하하는 것으로 악명이 높다. 게다가 네이폴 자신이 흉내 내는 사람이며, 소설 주인공인 단명한 식민 정치가 랠프 싱Ralph R. K. Singh은 흉내로 인해서 힘을 잃어버린다. 식민 정치가로서 지낸 시대를 설명하는 가운데, 그의 어린 시절의 고향인 이사벨라 섬은 독립을 맞이한다. 그러나 영국은 싱의 책략과 전략, 그리고 행동에 조금도 동요하는 것처럼 보이지 않는다. '괄호 쳐진' 삶을 산 후에 나이 사십이 된 싱이 런던 교외의 호텔에 지내며 쓴, 자신의 삶을 무덤덤하게 써 내려간 설명은 종종 이사벨라 섬에 대한 거의 하나의 역사적·정치적 에세이가 된다. 이 소설의 주요 주제인 더 넓은 세상에 대한 희구는 바바가 인용하는 단락에 표현되어 있다.

여기 우리 섬에 살고 있는 우리는 이 세상에서 인쇄된 책들을 다루고 이 세상의 물건들을 사용하지만, 버려지고 잊혀졌다. 우리는 진짜인 척, 배우는 척, 삶에 대해 준비하는 척했다. 우리는 신세계의 흉내 내는 자들이며, 신세계의 알려지지 않은 구석에 살고 있다. 새로운 세상에 너무도 빨리 도착한, 부패를 떠올리게 만드는 것들과 함께 말이다.(Naipaul 1967:146)

더 넓은 이 세상에서 책 속의 많은 일이 발생한다. 이사벨라 섬에서의 어린 시절과 섬의 지주이자 정치인으로서의 시절을 보낼 때인 '괄호 쳐진' 삶은, 그 사이에 끼어든 런던에서의 대학 시절과 다시 런던에서 글을 쓰는 이후 기간으로 인해 바깥으로 밀려나 있다. 이사벨라에서의 흉내는 런던의 현실을 배경으로 한다. 네이폴이 학창 시절 기간에 소개하는 모든 이주민의 특징들은 도시 자체의 깊이를 배경으로 할 때 특별할 것이 없다. "도시의 알려지지 않은 모든 곳을 잘 아는 그들을 보는 것은 항상 좋은 일이었다. 그러나 이것이 그들이 항상 나타나는 방식이었다. 이차원적이고, 자신들에 대한 단순한 모습만 제공하는 것이다."(1967:14) 런던의 특징들 중 아주 극소수만이 '영국적'이라는 점은 주목할 만하다. 네이폴은 도시의 타자들에 집중한다. 그들은 도시의 전체 대중과 비교할 때 너무도 가짜처럼 보이고 실재하지 않는 것처럼 보인다. "그토록 3차원적이고 그토록 그 땅에 단단히 뿌리내리고 그러한 깊이로부터 색채를 뽑아내는 이 거대한 도시에서 도시만이 진짜였다. 도시에 온 우리는 우리 자신의 견고함을 얼마간 상실했다. 우리는 덫에 걸려 고정되어 평범한 자세를 취하게 되었다."(1967:27) 리에니Lieni는 스칸디나비아인들의 희생을 대가로 싱이 '부유한 식민지 출신 멋쟁이'의 모습을 지니도록 도와주며, 일련의 성적인 포식을 맛보도록 해준다. 이것은 나중에 브라운Browne과 싱이 각자의 정치적 역할을 만들어 내는 과정에서 서로를 이용한 것과 비슷했다.

  이후 정치 경력에서의 흉내는 런던에서의 학창 시절을 지나서 이사벨라에서 보낸 어린 시절로까지 거슬러 올라간다. 싱이

란지트 크리팔싱Ranjit Kripalsingh에서 랠프 R. K. 싱으로 이름을 바꾼 데서 알 수 있듯이, 싱의 어린 시절 행동은 '단순하게 만드는 것이 아니라 복잡하게 만드는' 효과를 가진다.(1967:93-4) 그가 '스포츠맨이 되겠다'고 결정했을 때, 그가 적합하지 않음에도 불구하고 다른 학생들은 그 환상, 그 역할과 함께 기꺼이 플레이하기로 한다. "많은 이들이 나를 내가 말한 그대로 기꺼이 받아들인다는 걸 알게 된 것은 순수한 기쁨이었다. 그것은 마치 전체성에 대한 계시와도 같았다."(1967:113) 그러나 이른바 더 실질적인 문화를 흉내 내려고, 심도 있는 환상을 만들어 내려고 노력하는, 이런 식의 복잡하게 만드는 행위는 정치적인 삶에서는 엄청난 결과를 만들어 낸다. 책의 이 부분에서 나오는 흉내는 지배자를 흉내 내는 것이 아니라, 다른 반식민운동을 흉내 내는 것이다. 싱이 하는 운동의 수사는 다른 운동들을 흉내 낸다. 딱히 이것이 거짓된 것이라기보다는 너무 일반적으로 말한다는 데 문제가 있다. "우리는 정직한 사람으로서 말한다. 그러나 우리는 빌려 온 어구를 사용했고, 그 어구는 생각으로부터, 현실로부터 도피한 것의 일부였다. 우리는 사람들이 그 현실을 보기를 바랐지만, 정작 우리 자신은 그 현실을 지금 거의 직면하지 않는다. 우리는 무례와 고통을 떠받들었다. 우리는 더 이상 나아가지 못했다."(1967:198) 실질적인 생각이나 행위를 지칭하지 못하고 표면적인 것만을 강조해서 결과적으로 개인적·정치적 파멸에 이른 것이다.

그것은 우리와 같은 스무 나라에서 발생했다. 연기가 심각해지면 차분한 성공의 순간이 온다. 슬픔은 우리의 현실이고, 우리가 아는 것이며, 우리를 성장하게 해 준 것, 우리를 만든 것이다. 우리는 우리의 손쉬운 성공이 어리둥절했다. 왜 누구도 우리에게 숨긴 패를 꺼내 보라고 하지 않았는지 궁금했다. 우리는 우리의 성공이 사기인 것처럼 느껴졌다. 그러나 우리가 시작한 게임에서 후퇴란 없다는 것을 우리가 이해하지 않았더라면, 이 모든 것 중 어느 것도 그만큼 중요하지 않았을 것이다. 그리고 지금은 각자가 혼자이다.(1967:200)

네이폴의 소설은 흉내 그 자체가 문제라고 암시한다. 소설에 등장하는 다양한 인물들이 싱은 이사벨라로 돌아갈 것이라고, 그곳은 낙원이라고, 그곳이 싱의 진실된 정체성의 근원이라고 주장하는데, 싱은 이러한 주장들을 무시해 버린다. 그럼에도 불구하고 다양한 사건들은 이러한 입장이 최소한 일관성이 있다고 말해 주는데, 이러한 일관성은 싱이 정치적 위기에 처했을 때 그를 구할 수도 있었을 것이다. 예를 들어, 작품의 중간에서 주인공은 학창 시절의 어떤 날을 기억해 내는데, 그는 그날에 대해 자기 자신과 논쟁을 벌인다. 그날 그는 선생님에게 사과 하나를 건넸다고 기억한다. 비록 그가 건넨 것이 사과일 리 없다는 것을, 그것은 오렌지였음이 틀림없다는 사실을 알고 있음에도 불구하고 말이다. 그의 기억이 식민화된 것이거나, 아니면 그의 흉내 내기가 너무도 깊이 박혀 있어서 그가 일종의 자기 식민화 과정을 겪은 것이다. '진실'이 이사벨라의 진정한 가치인가? 어느 부분에서 우리는 어린 소녀 싱이 《아리안 사람들과 이민The Aryan Peoples and Their Migrations》이라는 책을 읽고 있는 것을 보게 된다. 비록 이 모습이 자신의 섬으로부터 떨어져 있는 것처럼 보일지 몰라도, 그러한 책들은 싱의 흉내와 함께 나란히 작용하면서 혼란을 통제하고자 하는 어떤 욕구를 암시한다. 그리고 내러티브에 대해, '최초의 역사가의 비전'(1967:81)에 대해 이렇게 강조하는 것, 즉 질서를 부여하는 행위는, 일관성을 확립하고자 흉내를 '통해서' 보는 행위로서 책 '그 자체'(소설, 그리고 싱이 소설 내에서 쓰고 있는 책)에 주목한다. 우리는 라캉을 통해서 이를 생각해 볼 수 있다. 다음과 같은 사실을 떠올려 보자. 라캉에게는 그리고 그를 통한 바바에게는 언어로의 진입이 확고하고 안정적인 자아를 만들어 내는 것으로서, 이는 '어머니'와의 통합을 필연적으로 상실한 것에 대한 보상이다. 싱이 아무리 멀리 '뒤'로 간다고 할지라도, 상실된 통합은 여전히 상실된 채로 남아 있을 것이다. 그리고 내러티브를 쓰는 것은 그 자체가 보상적 행위다. 싱은 자신의 내러티브가 시작한 지점을 돌아보면서 논평으로 결론을 대신한다.

전기난로 때문에 과하게 건조해진 방 안에서, 점점 흰색이 되어 가는 켄싱턴의 지붕들 위에 내리는 눈을 뚫고 보기 위해서, 샤일록 씨의 다락으로 향하는 어두운 계단에 받침대를 다시 만들었던 때로부터 14개월이 지났다. 이것을 다시 만들면서 그 사건은 역사적이고 제어할 수 있는 것이 되었다. 그것은 제자리를 부여받았다. 그것은 더 이상 나를 방해하지 않을 것이다. 그리고 이것은 나의 목표가 되었다. 이 배경의 중심적인 사실에서, 즉 한때 학생으로서 그리고 정치인으로서, 그리고 지금은 피난 온 이주민으로서, 이 도시에 내가 존재한다는 사실에서, 나 자신의 역사에 질서를 부여하는 것, 연속된 내러티브로 인해 내가 도달할 뻔했던 그 혼란을 없애는 것, 그것이 나의 목표가 되었다.(1967:243)

이 소설은 직선적이고 연대기적 순서로 된 내러티브가 아니다. 그래서 똑바로 수평적으로 움직이지 않는다. 이 소설은 수직적인 움직임, 위치의 뒤바뀜, 그리고 분절된 반복이 있는 내러티브이다. 이것은 닮은꼴과 이중성에 대한 소설이다. 이것들이 바바를 매료시킨 이유는 다음 장에서 설명할 것이다. 《흉내》를 바바적인 의미의 흉내에 관한 소설로 만드는 것은 이중성이 드러나는 형식에 대한 강조이다. 비록 내용적으로 메트로폴리스 문화의 진정성과 견고함을 찬양한다는 점에서 이 소설은 네이폴의 다른 작품들과 일치하지만, 그럼에도 불구하고 이 소설에는 형식적 특징이 나타난다. 비록 내용은 이상화되고 견고한 정체성을 향하고 있지만, 형식적인 면에서 이 소설은 일관성과 견고함의 내러티브를 약화시킨다.

'신세계의 흉내 내는 사람들'을 언급하면서 내가 인용한 첫 단락은 바바에 의해서 일종의 배교 행위apostasy(정치적·종교적 신념을 포기하는 것)로 설명되고, 싱은 '역사를 패러디하는 자들'과 같은 반열에 놓이게 된다.(LC: 88) 특히나 아버지의 대중운동과 그것이 역사로 진입하는 것을 묘사하면서(Naipaul 1967:127, 141), 싱 자신의 질서에 대한 욕망은 '미스터리로서의 미스터리'와 충돌하고 그것에 의해서 일종의 아이러니가 되며, 순서가 어긋난 그의 내러티브는 소설이 역사를 흉내 내는 패러디 그 자체가 되는 가장 명백한 방식이 될 뿐이다. 앞에서 한 작가의 정치적 입장이 바바의 입장과 아주 많이 다른 경우에도, 그 작가가 바바의 기획에 중요한 이유를 상세하게 설명했다. 바바는 내가 길게 설명한 것을 매우 압축해서 다룬다. 그러나 많은 비평가들은 네이폴이 바바의 기획에 그토록 쉽게 통합될 수 있는지 의구심을 품는다. 일반적으로 말하면, 바바의 읽기가 자신과 정치적으로 맞지 않는 작가들에 대한 의식적인ritualized 폭로가 되는 경우는 거의 없다. 그는 자신이 읽는 작가들을 좋아한다. 사실, 이러한 애정은 바바가 대다수의 탈식민주의 비평과 거리가 있음을 보여 준다.

반복의 저항 전략, 흉내

 스테레오타입의 구조와 마찬가지로, 바바는 흉내의 구조도 식민지배 권위의 입장에 대한 근본적이지만 불안정한 압박에서 나온다고 말한다. 식민지배 권력이 제 권위를 행사하려면 권력과 함께 일할 수 있는 조력자나 중간 매개자가 있어야만 한다. 그런데 다른 한편으로, 이러한 중간 매개자가 지배자와 약간 과도할 정도로 비슷해 보이게 되면서 우월성의 이데올로기를 잠식한다. 더욱이 일단 닮음과 위협이라는 체계 속으로 들어간 식민 주체는 자기동일성의 권위를 약화시키게 된다. 다른 곳에서 반복 가능한, 흉내 내는 자로서, 식민지배 권위는 처음부터 제 자신과 분리된 것처럼 보인다. 네이폴에 대한 바바의 관심은 어떻게 이러한 분리 현상이 겉으로는 거대하고 일관성 있어 보이는 정체성과 이데올로기에서 발견되는지를 보여 준다.

 더 나아가서, 흉내는 결과적으로 겉보기에는 명백하게 안정적이고 독창적인 지배자의 정체성을 약화시킨다. 누구나 '거의 백인이지만 정확히 그렇지는 않을' 수 있다는 사실은 어느 누구도 정확히 백인일 수 없음을 암시한다. (파농 또한 주장하는 것인데) 흑인성이나 백인성에 대해 어떠한 '사실'도 없다. 그리고 이것은 피지배자보다는 지배자에게 더 파멸과 같은 깨달음이다. 식민지배자의 정체성은 끊임없이 미끄러져 나가면서 글쓰기와 농담, '교활한 공손함', 그리고 반복이 갖는 효과에 잠식당한다. 이러한 효과들은 원칙적으로 모든 발화 행위에도 존재한다. 이는 시각적 요소가 있는 식민지배의 시나리오에서는 특히나 중요하다. 마지막으로 이러한 효과들은 분명히 무의식적이다. 그러나 동시에 저항의 전략이 될 수 있으며, 직접적이고 명백한 행위와 함께 작용할 수 있다. 흉내는 암암리에 행위주체에게 출구를 제공하며, 심지어 모델까지 제공한다.

| 제 5 장 |

기괴한 낯섦

Homi
K. Bhabha

식민지배의 괴상한 닮은꼴 관계

이 장에서는 바바가 탈식민적 경험이 지닌 특징을 보여 주고자 '기괴한 낯섦the uncanny'이란 개념을 사용하는 이유를 설명할 것이다. 이전의 두 장에서 요약된 스테레오타입과 흉내에 대한 바바의 이해가 이 설명의 근거가 된다. 3장에서 지배자는 자신에게 자신의 권위를 확인시켜 주기는커녕 자신의 정체성의 핵심에 놓인 불안을 가리키는 괴물스러운 스테레오타입을 만들어 낸다는 것을 살펴보았다. 4장에서는 이러한 불안은 피지배 주민들로 하여금 중복 또는 반복의 전략인 흉내를 통해서 식민지배 권위에 저항하게끔 해 준다는 것을 설명했다. 바바는 자신의 저작이 가진 이 두 측면을 가지고 지배자와 피지배자 모두 관련되어 있는 식민지배의 정신 체계에 대한 전체 그림을 제공한다. 정신분석학에서 가져온 '기괴한 낯섦'이라는 개념은 바바가 이러한 괴상한 닮은꼴의 관계를 설명하는 중요한 방식이다. 이미 암시했듯이, 정신분석학적 개념을 사용하는 것은 바바 저작의 핵심적인 특징이다. 이는 탈식민주의 비평 자체가, 서구로 하여금 세계의 그토록 많은 부분을 지배하도록 한 억압된 개념 및 역사들을 분석하는 데 초점을 둔 기획이기 때문이다.

바바가 볼 때, 탈식민주의 비평은 근대국가의 변두리에서부터 이러한 분석을 수행한다. 근대국가의 변두리는 겉보기에는 안정적인 근대 일반의 정체성을 바라보는 특별한 관점을 제공한다. 근대국가의 변두리를 피지배자가 된 민족들과 마찬가지로 낭만화하는 것은 안 된다. 그러나 그 변두리는 근대성이 지닌 거대 서사에 대한 우리의 유연하지 못한 생각을 변화시키는 강력한 자원을 제공한다. 양가성을 가진 이러한 변두리는 근대의 입장에서는 묻힌 채로 있기를 원하는 역사들에 대한 기괴하고 낯선 메아리다. 프로이트에 따르면, 그러한 욕망은 기괴한 낯섦의 중심적인 특징이다. 억압된 어린 시절의 경험이 되살아나서 우리의 일상적인 존재를 혼란스럽게 만들 때가 있는데, 프로이트는 이때 우리가 갖게 되는 느낌을 설명하는 데 이 개념을 사용한다. 바바는 개인의 어린 시절과 근대 서구 역사의 시작을 비교한다. 두 경우 모두 무엇인가가 억압되어 있으나 필연적으로 문명이라는 얇은 판을 뚫고 나온다는 점에서 동일하다. 바바는 다시 한 번 서구를 한 명의 환자로 분석하여 이 질병에 대한 치유법을 찾게 된다.

과거를 반복하기

우리가 다루어야 할 첫 번째 질문은 탈식민주의 관점에 주어진 특권에 관한 것이다. 식민지배 상황에서는 불안과 양가성의 표시들이 피지배 행위주체들에게 권력을 준다. 물론 피지배 행위주체들은 어쩔 수 없이 식민지에서 살아야 한다. 식민지배는 그냥 손을 떼게끔 내버려 두지 않는다. 이주 경험은 약간 달라 보인다. 그 이유는 대개 모든 이주민들이 어쩔 수 없이 이동해야 하는 것은 아니기 때문이다. 어떤 경우에는 이주가 신분적인 상승을 의미하기도 한다. 따라서 일반화된 이주 경험을 이야기하는 것은 매우 다른 경험들을 한데 묶어 버리는 것이며, 여기에는 신중한 설명이 필요하다. 이 장에서는 바바가 왜 그런 일반화를 시도하는지 그 이유를 설명할 것이다.

바바가 이 개념에 그토록 많은 힘을 부여하는 이유 중 하나는 본인의 경험, 즉 자서전적 이동 중에 생긴 어떤 일 때문이다. 전 세계를 돌아다니는 바바는 인도 뭄바이에서 옥스퍼드로, 다시 브라이튼에서 시카고로 옮겨 다녔으며, 지금은 미국 보스턴에 있다. 중요한 것은 그의 개인적인 이동만이 아니다. 파르시Parsi로서 그가 경험한 바도 중요하다. 전 세계적으로 16만 명 정도 되는 파르시는 인도에서는 소수민족에 속한다. 그들은 8세기경 페르시아에서 무슬림의 박해를 피해서 이주해 나왔다.(Luhrmann 1996 참조) 바바가 자신의 기원에 대해서 논의하면서 고정된 종족적 정체성을 주장하지 않는다는 사실이 중요하다. 이는 파르시인들 자체가 혼종적이고 국가를 초월한 집단이기 때문이다. "근대에 대해서 파르시인들은 전반적으로 초국적인 경험을 가지고 있다. 그러한 경험들이 처음에는 영국의 식민지배로 매개되었고, 나중에는 상업과 금융 관련 사업과 관련된 기질을 통해서 발전되었다. 서구 문화라는 문제에 대해서는, 종종 '동양의 유대인'이라고 불린 파르시 중산층은 직업정신과 박애정신이라는 부르주아 윤리를 수용하려 했고, 서구의 고급문화에서 인정을 받으려고 노력했다."(JA: xv)

파르시인들은 항상 이동하고 번역해 왔고, 교역을 위해 식민지배의 언어를 사용했다. 그래서 혼종적인 정체성을 가지게 되었는데, 이러한 혼종적 정체성은 어느 곳에서나 고향처럼 편안하게 있을 수 있는 기괴하면서도 낯선 능력을 특징으로 하는 것이다. 그런데 이 능력은 절대로 고향을 갖지 못하는 짐이 될 가능성이 항상 있다. 바바는 기괴하고 낯섦이 또한 고향에 있지 않음unhomely이기도 하다는 점을 암시한다.(WH: 144) 이는 코스모폴리타니즘cosmopolitanism으로 연결된다. 좀 더 구체적으로 말하면, 바바가 '지역vernacular' 코스모폴리타니즘이라고 부른 것인데, 이것은 '고향을 외지로 아니면 외지를 고향으로 살아가는 방식'을 열어 준다.(CM: 587) 그러나 고향이 없다는 것이 은유적이기도 하지만 실질적이기도 하다는 것을 잊어서는 안 된다.

바바는 '기괴한 낯섦'이라는 개념으로 이러한 균형을 불러일으킨다. 일례로 〈민족의 산포DissemiNation〉 거의 첫 부분에 나오는 단락을 보자.

나는 사람들이 흩어지는 순간을 살았다. 다른 이들의 나라에서, 다른 때에 다른 장소에서, 그 순간은 모이는 시간이 된다. 추방당한 자들, 망명한 자들, 피난자들의 모임. '외국' 문화의 가장자리에서의 모임. 변경에서의 모임. 게토나 도시 중심의 카페에서의 모임. 외국어 또는 다른 이의 언어에 대한 기괴하고 낯선 유창함이 주는 온전치 못한 삶과 온전치 못한 빛 속에서의 모임. 학위들, 담론들, 학문들, 즉 승인과 인정의 기호들 모으기. 저개발의, 소급해서 살아 본 다른 세상들에 대한 기억들을 모으기. 재생의 의식ritual에서 과거를 모으기. 현재를 모으기. 덧붙여서 계약노동으로, 이주로 인해, 인턴 계약으로 이산離散된 사람들 모으기. 죄를 만들어 내는 통계, 교육적 업무 수행, 법적 지위, 이민 상태의 모임. (LC: 139)

바바는 일련의 친숙한 개념들을 통해서 기괴하고 낯선 이주의 경험을 불러일으킨다. 첫 번째로, 이 경험은 마치 식민적 정체성이 지니는 부분적 존재처럼 온전치 못한 삶이다. 두 번째로, 이주의 경험은 출신 국가에서 살았던 삶을 반복한다. 그러나 이러한 반복은 똑같지 않아서 차이와 변형을 보여 준다. 더 나아가, 이러한 반복 속에서 드러나는 차이는 과거의 삶을 되살리는, 그리고 현재 속에서 그 삶이 살아 있게 만드는 방식이다. 그런데 이러한 중복과 반감半減의 모습은 식민 피지배자의 경험뿐만 아니라, 이주민의 경험을 특징지우기도 한다. 이 단락은 첫 번째 단어들이 암시하듯이 자서전적이기도 하면서 문학적 퍼포먼스이기도 하다. 왜냐하면 자신이 묘사하는 닮은꼴을 스스로가 규정하기 때문이다. '다른 이의 언어에 대한 기괴하고 낯선 유창함'이라고 하는 것은 무엇을 의미하는가? 누구에게 그것은 기괴하고 낯선가? 식민적 정체성이 흉내로 인해 그 확고한 근거를 잃어버리는 것처럼, 그 언어를 말하는 자와 그 언어가 명백히 모국어인 나머지 사람들에게 모두 기괴하고 낯선 것이다. 모국어임과 모국어가 아님은 혼란스럽게 되고 이중적으로 된다. 여기에서의 이중성은 성가신 존재가 될 수도 있다. 왜냐하면 이 단락의 중심 부분에 등장하는 인정받은 이주민들의 모습은, 나중에 생각이 난 것 같은, 마지막 문장에서 기억난 수백만의 빈곤한 이주민들과 거리가 있어 보이기 때문이다. 이러한 거리는 해외 이주가 다양한 모습으로 나타날 수 있다는 사실을 떠올리게 한다. 해외 이주는 형이상학적 이상, 즉 긍정적인 코스모폴리탄 정체성이 될 수 있다. 그러나 해외 이주라는 것은 단순한 은유를 넘어서는 것이라서, 많은 사람들이 더 부정적인 방식으로 경험하기도 한다.

따라서 해외 이주의 긍정적인 면을 얘기할 때에는 신중해야 한다. 기괴하고 낯섦이라는 개념은 그 자체로 양가적이고, 바바의 저작 전체를 통해서 많은 맥락에서 사용된다. 식민지배 권위와 그 모습에서 드러나는 모든 주저함, 불확실성, 양가성이 기괴하고 낯섦이라는 관점에서 특징지워진다. 예를 들어, 바바는 헨리 제임스Henry James의 소설을 읽으며 가정적 영역과 역사적 영역이 서로 침범하며, "기괴하고 낯설게도 개인적인 것과 공적인 것이 서로의 일부가 된다"고 말한다.(LC: 9) 또는 바바가 존 스튜어트 밀을 자기 방식대로 읽은 부분으로 돌아가 보면, 그는 "반복하는 모습에서 민주주의 자체의 기괴하고 낯선 이중성이 나타난다"고 주장한다.(LC: 96) 마지막 예를 들어 보자. 바바는 푸코의 진술 개념을 논의하면서, "나의 관점에서 반복가능성이라는 것은 항상 발화 행위 그 자체 내에서의 반복이다. 이러한 반복은 원래의 것과는 다른 무언가이며, 어느 정도 기괴하고 낯선 차이다"라고 말한다.(LC: 131) 사실, 두 번째와 세 번째 예에서 2장에서 설명한 논리적 구조 역시 기괴하고 낯선 것으로 설명될 수 있음을 알 수 있다. 즉, 정치적 주체 내에서의 분열, 그리고 새로운 맥락이 진술의 의미를 바꾸는 방식도 기괴하고 낯설다는 의미다.

이제 바바의 저작에 담긴 모든 것이 약간은 기괴하고 낯설어 보이기 시작한다. 그리고 이러한 현상은 부분적으로는 이 용어가 문화 이론 내에서 가진 일반적인 효용성 때문이다. 이 일반적인 효용성을 설명하고자 지그문트 프로이트가 이 용어를 사용한 방식을 살펴볼 것이다. 또한 유럽의 정체성과 이민이라는 문제에서 영감을 받아 프로이트의 통찰을 정치적인 방향으로 발전시킨 정신분석 문학비평가인 줄리아 크리스테바Julia Kristeva가 사용한 방식도 살펴볼 것이다. 이 작가들은 기괴하고 낯섦이라는 개념을 자기들만의 방식으로 사용하여, 혼종적이고 탈식민적인 관점에 대한 바바의 생각에 영감을 불어넣었다.

기괴한 낯섦의 정의

'기괴하고 낯섦'이란 개념은 일상생활에서 흔히 사용되지만, 수수께끼와 같은 말이다. 프로이트가 논의한 'Das Unheimliche'는 '집이 아닌 듯한 낯섦' 혹은 이상하지만 뜻하는 바가 있는 '오갈 데 없음'으로 번역된다. 프로이트의 고전적인 에세이인 〈기괴하고 낯섦'에 관한 노트〉는 독일어의 사전적 정의로부터 시작한다. '기괴하고 낯섦'이라는 말은 독일어 용어를 번역한 것이지만, 어느 쪽으로도 번역이 직접적이거나 수월하지 않다. 옥스퍼드 영어사전 축약본에는 1596년부터 쓰이기 시작한 스코틀랜드와 북쪽 지방의 방언이라고 되어 있다.

> 1. 장난기 많은; 부주의한; 믿을 수 없는, 방언 2. 초자연적인 요소로 인해 신뢰할 만하지 않거나 불안함을 불러일으키는; 불편할 정도로 이상하거나 친숙하지 않은; 알 수 없을 정도로 악을 암시하는 1773. 3. 위험한, 안전하지 않은, 방언. 1785.

이 정의는 '기괴한 낯섦'이라는 말과 관련된 논의를 다수 빠뜨리고 있다. 무엇보다 많은 작가들이 주목한, 독일어에 포함된 의미의 이상한 역전 현상들이 빠져 있다. 옥스퍼드 사전의 정의들은 현명함, 약삭빠름, 존경받을 만함 등등과 직접적으로 반대되는 것으로 '기괴한 낯섦'의 범위를 정하고 있다. 물론 현명함이 곧 친숙함이나 선함을 가리키지는 않는다. 편안함이 총명함을 말할 수도 있다.(원서에는 'the canny'라고 나와 있다. the uncanny 라는 단어를 한글로 옮기기 힘든 만큼 the canny도 옮기기 힘들다. 문제는 the uncanny는 '기괴한 낯섦', '두려운 낯섦' 등 학계에서 일반적으로 합의한 번역어가 있는데 반해 the canny는 그렇지 않다는 점이다. 영어에서는 단순히 'heimlich'의 번역어로도 쓰이면서 동시에 영어 자체의 뜻도 있으니 전달하기가 더 어려울 것이다. 그래서 이 책에서는 독일어 번역인 '친숙함'의 의미와 영어 자체의 뜻인 '기분 좋은', '상쾌한', '총명함' 등의 뜻으로 문맥에 맞춰 번역한다.—옮긴이) 그러나 이것은 여전히 조금은 낯설고, 확실히 의심할 만하다. 그래서 앞선 정의들은 여전히 독일어에서 발견되는 다양한 의미들, 최소한 프로이트가 발전시킨 의미들을 암시한다. 프로이트는 다음과 같은 정의를 제시한다. "기괴하고 낯섦이라는 것은 한때 잘 알려지고 오랫동안 친숙해진 것으로 돌아갈 때 생겨나는 그런 종류의 공포이다."(2003:124)

사실 프로이트는 앞서 요약한 '긍정적'인 정의와 '부정적'인 정의를 거의 동등한 것으로 취급한다. 기괴한 낯섦이라는 것은 자기 관찰과 자기 객관화를 통해서만 분석할 수 있는 어떤 것이다. 그러나 정신분석학 일반과 마찬가지로, 기괴한 낯섦이라는 것은 우리가 직접적으로 통제하거나 접근할 수 있는 어떤 것이 아니다. 이 감정은 본질적으로 오래되고 친숙한 것이 비자발적으로 되살아나는 것이다. 이 비자발적 특징이 암시하는 바는, 기괴한 낯섦이라는 감정이 숨겨진 채로 있는 편이 더 낫다는 것이다. 우리를 찾아 다시 돌아오는 것은 우리가 다시는 직면하고 싶지 않은 어떤 것이라는 의미다. 기괴한 낯섦이라는 것은 프로이트가 '반복 강박repetition compulsion'이라고 부른 것과 그 의미가 비슷하다. 반복 강박이라는 것은 마음이 정신적 상흔을 남긴 경험을 반복하여 처리하는 방식을 가리킨다. 그래서 기괴한 낯섦이라는 감정은 죄의식으로 가득 찬 과거를 가지고 있을 때 생긴다. 이러한 과거는 피하고 싶어도 대면해야만 하는 것이다.

프로이트는 기괴한 낯섦이 작동하는 방식을 구체적으로 설명한다. 그가 보기에, 모든 억압은 필연적으로 불완전하다. 그래서 모든 과거는 언제나 현재로 금방이라도 터져 나오려고 한다. 정신분석학에서 과거의 믿음과 경험의 흔적은 마음속에 남아 존재한다. 프로이트는 기괴한 낯섦이 우리가 원시적인 믿음(예를 들어, 텔레파시나 유령)으로 가정하는 것들에 대한 억압에서 나온다고 주장한다. 우리는 그러한 믿음을 겉으로는 극복했다. 그러나 이러한 과정은 항상 불완전한 채로 남아 있다.

기괴한 낯섦의 감정이 발생하는 다음과 같은 조건들을 택해 보자. 생각의 전능성, 욕망의 순간적인 실현, 숨어 있는 해로운 힘들, 죽은 자들의 돌아옴. 이러한 것들이 두려운 낯섦의 감정을 발생시키는 조건들이라는 것은 부인할 수 없다. 그런데 우리는 (혹은 우리 인류의 조상들은) 이미 먼 옛날에 이 가능성들을 실재하는 것으로 여겼고, 그 실현 과정도 현실에서 그대로 볼 수 있다고 믿었다. 오늘날 우리는 이런 것들을 더는 믿지 않는다. 우리는 이러한 사고방식을 극복한 것이다. 그러나 이 새로운 믿음을 우리가 확신하고 있는 것은 아니다. 옛날의 것들은 입증받기만을 기다리며 그대로 우리 가슴속에 살아 있다. 한쪽으로 제쳐 놓았던 옛날의 믿음들이 사실로 입증되는 어떤 일이 일어나자마자 우리는 기괴한 낯섦의 감정을 갖게 된다.(2003:154)

모든 현재의 정체성은 그 자체로 충분한 것처럼, 즉 어린아이 같은 믿음이나 집착 같은 불필요한 요소들을 모두 없애 버린 것처럼 보인다. 어른이 된 우리는 자아에 대한 제대로 된 의식에 도달했다. 그러나 프로이트는 자아가 이러한 '부적절한' 특징들, 특히 어린 시절의 특징들을 결코 제거할 수 없다고 주장한다. 기괴한 낯섦이나 부적절함이라는 것은 심리적인 경험의 토대 속으로 들어오게 되고, 겉보기에 가장 적절한 것 속에 부분적인 존재로 남아 있다. 프로이트는 실제 기괴하고 낯선 경험은 제외시키고, 문학작품에 나타난 예에 집중한다. 그러나 기괴한 낯섦의 구조는 일반적인 정신분석의 구조와 매우 유사하여 이 개념을 실제 사건이나 개인, 제도를 설명하는 데 적용할 수 있다. 그래서 바바가 크리스테바처럼 기괴한 낯섦을 폭넓게 사용하는 것이 범주상의 실수를 저지르는 것은 아니다. 왜냐하면 프로이트의 텍스트는 정치적·윤리적 일반화에 열려 있기 때문이다.

요약하자면, 프로이트에게 기괴한 낯섦은 그 자신의 정반대를 포함한다. 만약 편안한 것이 고향 같은, 즉 고향에 가까운 것이라면, 그것은 고향 같지 않은 것, 매우 친숙하지 않은 것으로 바뀔 경향이 있는 것이다. 친숙하지 않은 것은 당연히 우리의 것이라고 생각하는 것에서 소외감을 느끼게 하고 우리를 멀어지게 한다. 보통 소외감이라는 것은 일종의 문제로 여겨지기 쉽다. 그러나 만약에 이것이 모든 경험의 일부인 어떤 것이라고 한다면, 심지어 우리로 하여금 우리의 정체성을 재평가하도록 영감을 불어넣는 어떤 것이라면, 우리는 소외를 하나의 기회로 이해할 수 있다. 다른 말로 하면, 기괴한 낯섦은 우리가 어떻게 현재의 우리가 되었는지를 다시 생각하게 하는 공간을 열어 준다. 바바가 문화의 기괴한 낯섦을 논의하는 〈고대의 것을 분명히 말하기Articulating the Archaic〉를 비롯한 많은 에세이에서 발전시키는 것이 바로 기괴한 낯섦이라는 느낌이다.

> 문화는 친숙하다. 그 자신의 학문적 일반화가 있고, 모방적 내러티브가 있으며, 동질적인 텅 빈 시간이 있으며, 연속성, 진보, 관습, 그리고 일관성이 있다. 그러나 문화의 권위는 친숙하지 않기도 하다. 왜냐하면 구분이 되려면, 의미를 지니려면, 영향력을 가지고 동일화를 할 수 있으려면, 문화는 번역이 되어야 하고, 산포散布되어야 하며, 구별이 되어야 하며, 학문 간, 텍스트 간, 민족 간, 인종 간의 상호 소통 가능성이 있어야 하기 때문이다.(LC: 136-7)

문화는 이중적 정체성을 지니고 있어서 식민지배 담론과 비슷하다고 할 수 있다. 한편으로 문화는 친숙하고 사실적이라서 일관성과 안정성을 주장한다. 거기에 속한 사람들에 의해서 의미 있는 것으로 만들어진다. 다른 한편으로 문화는 친숙하지 않다. 왜냐하면 문화는 항상 변하기 때문이다. 그것은 명백히 거기에 속하지 않는 사람들에 의해서 의미 있는 것으로 만들어진다. 이런 이중적 정체성으로 인해 문화는 결코 일관성도 없고 자기 충족적이지도 않다. 문화의 내러티브는 안정적이고 자기 확신이 강한 것처럼 보이지만, 그것은 항상 위치가 바뀐 이상한 관계 속으로 끌려 들어간다. 예를 들어, 프랑스 문화는 일관성이 있어 보이는 그것만의 서사를 가지고 있다. 그렇지만 프랑스 문화는 다양한 방식으로 타자들의 문화에 의존한다. 그것은 미국이나 독일 문화 아니면 프랑스 문화 내의 소수 문화가 될 수도 있다. 이 단락은 다음 장들에서 논의되는 민족과 문화적 권리에 대한 바바의 입장을 작동시키는 관점을 소개한다. 또한 이주민이 어떻게 문화의 이런 이중적 속성을 예증할 수 있는지를 보여 줄 것이다. 이주민은 항상 원래 문화와 새로운 위치 둘 다와 연관되어 자리하기 때문이다. 이제 이주 경험이 주는 은유와 실제에 대해 논의할 차례이다.

이주의 경험

오늘날 수많은 이주민들이 점점 더 빨리 증가하고 점점 더 지구를 돌아다니고, 아무리 문제적으로 조직되고 변상하게 되더라도 돈을 위해서라면 100미터라도 이동하는 걸 마다하지 않는다. 더욱이 수백만 명의 이주민들이 박해를 피해서 이런저런 방식으로 피해 다니면서, 다른 방식으로 강요된 이주를 경험한다. 유엔난민고등판무관사무소(UNHCR)의 통계 자료에 따르면, 2003년 초 이 사무소의 판단에 맡겨진 이주민 수가 2천만 명에 이르렀다. 이주 사실과 경험은 핵심적인 전 지구적 현상이다. 이런 이주 현상의 많은 부분은 여행과 교역, 그리고 식민지배라는 오래된 역사와 모종의 연관성이 있다. 따라서 식민지배에 대한 모든 이론은 그 영역을 현재까지 확장시켜 이주의 문제를 해결해야 한다.

바바에게 이주의 경험은 소속감과 정체성이라는 오래된 개념들, 특히 민족주의적 개념들을 보충대리하는 것으로 보인다. 〈불안한 민족, 신경질적인 국가Anxious Nations, Nervous States〉에서 바바는 이렇게 말한다. "민족주의적 열망은 시민성의 가치를 다양한 형태의 종족적 분리주의로 바꾸었다. 공동체 의식은 분파주의의 위기로 바뀌었다. 시민권은 고향의 집이라기보다는 점점 더 자주 이주, 망명, 이산, 문화적 추방을 경험하는 계기가 된다."(AN: 202) 그리고 바바는 뜻밖에도 이러한 복잡한 사안들을 '기괴한 낯섦' 개념으로 설명한다. 기괴한 낯섦은 이러한 사안들을 설명하는 데 도움을 주는데, 그 이유는 이주민의 기괴한 낯선 경험이 우리에게 일종의 교훈을 제공하기 때문이다. 그러나 이주자의 경험을 근대 세계의 중심적인 경험으로 만들고 싶은 유혹을 느낀다면, 전 세계의 모든 이가 똑같은 이유로 움직이는 것도 아니고 모든 이가 이동하는 것도 아니라는 사실을 기억해야 한다. 대중매체 이론가인 데이비드 몰리David Morley는 《고향의 영토Home Territories》에서 이 점을 지적하며 '선택에 의해서건 강제적인 환경에 의해서건 상관없이, 머물러 있는 사람들의 광활한 영역'이 있음을 상기시킨다.(2000:13–14) 전 세계를 둘러싼 이동성과 정착성은 따로 떨어져 있는 것이 아니다. 이 둘 사이에는 조심스러운 이론적 작업을 필요로 하는 미묘하게 균형 잡힌 연관성이 있다.

바바가 파농과 변증법을 논하면서 암시하듯이, 어떠한 이론도 이론의 일반화에는 신중해야 한다. 각각의 문맥이나 역사의 구체적인 사항들에 주의를 기울여야 한다는 것이다. 그래서 인류 전체를 이주민으로 생각해서는 안 된다. 왜냐하면 이런 식의 사고는 아주 많은 사람들이 이동하려고 하지도 않고 이동할 수도 없다는 사실을 무시하기 때문이다. 기괴한 낯섦이라는 개념은 바바로 하여금 다음과 같은 가능성을 생각하도록 만들었다. 즉, 이동하지 못하도록 강제된, 이 마지막 부류의 사람들이 고향과 맺는 관계가 실제로는 이주민이 고향과 맺는 관계와 비슷하다는 것이다. 이러한 생각은 모순되어 보이지만, 이러한 유사성이 붕괴되어 동일성이 되지 않는 한 의미가 있다. 예를 들어, 《기괴하고 낯선 호주Uncanny Australia》에서 켄 겔더Ken Gelder와 제인 제이콥스Jane M. Jacobs는 이 땅의 토착 원주민의 경험에 대해 논의한다. 이 땅은 그들의 것이기도 하고 유럽 식민지배의 결과로 그들의 것이 아니기도 하다. 땅과 특별한 관계를 맺은 것에 축제를 벌이기도 하면서 동시에 그들은 인종주의적 추방과도 맞서야 했다. 이러한 예는 기괴한 낯섦이라는 것이 분주하게 이동하는 사람들뿐만 아니라, 땅에 묶인 사람들의 경험을 이해하는 데 도움을 준다. 각각의 경우에서 기괴한 낯섦은 피지배자의 경험을 호소력 있게 설명해 준다.

그러나 바바는 기괴한 낯섦이 지배자의 고향같이 편안한 느낌에 적용되었을 때 더 큰 힘을 발휘한다고 본다. 이 개념은 겉으로는 독립적이고 자기 충족적으로 보이는 식민지배의 근거로서 꼭 필요한 외부성을 탐구하는 데 사용된다. 몰리는 '우리 자신과 다른 사람들 속에서 환원시킬 수 없는 타자성의 존재'에 대해 말한다.(2000:265) 그는 자신의 책이 추구하는 바를 다음과 같이 밝힌다. 그것은 "이상적 고향과 공동체라는 진보적인 개념으로서의 고향"이며, "효과적으로 작용하고자, 본질적으로 그 자신의 내적으로 일관된 자기 정체성을 위협하는 모든 형태의 타자성을 배제하는 것에 의존하지도 않는다."(2000:6) 그러한 정체성이야말로 바로 바바가 관심을 가진 것이다. "고향은 방향 상실과 재배치 모두의 영역이다."(HH: 12) 앞으로 보여 주겠지만, 모든 고향이 성城은 아니며, 누군가를 받아들이면서 잃는 만큼 얻는 법이다.

'스스로에게 낯선 우리'

많은 저술가들이 기괴한 낯섦에 대한 프로이트 식의 이해를 이용해 왔으나, 바바의 저작에 가장 관련이 깊은 저술가는 줄리아 크리스테바이다. 그녀의 저술 중에서도 《스스로에게 낯선 우리 Strangers to Ourselves》는 프랑스 내 이민에 대한 논쟁에 개입한 것이다. 정신분석학에는 기괴한 낯섦을 이성의 구조 속으로 타자성을 삽입하는 것이라고 보는 견해가 있는데, 크리스테바는 문명의 필수적인 부분으로서의 타자성에 대한 프로이트의 생각을 확장시킨다.

> 프로이트에게 …… 기괴하고 낯선 존재인 타자성은 이성 그 자체의 고요함 속으로 기어 들어온다. 그것은 광기, 아름다움, 또는 신앙에 국한되지 않은 만큼 종족이나 인종에 상관없이, 생물학이 보여 주는 이질성을 포함하여 다른 논리들로 낯설게 된, 말하는 존재인 우리를 괴롭힌다. 그래서 우리는 우리 스스로에게 외부인임을 알게 되고, 우리가 타자들과 함께 살려고 시도할 수 있는 것도 타자성이 제공하는 도움이 있어서이다.(Kristeva 1994:170)

프로이트에 따르면, 심지어 우리의 신체도 우리에게 낯선 존재이다. 우리가 생물학적 충동을 억누르려 해도, 우리의 신체는 그러한 충동에 응답한다. 외부성이라는 것은 어떤 특정 집단에 국한된 것이 아니다. 다른 집단들이 함께 살아갈 수 있는 가능성은 이러한 일반적인 진실을 받아들일 수 있는지 없는지에 달렸다.

그래서 크리스테바의 책은 정신분석학에서 윤리적인 원칙을 찾는다. 프로이트는 항상 주장하기를, 진료를 통한 개인에 대한 치료는 문명 일반의 변화에 관련된 것이라고 했다. 다른 말로 하면, 정신분석학이 개별적인 치료 행위로 보일지 모르지만, 그것이 상정하는 가정과 진행되는 절차는 더 일반적이고 정치적인 입장을 생산해 내는 데 도움을 줄 수 있다는 것이다. 이러한 암시는 크리스테바의 책에 분명하게 나와 있고 바바의 생각과 우연히도 일치한다. 우리가 민족과 같은 집단 정체성을 분석할 때, 우리는 민족을 가지고 그 병폐를 치료하거나 민족으로 하여금 다시금 전체가 되었다고 느끼게 만들려고 하지 않는다. 이러한 분석은 모든 민족이 항상 변화의 과정 중에 있으며, 그런 이유로 항상 새로운 문화적 정체성과 형태에 열려 있음을 밝

줄리아 크리스테바 Julia Kristeva(1941~)는 불가리아 출신의 정신분석학자이자 철학자로 1960년대부터 파리에서 활동하고 있다. 비록 가야트리 차크라보르티 스피박 Gayatri Chakravorty Spivak이 크리스테바의 페미니스트적 전망이 지닌 인종 중심주의를 신랄하게 비판했지만(스피박은 크리스테바의 《중국 여성 About Chinese Women》(1977)이 서양 여성들이 위기를 처리하는 데 중국 여성이 도움을 줄 경우에 한해서만 중국 여성에 관한 책이라고 비판했다.), 탈식민 비평가들은 그녀의 저작에서 생산적인 요소를 발견해 낸다. 크리스테바의 저작은 매우 다양하다. 바바는 특히 두 가지 갈래에 대해 논의한다. 프로이트에 대한 그녀의 정신분석학적 글쓰기는 최근 민족주의와 이주에 관한 탐구로 향하는 경향이 있다. 그래서 개인적이건 공동체적이건, 자아의 중심에 항상 위치해 있는 외부성을 강조한다.(예를 들어, 《스스로에게 낯선 우리》(1991)와 《유럽 주체의 위기 Crisis of the European Subject》(2000)가 있다.) 크리스테바의 정신분석학적 철학은 유럽 정체성에 대한 현대적인 개념과 연관되어 있고, 유럽연합(EU)이 확장되는 시기에 실질적인 의미를 갖는다. 그것은 우리의 정체성을 기괴하고 낯설게 다룬다. 바바의 관심을 이끌어 낸 두 번째 요소는, 논문 〈여성의 시간 Women's Time〉에 나온다. 이 논문은 단선적인 시간인 역사의 시간과 구분되는, 모성적인 것과 반복과 관련된 순환적인 그리고 기념비적인 시간을 다룬다. 이러한 구분에도 불구하고, 크리스테바는 두 가지 형태의 시간을 함께 생각할 수 있는 실천적이고 이론적인 방식을 인정한다.

힌다. 이러한 열린 특성을 강조해야만 일관된 민족적 정체성에 대한 견고하지 않아도 현실적인 생각을 유지할 수 있다.

다만, 일관성을 정지성being static과 동일시해서는 안 된다. 예를 들어, 프랑스는 새로운 문화적 형태들을 프랑스 문화 속으로 동화시키려고 해서는 안 된다. "정신분석학은, 화해할 수 없는 존재들에 대한 존경의 윤리를 향한, 타자와 자신의 낯섦 속으로의 여행으로 경험된다."(1994: 181-2) 여기서 중요한 단어는 바로 화해할 수 없음이다. 우리 모두 외부인이라는 말은, 우리가 다 정확히 똑같다는 말이 아니라 한 문화 속으로 동화되라고 요구할 수 없다는 뜻이다. 우리 모두가 외부인이라는 것은, 우리가 타자성을 다른 집단에 부여할 수 없고 그들의 행위나 정체성을 규정할 수 없다는 말이다.

다른 말로 하면, 내가 나 자신에게 얼마나 낯선 존재인지를 아는 것은 나로 하여금 (최소한) 다른 사람들의 이상한 모습을 용인하는 데 도움을 준다. 이러한 낯섦이라는 것은 나 자신의 정체성을 위협하는 것으로 간주되기 쉽다. 사실, 자아와 타자의 관계는 기괴하고 낯선 관계이다. 크리스테바는 언제나 이미 자아 속에 존재하는 타자성을 묘사한다. 크리스테바는 기괴하고 낯섦은 처음부터 모든 주체를 따라 다닌다고 주장했다. 그러나 이 느낌이 자아와 타자로 세계를 나누는 방식으로 전환될 수는 없다. 이 느낌에 근거해 진정으로 속해 있는 사람들과 속하지 않는 외부인을 구분할 수 없다. 정신분석학은 우리가 모두 외부인이라는 사실을, 심지어는 우리 자신에게도 외부인이라는 사실을 보여 주기 때문에 애초에 외부인에 대해 말하는 것 자체가 불가능해진다. 이러한 관점은 추상적이고 철학적으로 들릴지도 모르지만, 크리스테바는 이 관점이 정치적이라고 주장한다.

> 외부인이 내 안에 있다. 그래서 우리는 모두 외부인이다. 내가 외부인이라면, 아무도 외부인이 아닌 것이다. 그래서 프로이트는 외부인에 대해서 말하지 않는다. 정신분석학의 윤리는 정치학을 암시한다. 그것은 새로운 코스모폴리타니즘과 관련이 있다. 정부와 경제와 시장을 가로지르는 이 코스모폴리타니즘은 인류에 이로운 효력을 발휘할 것이다. 그리고 이 인류의 연대는 갈망하고, 파괴적이고, 두려워하며, 텅 비어 있고, 불가능한 자신의 무의식에 대한 의식에 근거해 있다.(1994:192)

전 세계의 망명 신청자들이 증명하듯이, 다른 사람들과의 관계에서 외부인이 된다는 것은 분명히 구별된다는 것을 의미한다. 그러나 만약에 우리가 모두 외부인이라면, 모든 민족을 규정짓는 외부성이라는 일반적인 특징을 논하는 것이 가능해진다. 이러한 일반적인 특징은 적어도 외부인이라고 여겨지는 사람들에게는 관용의 가능성을 열어 준다. 그러한 관용적인 관점이 논의의 목적이 될 수는 없다. 정신분석학은 직접적으로 정치적 담론이 아닌 만큼 실천적인 보충이 필요하다. 문화적으로 특수한 실천을 정신분석학만큼 일반적으로 적용시킬 수 있는지에 대한 논쟁이 여전히 있음에도 불구하고, 크리스테바의 확신에 찬 발언은 여전히 설득력을 지닌다. 그러나 바바는 그녀의 생각에 추가적인 설명을 보태곤 했다.

나는 앞서서 크리스테바가 모든 문명화 과정을 구성하고 있는 외부성에 관심이 있다고 말했다. 바바는 문명과 민족에 대한 어떤 등식화도 받아들이지 않았으며, 그 결과 크리스테바의 용어 선택에 도전한다는 사실이 이 책의 다른 장에서 분명히 얘기될 것이다. 그럼에도 불구하고 코스모폴리타니즘에 대한 언급에서는, 기괴한 낯섦의 관점에서뿐 아니라 소수자의 권리와 관련해서도 크리스테바의 책은 바바의 관심사에 딱 들어맞는다. 이에 대해서는 7장에서 설명할 것이다.

인간과 그의 닮은꼴

크리스테바는, 프로이트가 '인간'이 자기 자신과 동일할 수 있다는 것을 부정했다고 주장한다. 모든 개인의 정체성은 내적으로 분리되어 있다는 것이다. 그러나 우리는 넓은 관점에서 '인간'에 대해 생각하고, 우리 자신에 대한 지식의 구조를 볼 수도 있다. 이 부분에서는 비교적 최근에 등장한 '인간에 대한 담론', 즉 인류학이나 사회학과 같은 인간에 대한 학문에 대해서 바바가 자신의 생각을 어떻게 발전시키는지를 설명할 것이다. 바바는 근대 지식의 형태가 식민지배 지식에 상응하는 방식을 탐구한다. 식민지배 지식의 경우, 그 지식 내에서 피지배자가 지배자에게 시선을 돌려줌으로써 지배자의 권위를 불안정하게 만든다. 비슷한 방식으로 식민지배는 기괴하고 낯설게 돌아와서 근대성을 불안정하게 만든다. 이런 기괴한 낯섦은 또한 행위주체의 한 형태로 나타나는데, 이는 상호 주체성에 대한 바바의 주장을 떠올리게 한다. 이 상호 주체성은 식민지배의 심리적 경제를 바바 식으로 특징짓는 데 핵심적이다. 탈식민적 관점은 기괴하고 낯선 관점이다. 그것은 서구 근대의 자기규정, 즉 스스로가 자신과는 달리 형성된 문화들과 분리되었다고 또는 유일무이하다고('문명의 충돌'과 같은 주제는 바로 그러한 자기규정의 증거이다.) 상상하는 행위를 불안정하게 만든다. 근대라는 것은 자신의 탈식민적 닮은꼴을 억지로 마주해야 하며, 그러고 나면 근대는 동일하게 존재할 수 없다.

하나의 암시적인 예를 보자면, 두 번째 또는 '오리엔탈 르네상스'라고 알려진 지적인 사건은 서구로 하여금 자신의 닮은꼴인 동양을 어쩔 수 없이 마주하게 만들었다. 15세기의 이탈리아 르네상스는 독일의 낭만주의 작가들에 의해 불완전하고 부분적인 것으로 간주되었다. 왜냐하면 이성적인 탐구를 과도하게 강조했기 때문이다. 19세기 두 번째 르네상스는 이전의 르네상스에 부족했던 자질을 공급했다. 사람들은 이탈리아 르네상스를 통해 비잔티움 제국의 몰락 이후 볼 수 있게 된 그리스 필사본을 탐구할 수 있었다. 두 번째 르네상스도 비슷한 양식으로 진행되는데, 유럽의 작가들은 인도에서 무굴 제국의 몰락과 함께 찾아볼 수 있게 된 산스크리트어 텍스트를 번역할 수 있게 되었다.《오리엔탈 르네상스The Oriental Renaissance》에서 오리엔탈리스트 학자인 레이먼드 슈왑Raymond Schwab은 두 번째 르네상스의 결과를 다음과 같이 설명한다.

> 아시아는 보이지 않는 질문자처럼 유럽의 사고 속으로 들어왔다. …… 두 번째 르네상스는 우리로 하여금 이미 알려진 것을 개정하도록 강요하면서 우리를 또 다른 우리와 병치시키는 듯 우리에게 도전해 왔다. 미지의 것이 우리를 사로잡았다. 아마도 그것은 항상 미지의 것으로 남아 있어야 했기 때문에 모두의 마음속에서 신비로운 것이 되었다. 그렇다. 여기서 우리의 지평과 우리의 상처가 열렸다. …… 그때부터는 이성적인 서구가 스스로를 정당화하도록 요청받지 못할 것인가? …… 위치를 정하고 확인하는 것은 어려운 일이다.(Schwab 1984:475–6)

다른 말로 하면, 서구는 산스크리트 텍스트를 연구하며 자신 외에 또 다른 문명의 힘이 존재한다는 사실을 인정할 수밖에 없었는데, 이는 그리스 텍스트를 연구할 때에는 없었던 일이다. 자신의 정체성에 스스로 만족하고 자신의 우월함에 자신감이 있었던 서구는 어쩔 수 없이 세계 속에서 자신의 위치를 재고할 수밖에 없게 되었다. 동양의 문화를 완전한 타자로 결론짓지 못한 서구가 자신을 둘러싼 견고한 경계선을 실제로 그을 수 없었다는 사실이 가장 중요하다. 이러한 산스크리트 텍스트는 비슷함을 인식하게끔 강요했고, 서로 닮은 그들의 특징적인 모습은 기괴하고 낯선 느낌을 불러일으켰다. 오랫동안 부정되었던 무언가가 점점 더 그 자신을 느껴지게 만들었다.

6장에서는 어떻게 민족이 교육적 차원과 수행적 차원에서 서사되는지를 설명할 것이다. 교육적 차원이라는 것은 정적인 반면에 수행적 차원은 시간의 효과를 계속해서 반복적으로 보여 준다. 특히나 어떤 정체성이 현재의 정체성이 되는 지속적인 과정을 보여 주는데, 그 결과 그 정체성은 결코 스스로와 똑같을 수 없다는 사실을 보여 준다. 비슷하게도 식민지배 권위는 자아상 면에서 지배자에게 철저히 의존하고 있는 만큼 피지배자로부터 위협을 받는다. 그래서 식민지배 권위는 정확히 자기 자신이 될 수 없다. 단지 '미래'로부터 자신에 대한 불확실한 승인만을 받을 뿐이다. 지배자와 피지배자 경우에 모두 바바가 '시차 time-lag'라고 부른 것이 존재한다. 기괴한 낯섦이라는 것은 장소의 문제일 뿐 아니라, 시간의 문제이기도 하다. 민족 정체성에 대한 우리의 관념은 고정적이기도(그렇다고 가르침을 받았기 때문에) 열려 있기도 해서(일상적인 행동을 통해서 우리가 바꾸는 어떤 것이기 때문에), 우리는 우리의 민족을 '소유'하지 못한다. 민족이라는 것은 우리의 것이기도 하고 동시에 우리의 것이 아니기도 하다. 왜냐하면 민족 정체성은 항상 미래로부터 오는 것, 즉 변하는 것이기 때문이다. 똑같은 열린 속성이 근대성과 탈근대성과 같은 것의 형성에 적용된다. 바바는 '탈식민과 탈근대 The Postcolonial and the Postmodern'라는 글에서 이러한 구조가 탈식민 용어로 재설정된다고 한다. 즉, 탈식민적 관점이 탈근대성에 대한 우리의 생각을 변화시킬 것을 요구한다고 주장한다. 탈근대성은 그것이 근대성의 연장이든지 아니면 근대성으로부터의 단절이든지 간에, 연속적인 역사적 관점에서 보아야 한다는 것이다.

바바는 푸코의 《말과 사물 Les Mots et les choses》(1970)에 대해 논의한다. 탈구조주의의 토대를 만든 이 텍스트는 '인간에 대한 담론'에 문제를 제기하며, 그것이 지식에 질서를 부여하는 당연한 방식이 아니고 하나의 역사적 현상이라고 말한다. 사실, 이 부분의 제목인 '인간과 그의 닮은꼴'은 푸코의 책에서 따왔다. 푸코는 역사적·인류학적·정신분석학적 등등의 담론들이 어떻게 존재하게 되었으며, 어떻게 특정한 방식으로 지식에 질서를 부여하면서 인간이라는 초시간적 존재를 담론의 중심에 위치시켰는지를 살펴본다. 《말과 사물》은 우리로 하여금 지식을 분류하고, 지식에 질서를 부여하고, 지식에 제한을 가하는 '우리'의 방식을 다시 한 번 점검하라고 요구한다. 그렇게 함으로써 우리는 우리의 방식이 얼마나 문화적으로 상대적인지를 알 수 있다. 따라서 이 책은 탈식민 비평에 대한 재미있는 보충 자료인 셈이다.

바바가 푸코를 기괴한 낯섦의 관점에서 읽고, 《말과 사물》 자체가 이러한 접근법을 요구한다는 사실이 중요하다. 예를 들어, 서문에서 푸코는 왜 자신이 이 작업을 시작하게 되었는지를 설명한다. 그는 아르헨티나 작가 호르헤 루이스 보르헤스 Jorge Luis Borges(1899~1986)가 쓴 이야기를 읽은 경험을 떠올린다. 그 이야기 속에는 세상을 극단적으로 낯선 방식으로 나눈 상상 속의 중국 백과사전이 나온다.(특히 동물들은 '온순한', '전설에나 나올 법한', '멀리서 보면 파리처럼 보이는' 등과 같은 범주들로 나뉘어 있다.) 이러한 분류 방식에 푸코는 웃음이 나올 뿐이었다. "그 웃음은 내 생각의 낯설지 않은 모든 지표를 산산이 부셔 놓았다. 내 생각은 바로 '우리'의 생각이고, 우리 시대와 우리 지리학의 인증을 받은 생각이다."(1970: xvi) 이 웃음은 만들어진 백과사전으로 생겨난 것이지 그 허구의 백과사전을 향한 것은 아니다. 말하자면 푸코는 자기 자신을 비웃은 것이다. 그것이 아니라면 서구 지식의 보편적 주장이 그토록 쉽게 무너질 수 있는 방식에 자조적인 웃음을 띤 것이다. 그 책은 이러한 통찰을 쫓아서 인간에 대한 유럽의 담론이 지닌 잠재적으로 일시적인 성격에 대해 다양한 결론을 내린다.

놀랍게도 푸코는 식민지배라는 사실에 어떤 지속적인 언급도 하지 않는다. 이러한 언급이 빠졌다는 사실은 서구 지식에 대한 그의 분석이 가져온 영향을 반감시킨다. 이러한 누락에도 불구하고, 바바는 인내심을 가지고 푸코를 교정하려 들거나 푸코의 저작에서 생긴 결여를 메우려고 하지 않고 단지 푸코에게 영감을 받은 식민지배 독법을 만들어 낸다. 사이드의 《오리엔탈리즘》이 이미 그런 작업을 했기 때문에 바바로서는 그런 일을 할 필요가 없다. 그 대신에 바바는 탈식민적 관점이 이미 푸코의 텍스트 속에서 작용하고 있다고 주장한다. 이미 언급했듯이 이러한 관점의 작용이 기괴하고 낯설다는 점이 중요하다. 바바가 볼 때, 푸코 속에서 "역사는 자신의 기괴하고 낯선 닮은꼴을 마주하게 된다.'(LC: 194) 그리고 '탈식민적 관점은 푸코의 텍스트 속에서 전복적인 작용을 한다.'(LC: 195) 따라서 인간에 대한 담론과 언급되지 않은 그의 식민 피지배 닮은꼴 사이의 연관성은 다음과 같은 방식으로 설명된다.

> 19세기에 부상한 친숙한 역사적 주체는, 환유적이며 종결되지 않는, 무한히 반복적인 일련의 사건들 속에서 하나의 에피소드를 또 다른 에피소드에 억지로 연결지음으로써 스스로에 대한 친숙하지 않은 지식을 끊임없이 구성할 수밖에 없다. 역사적 주체가 보편주의에 대해 갖는 권리는 19세기 역사주의에 근거하는데, 당시 역사주의의 거대 서사인 진화론, 공리주의, 복음주의 또한 또 다른 텍스트적 영토적 시/공간 내에서는 식민주의와 제국주의 지배를 위한 지식 체계였다. 이러한 진보적 이데올로기의 '이성주의'는 문화적 차이의 우연성과 조우하면서 점점 더 침식당하게 된다.(LC: 195)

문화와 마찬가지로, 서구의 지식은 친숙하면서 동시에 친숙하지 않으며, 기분 좋으면서도 기괴하고 낯설다. 서구의 지식은 추상적으로 이상적이기도 하며 동시에 실제 식민지배의 맥락에 적용되면 타협적이기도 하다. 그 예가 2장에서 잠시 언급한 국내와 국외에 모두 적용되는 밀의 자유주의이다. 밀은 자유주의적 철학자이자 동시에 식민지배의 행정가였다. 식민지배 담론이 작동하는 목적은 도덕적·지적 우월성을 주장하기 위함이기도 하고, 또한 실제적인 지배를 확고히 하기 위함이기도 했다. 비슷한 방식으로 19세기 지식은 식민 공간에서 기능하는 것과 동시에 발전했다. 지식의 발전상은 대도시와 멀리 떨어진 '다른' 장소에 곧바로 적용되었다. 더 나아가, 그러한 실천과 적용은 그러한 지식의 객관적이고 이성적인 특징들을 서서히 잠식해 늘어갔다. 푸코는 역사과학이라고 추정된 것이 이렇게 동시에 기괴하고 낯설며 비과학적인 닮은꼴, 즉 인류학과 정신분석학 속에서 논리적 결론으로 이어지는지를 공들여 설명한다. 인류학이 겉으로는 지식의 대상인 '다른 민족들'을 아무리 많이 교화시키고 계량화시킬지라도, 인류학이 서구 지식의 체계 속으로 기괴하고 낯설게 틈입하는 방식을 살펴보는 것은 그리 과도한 작업은 아니다. 6장에서 살펴보겠지만, 〈민족의 산포〉에서 바바는 근대 민족의 기괴하고 낯선 종족기술ethnography에 대해 상상한다. 이러한 종족기술은 어떤 모습을 띠는가? 그 한 예는 카릴 필립스Caryl Phillips의 여행담 《유럽 부족The European Tribe》(1987)이다. 거기서 카릴은 '자신이 스스로 느끼면서도 느끼지 못하는 유럽'을 가로질러 여행한다.(1987:xv) 카릴 필립스는 세인트 키츠에서 태어나서 영국에서 자랐다. 그러나 1970년대에 흑인으로 성장한 경험은 그에게 그 자신과 영국, 더 나아가 유럽을 동일시하지 못하고 거리를 두게 만들었다. 이러한 이중적 관점으로 인해 필립스는 유럽을 본질적으로 부족적인 것으로 탐색하게 된다. 정치적 통합을 지향하는 피상적인 변화에도 불구하고, 그의 통찰은 21세기에도 유효하다. 물론 직업적인 면에서, 필립스는 본인이 언급했다시피 인류학자라기보다는 소설가이다. 그러나 그의 책은 분명히 기괴하고 낯선 종족기술이다.

이 장에서 면밀히 다룬 정신분석학도 인류학과 함께 역사에 대한 기괴하고 낯선 닮은꼴이다. 저작 전체를 통해 바바는 정신분석학을 이용해서 근대와 그 타자, 즉 우리가 반근대라고 부르는 것과의 관계를 개념화한다. 바바가 설명하는 관계는 전이 현상transference의 하나이다. 정신분석학에서 전이 현상이라는 것은 새로운 대상으로 욕망을 향하게 하는 것이다. 정신분석 상황에서는 종종 분석가가 그 새로운 대상이 된다. 사실 분석가는 그 반대의 상황, 즉 반전이 현상을 피하도록 훈련받는다. 그 상황은 분석 절차에 해롭기 때문이다. 바바는 자신의 방식으로 그 용어를 사용하면서 탈식민 관점은 분석가의 관점이고, 서구의 근대는 분석 대상(피분석자)이라고 암시한다. 이것은 극단적이고 충격적인 생각이다. 즉, 탈식민 비평이 서구 근대를 정신분석한다는 것이다. 이러한 분석은 근대가 제 식민지배의 기원을 억눌러 왔음을 깨닫게 한다. 식민지배의 기원은 애초부터 자신의 정체성 속에 외부성을 위치시켰기 때문이다. 기괴하고 낯설게 밝혀지는 것, 즉 어떻게 보면 숨겨진 채로 남는 것이 더 나았을 법한 것은 자아 속에 있는 그 외부성이다.

전이의 관점, 즉 서구가 지닌 상대적 가치가 식민지배의 시차로부터 자신에게로 돌아오는 장소에서 읽으면, 우리는 근대와 탈근대 그 자체가 문화적 차이로 인한 주변부적 관점에서 어떻게 구성되었는지를 알게 된다. 근대와 탈근대는 특정 지점에서 우연히 서로 마주하게 된다. 그 지점에서는 자신이 속한 사회의 내적 차이가 탈식

민 장소의 타자성, 즉 타자의 차이라는 관점에서 반복된다.(LC: 196)

근대라는 것은 일관성 있어 보인다. 그러나 그것은 자신의 정체성을 위해 다른 장소와 문화를 통해 흐르는, 억압되고 말해지지 않은 회로에 의존한다. 그러므로 그런 다른 문화라는 것은 근대를 관찰할 수 있는 특권을 부여받은 장소가 된다. 이러한 사실은, 부정되기도 하지만, 서구의 의식적인 서사 속으로 언제나 치고 들어간다. 프로이트가 말한, 기괴한 낯섦은 친밀한 정도가 분명하지 않아서 숨겨져 있어야만 했던 것이라는 말을 떠올려 보자. 그것은 탈식민 관점이라는 형태로 서구 근대와 마주한다. 바바는 이 관점을 정신분석학적 치료에 비유하면서, 이러한 관점이 일반적인 '문명적' 정신분석 절차에서는 정신분석가의 자리를 대신한다고 암시한다.

물론, 정신분석학이 필연적으로 보상의 문제라는 것은 사실이다. 그렇다고 해서 피지배자가 보상을 받았다고 주장하는 것이나, 탈식민 피지배자가 배상을 받았다고 주장하는 것은 불가능하다. 바바가 말하는 유비 관계가 너무 과하다고 여겨질 수도 있다. 그래서 그의 저작은 비유를 더 이상 확장시키지는 않는다. 사실 이 주장은 근대에 대한 가장 훌륭한 증언이 식민지배의 공간에서 자라난 반근대성에서 나온다는 입장을 다시 진술한 것이다.

'인간과 그의 닮은꼴'의 탈역사화된 권위는 동일한 역사적 기간 동안 근대 서구의 학문 사회를 형성하는, 표준화시키고 당연시하는 힘을 만들어 낸다. 인간에 대한 이런 탈역사화된 모습에 투자된 보이지 않는 힘은 '타자들', 즉 여성, 원주민, 식민 피지배자, 계약노동자와 노예들을 희생시키고 얻어진다. 이러한 타자들은 동시에 다른 장소에 있어서 역사가 없는 사람들이 되어 가고 있었다.(LC: 196-7)

근대의 담론은 그 담론의 역사적 기원에서 동떨어진 채로 흘러나왔고, 근대의 타자들에게는 역사가 주어지지 않았다. 사실 이 둘은 단순한 우연 이상의 것이다. 근대의 담론은 특히 식민 피지배자의 역사적 깊이를 부정한다. 기억하다시피, 근대의 담론이 이렇게 하는 것은 식민지배를 정당화하기 위함이다. 근대의 담론은 식민 현재를 생산하는 데 깊이 연루되어 있다. 따라서 우리는 이러한 담론의 조건을 받아들일 수 없다. 최소한 심각한 수정이 있어야 하고, 완전한 변화가 있어야 한다. 식민 현재에 대한 비판적 태도는 근대의 담론을 단순히 반복하거나 적용하는 것 이상을 요구한다. 탈근대의 비판적 담론은 자기가 반응하는 담론의 특정한 본질을 모른 채 넘어가는 일이 허다하다. 기괴하고 낯선 학문인 정신분석학의 중요한 공헌은, 우리에게 대상의 바뀜은 관찰의 절차에 변화, 최소한 형태상의 변화라도 있어야 한다는 사실을 떠올리게 한다는 것이다. 탈근대 담론은 그러한 변화를 제공하지만, 그 변화의 필요성과 솔직하게 대면하지는 않는다. 탈식민 비평은 그러한 필요성을 명백하게 만들어 주면서 우리로 하여금 다음과 같은 사실을 떠올리게 한다.

앎의 방법이 오랫동안 식민지배 구조와 공모 관계에 있어 왔다는 사실 말이다.

'인도로 가는 길'

기괴한 낯섦이란 미끄러지기 쉬운 개념이다. 그 이유는 기괴한 낯섦이 개념 일반의 안정성을 약화시키기 때문인데, 이는 개념의 원래 의미라고 여겨지는 것을 바꾸는 것을 의미한다. 2장에서 보았듯이, 개념을 바꾼다는 것은 바바의 주된 이론적 전략 중 하나이다. 이러한 미끄러지기 쉬운 특징은 기괴한 낯섦이 결정적인 이론화를 피해 가는 경향이 있다는 것을 의미한다. 따라서 기괴한 낯섦이 가진 설명 능력을 분명하게 밝혀 줄 구체적인 예가 필요하다. 기괴한 낯섦에 대한 근대적 관심은 그 기원이 문학에 있다. 프로이트는 실제 삶에서 경험하는 기괴하고 낯선 경험을 명백하게 괄호 속에 넣어 처리한다. 그리고 자신의 목적을 문학작품의 예를 통해서 추구한다. 프로이트의 주장에 따르면, 실제 삶에서의 기괴하고 낯선 경험이 소설 속에서 재현되면 기괴하고 낯설지 않다. 문학작품은 실제 삶에서는 성취하기 힘든 기괴하고 낯선 효과를 많이 만들어 낸다. 다른 사람들처럼 바바도 프로이트가 문학적 삶과 실제 삶을 그렇게 깔끔하게 구별하지는 않았을 것이라고 느낄지도 모른다. 그럼에도 불구하고 문학은 기괴한 낯섦에 관한 흥미로운 예들을 많이 공급해 주

었고, 탈식민 비평에 기괴하고 낯선 효과를 계속해서 만들어 낸다.(예를 들어, Punter 2000)

따라서 문학적 예는 탈식민적 기괴한 낯섦을 설명하는 데 도움을 준다. 포스터E. M. Forster의 《인도로 가는 길A Passage to India》을 생각해 보자. 곧 동의하게 될 것인데, 이 작품은 읽으면 읽을수록 점점 더 기괴하고 낯설다. 이 작품은 퀘스티드 양Miss Quested의 이야기를 해 주는데, 그녀는 약혼자를 방문할 목적으로 영국에서 인도로 어머니인 무어 부인Mrs Moore과 함께 여행한다. 이 둘은 '진짜' 인도와 인도인을 보려고 하지만, 그런 욕망으로 인해 곤경을 겪는다. 인도에 거주하는 영국인들은 그들을 인도인에게서 멀리 떨어뜨려 놓았기 때문이다. 두 사람은 결국 아지즈Aziz라는 의사를 소개받고, 아지즈는 이들을 마라바르 언덕으로 가는 여행에 데리고 간다. 그런데 여행이 끝난 후 퀘스티드는 아지즈를 강간 혐의로 고발한다. 이후 줄거리는 이 고발의 결과를 조사하고, 겉으로 드러나는 영국과 인도 사이의 양극화를 약화시키는 데 할애된다. 바바가 근대의 교묘함(달리 말하면 총명함)을 탐구하면서 말해야 했던 바를 기억하면서, 아들이 인도에서의 영국의 임무에 대해 설명하는 것을 들을 때 무어 부인의 머릿속을 관통하는 것을 읽어 보자.

그는 진실되게 말했다. 그러나 그녀는 덜 즐거워하며 바랐을 수도 있었다. 로니가 자신이 처한 상황의 약점들 속에 얼마나 빠져 있었던가! 그가 자신이 인도에 있지 않아서 쾌활하게 행동하지 않아도

되는 점을 얼마나 되풀히해서 말했던가! 그리고 그 사실로부터 긍정적인 만족감을 끌어내지 않았던가! 그는 그녀에게 자신의 공립학교 시절을 상기시켰다. 젊은이에게서 나타나는 인본주의의 흔적은 사라져 버렸다. 그는 지적이고 감정이 몹시 상한 소년처럼 말했다. 목소리가 없는 그의 말은 감동을 주었을 것이다. 그러나 그녀가 그 말에 묻어나는 자족적인 경쾌함을 들었을 때, 그 입이 작고 빨간 코 밑에서 자신감 있게 그리고 그토록 방만하게 움직이는 것을 보았을 때, 정말 논리적이지는 않지만, 그녀는 이것이 인도에 대한 최종적인 평가는 아니라는 느낌이 들었다. 후회하는 느낌이 있었더라면, 명민한 대체 감정이 아니라 가슴으로부터 나오는 진정한 후회가 있었더라면, 그는 다른 사람이 되었을 것이고, 영제국은 다른 제도가 되었을 것이다. (Forster 1924:54)

여기에 등장하는 문제의 명민함은 식민지배 상황이 초래한 잔혹한 행위들을 후회하는 척할 뿐이다. 그러나 이러한 명민함은 작품 내에서 더 일반적인 반향을 지닌다. 예를 들어, 지배자와 피지배자 사이의 간극을 메우려고 마련되었다고 하는 '브리지 파티 bridge party'에서는 그 의도와 달리 오히려 모두 극도로 양극화되고 심하게 불편한 반사회적 경험을 하기가 쉬웠다. (이는 아지즈가 퀘스티드 양과 무어 부인을 마라바르 언덕으로 처음 초대한 즉석 파티와는 극단적인 대조를 이룬다.) 개별 등장인물들에 대한 공감에도 불구하고, 이 소설은 일반적으로 명민함과 기괴한 낯섦의 관점에서 영국인과 인도인을 양극화시키는 것처럼 보인다. 다음의 두 단락은 이러한 양극화를 잘 보여 준다. 첫 번째 단락은 마라바르 언덕으로 가는 장면이다. 화자가 잠시 멈추어 풍경을 보며 생각에 잠기는데, 이 풍경은 명백히 기괴하고 낯선 관점에서 그 특징을 드러낸다.

> 여기 같은 변경의 식민지에는 뭔가 말로 할 수 없는 것이 있다. 그것들은 세상의 다른 어떤 것들과도 같지 않으며, 그것을 한 번 흘낏 보기만 해도 숨이 막힌다. 그것들은 갑자기, 그리고 미친 듯이 솟아올라서 다른 곳의 가장 험난한 언덕들이 유지하는 비율도 갖지 못한다. 그것들은 누군가 꿈꾸었거나 보았던 어떤 것과도 아무런 관련이 없다. 그것들을 '기괴하고 낯설다'라고 부르는 것은 유령임을, 그것들이 모든 영혼보다 오래되었음을 암시한다. 힌두교단은 몇 개의 바위를 긁어모아서 회반죽을 칠했다. 그러나 주로 독특한 것을 찾는 순례자들처럼, 여기에는 그런 것이 널려 있기 때문에 성소를 찾는 사람은 많지 않았다. (1924: 130)

나중에 여행을 마치고 유럽으로 돌아오는 필딩Fielding에게는 그가 상정한 이러한 비율의 부재가, 앞으로 보게 되겠지만, 지중해에서 느끼는 기쁨들과 대조를 이루면서 너무도 분명해진다. 내가 인용하려고 하는 두 번째 단락은 얼마 가지 않아 나오는데, 파티 인원이 열차를 떠나서 자기들끼리 코끼리를 타고 동굴을 찾아가는 장면이다. 이 유명한 장면은 소설이 기괴한 낯섦을 지칭하는 것과 관련하여 음미해 볼 만하다.

어떻게 정신이 그러한 나라를 장악할 수 있겠는가? 여러 세대의 침입자들이 장악하려고 시도했으나 그들은 이주민으로 남았다. 그들이 세운 중요한 도시들은 단지 피난처였을 뿐이고, 그들의 싸움은 집으로 돌아가는 길을 찾지 못하는 사람들의 불안감일 뿐이다. 인도는 그들의 문제를 알고 있다. 인도는 전체 세계의 문제를 매우 깊숙이 알고 있다. 인도는 수백 개의 입으로, 우스꽝스럽고 동시에 근엄한 대상들을 통해서 '오라'고 부른다. 그러나 어디로 오라는 것인가? 인도는 한 번도 정의내리지 않았다. 인도는 약속이 아니고 하나의 매력적인 존재일 뿐이다.(1924:142)

이러한 명백한 공허함, 즉 절대적으로 접근 불가한 투사된 중심이나 중요성은 소설 전체를 통해서 인도와 연관된다. 예를 들어, 소설의 후반부 전체를 통해 울려 퍼지는 메아리는 유별나게 무디고 죽은 듯한 동굴의 메아리와 직접적으로 연관되어 있는 것처럼 보인다. 마라바르 동굴에서 퀘스티드 양에게 주어지는 '사건'이 결코 구체적이지 않은 점도 비슷하다. 이 소설은 명민한 영국과 기괴하고 낯선 인도 사이의 절대적인 구분을 명백하게 드러낸다. 이러한 구분의 분명한 예는 아지즈가 가드볼Godbole 교수를 설득하려 할 때 나온다. 아지즈는 퀘스티드 양에게 그 동굴들이 왜 그리 유별난지 정확히 설명해 주고자 가드볼 교수를 설득하려 한다. 아지즈는 가드볼이 이야기를 다 하지 않고 있으며, 가장 두드러진 사실을 빠뜨리고 있다고 여긴다. 그리고 상관인 캘린더Callendar 대령이 종종 자신에게 똑같은 것을 어떻게 비난하는지를 생각한다. 아지즈는 가드볼에게 갑자기 질문해서 모든 것을 다 말하도록 만들기로 결심하지만, 진실의 근처조차 가지 못한다. "그는 계속해서 떠들어 댔다. 움직이는 차례가 올 때마다 적에게 패하지만, 그 적은 한 번도 자기 차례에 움직인 사실을 인정하지 않으려 했다. 없을 것 같지만 혹시 있다 하더라도 마라바르 동굴에 대해 이상한 것을 발견하지 못하면서 말이다."(1924:80) 궁극적으로 아지즈는 말해야 하는 전체 이야기가 있는지조차 결코 알지 못한다. 마치 소설 속의 등장인물들이 동굴 안에서 어떤 사건이 벌어졌는지를 진정으로 알지 못하듯이 말이다. 포스터의 소설을 읽으면서 독자 역시 결코 채워지지 않을 명백한 격차에 대해 매우 비슷한 위치에 놓이게 된다.

그러나 겉으로 보이는 이러한 단순한 양극화된 계획에 대비하여, 우리는 무어 부인과 그녀와 접촉하는 거의 모든 인도인과의 이상한 연관성을 생각해 볼 수 있다. 우선, 모스크에서의 아지즈와의 관계가 있을 수 있다. 이러한 연관성은, 때때로 포스터의 소설에 특징적으로 나타나는 꽤나 실용적인 분명한 구분들을 생산적으로 지워 버린다. 예를 들어 인도를 떠난 지 얼마 되지 않아 무어 부인이 죽은 후, 그녀를 잃어 버려 슬픔에 가득 찬 그녀의 배가 지중해로 들어오는 장면을 떠올려 보자. "유령 하나가 그 배를 홍해 위로 따라왔다. 그러나 지중해로 들어오지는 못했다. 수에즈 부근에는 항상 일종의 사회적 변화가 있다. 아시아의 제도가 약해지고 유럽의 제도가 느껴지기 시작했다.

그러한 전환의 과정 중에 무어 부인은 떨어져 나간 것이다."
(1924: 266) 베니스에 도착한 필딩의 생각에서 읽을 수 있듯이,
지중해가 유럽의 중심이라는 생각에 이 소설이 아무리 많이 의
문을 제기한다 할지라도, 지중해라는 것은 침해될 수 없는 진정
한 유럽 정체성의 보루 같은 것이다.(그러나 필딩에게는 베니스가
딱히 유럽적이지는 않았다.) "지중해는 인간에 대한 규범이다. 사
람이 보스포루스 해협을 통해서건 아니면 헤라클레스의 기둥
을 통해서건 그 아름다운 호수, 지중해를 벗어나면 그들은 이상
하고 괴물스러운 존재에 접근하게 된다. 그리고 남쪽으로 향하
는 출구는 가장 이상한 경험으로 인도한다."(1924: 293) 유럽을
벗어나면 기괴함만이 있을 뿐이다. 그러나 닮음과 기괴한 낯섦
이라는 것은 종종 이러한 방식으로 묘사된다는 것을 기억해야
한다.

   그럼에도 불구하고 '종교적인 해의 주요 행사'가 있은 후 가드
볼 교수의 이상한 텔레파시 능력이 보여 주듯이, 무어 부인의
기괴하고 낯선 어떤 특징은 그녀를 기괴하고 낯선 인도와 연결
짓는다.(1924: 302) "그는 점점 더 분명하게 무어 부인을 다시 보
았고, 그녀의 주위에 희미하게 매달려 있는 고민들도 보았다.
그는 브라만이고, 그녀는 기독교인이었다. 그러나 그것은 아무
런 문제가 되지 않았다. 자신의 기억이 그녀를 만들어 내었건
그녀에게 텔레파시와 같은 매력이 있는지는 아무런 문제가 되
지 않았다."(1924: 302-3) 텔레파시라는 것은 프로이트에게는 매
혹의 원천이지만, 또 하나의 기괴하고 낯선 경험이기도 하다.

이상하게도 아지즈에 대해 텔레파시와 같은 이해를 하고 있는 것처럼 보이는 무어 부인의 아들 랠프Ralph(그는 똑같이 기괴하고 낯설다.)와 아지즈가 우연히 마주친다는 사실은 포스터에게 명민함이라는 것은 영국에서처럼 인도에서도 발견될 수 있는 것이라는 사실을 떠올리게 한다. 이 소설은 국내와 외국 아니면 진정한 것과 진정하지 못한 것 사이의 모든 단순한 구분을 약화시키는 것이다.

모든 정체성이 지닌 이중적 특징

대립 관계에 대해 끊임없이 질문하면서 바바는 다양한 어휘를 사용한다. 정신분석학에서는 '기괴한 낯섦'이라는 개념을 가져다 사용한다. 이 개념은 기괴함, 반복, 그리고 닮은꼴과 연관되어 현대 비평에서 폭넓게 사용되고 있다. 바바는 이 용어와 일반적으로는 정신분석학 전체를 사용하여 서구 근대 서사의 표피적 자족성에 대해 질문한다. 최소한 프로이트까지만 거슬러 올라가더라도 기괴한 낯섦은 자아와 타자들 간의 모든 구분을 문제적인 것으로 만든다. 이러한 결과는 크리스테바의 저작에서 탐구되고 확장된다. 그녀는 기괴한 낯섦을 윤리학의 근거로 만들고, 바바는 그것을 좀 더 확장시킨다. 식민지배 관계라는 것이 어떤 수준에서는 분명히 자아와 타자들 사이의 관계였기 때문에, 자아와 타자 간의 단순한 구분을 복잡하게 만드는 것은 어떤 것이라도 강력한 설명 도구가 된다. 기괴한 낯섦은 바바의 저작에서 반복해서 나타나는 주제일 뿐만 아니라, 그의 저작이 쉬지 않고 하는, 즉 단순한 대립 관계를 복잡하게 만드는 어떤 것의 표지이기도 하다.

  기괴한 낯섦은 원초적이거나 유아적인 것이 갑작스럽게 우리의 의식 속으로 돌아올 때 발생한다. 그 시기는 또한 우리가 현재와 맺는 관계에 의문을 제기하는 때이기도 하다. 어떤 수준에서는 식민지배라는 것은 서구 근대의 기원의 뒤에 놓여 있고, 그래서 '어린 시절'의 한 측면이다. 이 억압된 사실이 현재의 순간에 기괴하고 낯설게 되돌아온다. 바바는 이러한 되돌아옴을 시차의 관점에서 살펴본다. 지배자의 자기 이해는 피지배자를 거쳐서 우회했고, 탈식민적 불안과 분리의 형태로 되돌아 왔다. 포스터의 소설과 같은 식민지배 문학을 탈식민적으로 읽는 것은 그 작품에 내재한 생각이나 태도에 대한 단순한 비판이 아니다. 탈식민적 읽기는 식민지배를 기괴하고 낯설게 그래서 유용하게 되돌아오게 만들려는 목적이 있다. 결국 기괴한 낯섦이라는 범주는 바바로 하여금 '우리'라는 개념에 혼란을 주는 것과, 자아에 대한 '우리'의 생각을 어지럽히는 것 사이의 연관성을 강조하게 한다.

| 제 6 장 |

민족

'민족'이라는 안정된 정체성

'기괴한 낯섦'이라는 개념은 모든 정체성이 지닌 이중적 특징을 묘사하는데, 식민지배 연구에 특히 유용하다. 바바는 이 개념을 이용하여 서구와 비서구의 정체성, 다른 말로 하면 크고 추상적인 정체성들 간의 구분을 복잡하게 만든다. 또한 이러한 복잡성은 실제 정치 형태들, 예를 들어 민족의 경우에 가장 두드러지는데, 이러한 정치 형태들이 주장하는 정체성에 대한 단순한 생각을 약화시키기도 한다. 민족에 대해 이야기하자면, 민족은 식민지배 논의에서 매우 중요한 부분을 차지한다. 특히 반식민 투쟁과 식민 독립 이후 국가 재건에 연관된 민족주의의 여러 형태와 관련하여 그 중요성이 커졌다. 민족주의는 필수적인 정치 구조의 기반을 놓았을 뿐만 아니라, 안정된 문화적 정체성들을 가능하게 하여, 그 결과 억압받는 민족들은 뚜렷한 민족 정체성과 동일시되었다. 그래서 탈식민 연구를 하는 많은 연구자들에

게 민족은 조직화 작업을 하는 데 매우 중요한 원칙으로 보였다.(예를 들어, Ahmad 1992)

그러나 바바는 민족 형태와 연관된, 매끄럽게 정의되고 안정된 정체성을 거부한다. 그 이유는 그가 민족 정체성을 완전히 거부하는 것이 아니라, 그러한 정체성을 열린 상태로 유지하기를 원하기 때문이다. 바바는 민족에 대한 '서사'를 점검하면서 이 목적을 달성한다. 사실 그는 '민족과 서사Nation and Narration'라는 논문집을 편집하기도 했다.(영어의 'nation'은 '민족'이나 '국민'으로 번역할 수 있다. 이는 nation-state와 nation을 혼용해서 생긴 결과라고 볼 수 있다. 국가제도의 측면에서 하나의 민족이 하나의 민족국가를 이룬 경우에는 민족이나 국민 어느 번역도 문제가 없을 것이다. 그런데 한 국가 내에 여러 민족이 있는 경우도 있고, 그 반대의 경우도 있다. 이 경우는 민족과 국민을 동일시할 수 없다. 게다가 하나의 민족국가를 미처 수립하지 못한 경우에도 국가 수립을 지향하는 민족이라는 실체는 존재하므로, 민족이라는 번역이 더 유연하고 일반적이라고 생각한다. 참고로 국내 번역본의 제목은 '국민과 서사'이다.—옮긴이) 민족은 자기만의 서사를 가지고 있지만, 그것은 종종 소수민 집단의 서사를 포함한 다른 모든 이야기를 압도하는 공식적이고 지배적인 서사이다. 그러한 소수민이나 주변화된 집단은 민족 정체성을 재고하는 데 유리한 입장이어서 그러한 정체성을 포괄적이고 현실적으로 만드는 데 도움을 준다.

민족의 서사를 생각하는 한 방법은 공적인 인물이 어떻게 민족 정체성을 대변하거나 그것에 도전하는지를 살펴보는 것이다. 예를 들어, 바바는 《아트포럼》에 실린 글에서 웨일스 공작 부인 다이애나Lady Diana Frances Spencer에 대해 쓴다. '디자이너 크리에션Designer Creations'이라는 이 글에서, 그는 다이애나의 매력을 다음과 같이 설명한다.

> 공적 관심사와 소통의 영역에서, 그녀의 공동체는 국가 정치의 연단과 특권 속에 전통적으로 봉쇄된 사회적 불평등의 피해자들, 예를 들어 실업자나 노동계급에만 국한되지 않는다. 에이즈 피해자, 그리고 지뢰 때문에 생명과 신체가 위협을 받는 사람들에게 그녀가 관심을 갖게 되어 그녀는 왕족이 굳건히 저항했던 국제적인 영역과 코스모폴리탄적인 매력을 갖게 되었다.(DC: 14)

한 마디로, 다이애나는 영국적인 것을 훨씬 뛰어넘었다. 사실 다이애나라는 인물은 왕족 하면 흔히 연상되는 것과 분명히 구분되는 민족성을 어떻게 서사할 것인지를 보여 준다. 그녀는 군주정에 초점을 맞춘 하나의 민족 서사를 열어젖혀 진정으로 국가 또는 민족 간 소통하는 연관성을 갖게 만든다. 한때 군주정은 영제국의 핵심이었을 것이다. 그런 형태의 국제적인 서사는 경계가 분명하게 그어진 민족들 간에는 많은 의미가 있었다. 그러나 다이애나의 국제적인 매력은 민족성을 초월한다. 사실 다른 곳에서는 다이애나가 (재정 전문가 조지 소로스나 빌 게이츠처럼) 박애를 실천하는 개인이 '세계 시민'의 한 예가 되는 모습으로 여겨진다. 비록 세계 시민이라는 말 자체가 그러한 시민이 갖는 현재의 한계를 보여 주긴 하지만 말이다.(CM: 581) 어쨌든 간에 다이애나의 죽음에 대해 영국과 다른 곳에서 보인 반응은 아마도 민족이나 국가를 초월하는 정신을 적절히 보여 준다고 할 수 있을 것이다. 그녀가 정확히 어느 정도까지 분위기를 감지했으며 아니면 그러한 분위기를 만들어 냈는지에 대해서는 논란이 있을 것이다. 분명한 것은 그녀가 매체에 재현되는 모습의 중요성이 어떤 것인지 알고 있었다는 사실이고, 그녀가 결혼한 집안에는 그런 감이 부족했다는 사실이다. 다이애나는 매체가 만들어 내는 정체성과 민족성을 이해하고 있었다. 다양한 민족 서사에서 다이애나가 한 역할은 징후적인 것으로 읽힐 수 있을지도 모른다. 그녀의 죽음에 대한 반응 속의 어떤 것은, 긍정적으로 생각해 볼 때, 변화된 민족의식을 보여 주는 신호일 수도 있다. 그러한 변화는 다루기 힘든 어떤 것이고, '울기를 무서워하지 않는 영국'에 대한 논의와 같이 취급되어서는 안 된다. 그러나 바바가 볼 때 그러한 변화는 그 의식의 내용보다는 형태와 더 많은 연관성이 있다. 민족 서사의 형태를 변화시키는 것이 중요한 이유를 설명하기 위해서, 이 장에서는 바바가 이해하는 민족과 공동체에 대해 논의할 것이다. 먼저 문학적 서사와 영화적 서사를 살펴보고 그 다음에 교육, 즉 가르침에 대해 생각해 보자.

'반항하는 젊은 영혼들'

민족에 서사가 있다는 사실은 그리 놀라운 생각이 아니다. 결국 역사는 서사이고, 아마도 학교에서 배우는 역사는 민족 역사에 초점을 둘 것이다. 물론 민족의 역사는 개별 시대의 관점에서 생각하는 경향이 있다. 특히 개인과 연관된 시대, 예를 들어 '레이건 시절'처럼 생각하기 쉽다. 이런 관행이 어떤 경우에는 자연스러워 보이기도 하지만, 작위적이라는 이유로 비판을 받기도 했다. 예를 들어 음악의 역사를 보는 한 방법으로 1970년대를 1960년대라는 마술 같은 시절이 끝난 후의, 어떤 끔찍한 탈선으로 보는 경향이 있다. 그러나 음악의 세계는 비틀스가 해체되었다고 해서 붕괴되지 않았다. 다른 말로 하면, 축이 되는 날짜 때문에 연속성이 많이 있음에도 불구하고 우리는 불연속성을 보는 버릇이 생겼다. 그러나 우리가 중요성을 부여하는 구체적이고 극적인 역사적 사건이 없는 경우라도, 어떤 날짜를 특별히 중요하게 생각하는 것이 너무 빗나가는 것은 아니다. 영국에서는 이러한 날짜 중 하나가 1977년, 여왕 즉위 25주년이 되는 해였다. 그래서 내가 말하려고 하는 것은 바바가 다이애나와 관련해 제안한 것과 직접적으로 연결된다.

   영국 영화 월간지 《장면과 음향 Sight and Sound》에서 벌인 대담에서, 바바는 폴 길로이 Paul Gilroy, 스튜어트 홀 Stuart Hall과 함께 영국 감독 아이작 줄리언 Isaac Julien이 만든 영화 〈반항하는 젊은 영혼들 Young Soul Rebels〉(1991)에 대해 논의했다. 여왕 즉위 25주년을 배경으로 한 이 영화는 그 당시 런던의 이스트 엔드에 있는 두 명의 DJ가 겪는 살인과 인종차별, 그리고 궁극적으로는 혼종적 음악 문화가 승리하는 이야기를 담고 있다. 이 영화의 스릴러 플롯은 아마도 주제 및 음악 형태들이 합쳐지는 것보다는 재미가 덜할 것이다. 그러나 이러한 주제와 음악이 겹쳐지면서 그 시기와 관련하여 이전에는 간과된 면들이 결합되어 1990년대에 더 적합한 1977년의 모습이 만들어진다. 어쩌면 줄리언 감독은 우리가 1977년을 생각할 때 떠올리는 안정적인 이미지, 정체성의 유통에 문제를 제기했을지도 모른다. 바바는 이러한 유통에 관심을 가졌다. 바바는 이 영화에 대해 다음과 같이 말한다.

> 1977년 여왕 즉위 25주년은 붉은색, 흰색, 푸른색의 깃발로 장식된 소위 '조그만 영국들'과 함께, 지역공동체에 대한 경축으로 넘쳐났다. 영화는 이 모든 것을 다 뒤집으면서 서로 공존하고 갈등하는 문화적 지역성들의 연속이 있음을 보여 준다. 이러한 문화적 지역성이 바로 일시적이고 과도기적인 젊은이의 문화를 성性과 종족에 대한 영화가 할 수 있는 매우 훌륭한 선택으로 만들었다. 이 영화는 이러한 정체성들을 고정된 형태로 놔두질 않는다.(TP: 18)

1977년 영국의 스테레오타입에 가까운 이미지들은 서로 연관된 두 개의 이야기에 초점이 맞춰져 있다. 여왕 즉위 25주년과 영국 펑크록 밴드 섹스피스톨스 Sex Pistols, 특히 그들의 노래 '신이여 여왕을 구하소서 God Save the Queen'에 대한 이야기다. 두 개의 서사 모두 안정적인 정체성들을 만들어 냈는데, 이 정체성들은 예전과 마찬가지로 지금도 서로 반대된다. 순위표의 1등 자리를 비공개적으로 거부했던 섹스피스톨스의 반제도권적 싱글곡조차도 그해의 고정된 이야기 속에 한 자리를 차지하고 있다. 줄리언의 영화는 1977년을 핵심적인 시기이나 완전히 다른 종류로 바꿔 버리는데, 그의 영화는 많은 역사에서 주변으로 밀려난 사회적·문화적 현상들, 즉 성과 펑크funk를 강조한다. 줄리언과 문화 비평가 코베나 머서Kobena Mercer는 다음과 같이 서술한다. (주변으로 밀려난 것들을 관심의 중심으로 만드는) 이런 방식으로 중심부의 정체성과 주변부의 정체성이 서로 합쳐질 경우, 이 위기 국면은 "민족이라는 '상상의 공동체' 속에서 서로 갈등하는 정체성들에 내재한 분할된 지점을 정확히 알려 준다"는 것이다.(Deitcher 2000) 이는 모든 민족 정체성이 가진 이질성을 떠올리게 한다. 영화〈반항하는 젊은 영혼들〉은 인종과 성에 연결된 정체성들을 두드러지게 표현한다. 그러나 바바에게는 그 정체성들이 여왕 즉위 25주년의 서사에 대한 절대적인 대안으로서 마치 기념비처럼 기억되지는 않는다는 사실이 중요하다. 이러한 정체성들은 당연시되지 않는다. 바바는 이러한 정체성들이 창조적이고 생산적인 논쟁의 과정들에서 비롯되었고, 그런 연유로 시간성과 지속적이고도 열린 관계 속에 있다고 생각한다. 그러한 정체성들은 일정 기간의 필요한 싸움이 있은 후에, 최종적으로 그리고 영원히 드러나는 종류의 것이 아니다. "공동체라는 것은 창조되어야 하고 교섭되어야 한다. 단순히 내가 흑인이고 동성애자라서

공동체가 거기에 존재하는 것이 아니다."(TP: 19)

　이것이 모든 공동체적 정체성에, 아니면 모든 정체성에 사실이라면, 바바가 왜 이 예를 중요하게 여겼는지를 생각해 보아야 한다. 긴 인용문에서 그는 앞서 말한 영화에서 그려진 일시적이고 과도기적인 문화의 본질을 강조한다. 바바가 꼭 그 당시의 펑크와 '인종차별에 반대하는 록', 다른 하위문화 현상에 뭔가 더 영속적이지 않은 것이 있다고 느낀 것은 아닐 수 있다. 단지 이러한 하위문화가 당연시되고, 영속적이고, 다른 말로 표현하면 '전통적인' 가치들과 같은 입장을 취하는 데 덜 관심을 두었다는 정도이다. 따라서 이러한 정체성들에 대한 교섭에 아무런 저항도 없다는 점이 이러한 교섭을 직시하는 훌륭한 지점이 된다. 사실 이러한 교섭은 이 영화의 주제라고 할 수 있다. 게다가 줄리언이 음향과 이미지를 통해 구현한 이 교섭은 단순한 주제적 재현을 뛰어넘어, 단순히 이론화하는 것 이상이다. 민족 정체성에 대한 상상은 형태와 내용 모두에 관련된 문제이다.

민족을 상상하기

다른 많은 사상가들처럼 바바도 베네딕트 앤더슨의 책《상상의 공동체》를 민족을 사고하는 출발점으로 삼는다. 이 책은 제목부터가 충분히 직설적이다. 'imagination'이 'imagi'와 'nation'으로 쉽게 분리되기 때문이다. 그러나 상상된 것들이 현실적이지 않다는 이유로 상상 속에만 존재한다고 생각하지 않는 것이 중요하다. 최소한 우리의 생각으로 상상된 것들을 없애 버릴 수 있다고 생각하지 말아야 한다. 상상된 공동체는 실재하기도 하고, 동시에 유령 같다거나 가상적이라는 의미에서 실재하지 않는다고 말할 수도 있다. 요즘에야 신기술의 발달로 가상의 공동체, 즉 민족을 뛰어넘는 공동체의 관점을 생각하는 일이 어렵지 않게 되었지만, 앤더슨의 책은 우리에게 민족은 그 자체가 항상 가상의 공동체였다는 사실을 상기시킨다. 몇 가지 의미에서 이것은 사실이다.

우선 앤더슨은 비록 민족국가nation-state라는 것이 역사적으로 특별한 것이고 상대적으로 최근에 생긴 것이긴 하지만, 민족은 그 자체가 항상 초역사적인 영원성의 기운을 지닌다고 생각한다. "만약 민족국가들이 '새롭고' '역사적인' 것으로 널리 인정된다면, 민족 구성원들이 정치적으로 표현해 낸 민족은 항상 태곳적 과거로부터 빠져나와서, 더 중요하게는, 무한한 미래 속으로 자연스럽게 흘러 들어간다."(1991:11–12) 다른 말로 하면 민족은 신화의 한 형태이다. 바바는 이러한 생각을 다른 말로 바꾸면서 민족과 서사 사이의 연관성을 강조한다. "서사와 마찬가지로 민족은 시간의 신화 속에서 제 기원을 잃어버리고 정신의 관점에서만 제 지평을 완전히 실현시킨다."(NN: 1)

그럼에도 불구하고 현재까지는 민족이 항상 자신과 일치하는 것처럼 보일 것이다. 민족이 지닌 두 번째 가상의 특징은 민족이 제 자신에 대해 가지는 이러한 우연성을 강조한다. 앤더슨이 볼 때 근대 민족은 일종의 동시성의 문제여서, 상상된 공동체의 개별 구성원이 바로 지금 여기서 자신을 여러 명 가운데 하나라고 정확히 상상할 수 있다. 근대국가 이전에 있었던 군주정 구조의 비합리적이고 신에 의한 동시성과 대조되는 이러한 수평적인 동시성은, 대체로 근대 인쇄언어의 출현으로 가능해져 소설과 신문 형태로 나타난다. 소설의 형태는 근대 유럽 민족의 발생과 오랫동안 연관되어 왔다. 신문은 분명히 글자 그대로의 동시성을 가지고 있는데, 어떤 국가나 민족에 속해 있으면서 같은 날 같은 시간에 같은 언어로 같은 이야기를 읽는 수백만 명의 사람이 있기 때문이다. 앤더슨은 민족이 지니는 이 '캘린더적인calendrical' 요소가 중요하다고 말한다. "동질적이고 비어 있는 시간을 통해서 캘린더적으로 움직이는 사회학적 유기체라는 생각은 민족이라는 생각과 정확한 유비 관계에 있는데, 민족 또한 꾸준히 역사를 오르내리는 견고한 공동체로 여겨지기 때문이다."(1991:26)

 독일 비평가인 발터 벤야민Walter Benjamin의 저작을 가리키는 '동질적이고 비어 있는 시간'이라는 어구는, 역사를 통해 민족이 진행하는 것은 심지어는 전쟁과 같은 심각한 분리와 전이로도 방해받지 않고 꾸준하다는 것을 암시한다. 민족은 자기동일적인 것처럼 보여서, 강압적인 상황에서도 제 역사적 운명에 어떤 확신을 갖는다. 강압적인 상황은 민족을 더 그 자신이 되게끔 만드는 것 같다. 예를 들어 '돌격 정신' 같은 것을 부추기는 경우이다. 다른 말로 하면, 가장 혹독한 역사적인 순간에서도 민족은 서로 함께 뭉치면서 완전한 동시성을 누리며 민족과 자신을 동일시한다. 바바가 주의를 기울인 것이 바로 이 개념이다. 그의 저작은, 민족의 개념에 들어맞지 않는 사람들을 배제하는 경향이 있는 방만하고 치명적인 방식으로 동시성을 내세우는 주장을 끊임없이 약화시키려고 한다.

민족을 수행하기

만약에 호미 바바를 읽은 후에 살만 루슈디의 소설《무어의 마지막 한숨 The Moor's Last Sigh》(1996)을 읽는다면 순간적으로 기괴하고 낯선 인식을 경험할 것이다. 화자의 어머니는 오로라 조호비 Aurora Zogoiby라는 화가인데, 그녀는 다양한 스타일의 그림을 그리고 그녀의 아들은 그 스타일에 대해 논평한다. 한 전시회 카탈로그에서 바킬 박사라는 코믹한 미술사가가 충격적인 제목의 에세이를 발표하는데, 그 제목이 'Imperso-Nation and Dis/Semi/Nation: Dialogics of Eclecticism and Interrogations of Authenticity in A.Z.', 곧 'Imperso-Nation and Dis/Semi/Nation: A.Z.에 나타난 진정성에 대한 질문과 절충주의의 변증법'이다. 여기서 논의하려는 바바 에세이의 제목도 이와 비슷하다. '민족의 산포: 시간, 서사, 그리고 근대 민족의 주변 DissemiNation: Time, narrative and the margins of the modern nation'. 이러한 유사성 때문에 바바에 대한 신뢰도가 떨어지는 것은 아니다. 루슈디의 소설은 혼종적 공간에 대한 다양한 표현을 매우 바바적인 언어로 제공하기 때문이다.

세상들이 부딪히는 장소, 서로가 흘러 들어가고 흘러나오며, 씻어 내어 버리는 장소. 비행사가 물에 빠져 죽을 수 있는 곳, 그렇지 않으면 아가미가 자라나는 곳. 수중 생명체가 공기에 취할 수도 있고 숨 막힐 수도 있는 곳. 하나의 우주, 하나의 차원, 하나의 나라, 하나의 꿈이 서로 부딪혀서 그 위에 있거나 그 아래에 있게 되는 곳. 팰림스타인Palimpstine이라고나 할까.(Rushdie 1996:226)

이 작품에는 미술 역사와 영화 이론에 대한 이상한 혼성 모방적인 단락이 많이 등장함에도 불구하고, 이 단락은 역사와 정체성을 팰림세스트palimpsest 형태로 직접적이고 진지하게 표현한 것처럼 보인다. '팰림세스트'는 덧쓰이고 과도하게 주석이 달린 필사본으로, 이전의 글쓰기가 새로운 글쓰기 밑으로 보인다. 팰림세스트는 혼종적 정체성을 생각나게 하는 모델이다. 그러나 루슈디에서 인용한 단락은 그렇게 쉽게 설명되지 않는다. 그리고 공간을 얻고자 경쟁하고, 서로 간에 그리고 서로 안에서 자신을 강요하는 모든 세계는 필연적으로 바바의 민족 개념을 불러낸다. 단지 여기서는 서양의 경우만이 아니라 인도의 경우도 그러하다는 것이다. 루슈디의 소설은 팰림세스트적인 관점이 만들어 낼 수 있는 불안감을 드러내며, 오로라가 그러한 불안감의 희생양이 된다. 예를 들어, 아브라함Abraham의 조상은 무어인 보압딜Boadil the Moor까지 거슬러 올라가는데, 이 사실은 오로라의 기분을 상하게 만든다. 화자는 "우리 인종의 순수성을 주장하시는 어머니, 당신의 조상인 무어인에게는 무슨 말씀을 하실 것입니까?"라고 수사적인 질문을 던진다.(이 책의 저자인 허다트 교수가 착각한 부분으로, 이 말은 작품의 화자가 한 것이 아니라 화자의 아버지인 아브라함이 어머니 플로리에게 한 말이다. 그러니 앞 문장의 오로라도 플로리로 바꾸어야 한다.—옮긴이)(1996:82) 더 중요한 점은, 루슈디가 바바가 자신의 글에서 분명하게 밝힌 동일성과 비동일성, 정적인 것과 과정적인 것 사이의 연관성을 암시적으로 드러낸다는 것이다. 화자는 자신의 어머니를 20세기 후반 뭄바이에 거주하는 혼란에 빠진 세속주의자로 묘사한다. "예술가가 자신의 정체성을 잃어버리기 쉬운 시기가 있었다. 많은 사상가들이 국가의 거대한 삶은 이타적이고 헌신적이며, 심지어 애국적이기까지 한 모방으로만 재현될 수 있다고 믿었던 때가 바로 그 시기였다."(1996:173) 바바가 주장하듯이, 예술가에게는 바바가 '수행적performative' 차원이라고 부르는 쪽에 서서 '교육적pedagogical' 차원, 즉 공동체는 정적이고 자기동일적이라는 손쉬운 유혹에 저항하는 것이 필수적이다.

바바는 이 두 용어를 가지고 무엇을 의미하는가? 바바의 글에는 그 정의가 내려져 있다. 그 정의를 설명한 후 바바의 글에 나타난 일반적인 진술들을 세세하게 살펴볼 것이다. 왜냐하면 그러한 진술들은 식민지배 권위에 대한 바바의 주장과 이러한 개념들을 교차 점검하게끔 도와주기 때문이다. 개념에 대한 정의는 양가성이 단순히 식민지배 권위의 문제일 뿐만 아니라, 탈식민 민족성에 대한 문제이기도 한 이유와 이러한 양가성이 시간성의 문제라는 사실을 이해하는 데 도움을 준다. "문화와 공동체의 언어는 민족적 과거의 수사적 표현이 되어 가는 현재의 균열 위에 놓여 있다."(LC: 142) 바바는 '민족의 근대성이 가진 균열된 시간'에 대해 언급한다. 그가 생각할 때, 우리는 '문화적 의미화라는 조각나고 덧댄 자국들과 민족주의 교육의 확실성 사이에' 사로잡혀 있다.(LC: 142) 한편으로는 '교육적 차원이 주장하는 연속적이고 축적된 시간성'이 있고, 다른 한편에는 '수행적 차원이 의도하는 반복적이고 되풀이되는 전략'이 있다.(LC: 145) 교육적 차원과 수행적 차원은 필연적으로 언제나 함께한다. 그러나 문제는 이 개념들이 어떻게 작용하는가이다. 바바는 '사람들people'이라는 전체적인 개념은 '이중적 서사 운동'으로부터 출현한다고 본다.(LC: 145) 사람들은 민족과 마찬가지로 일종의 전략, 수사적 전략이다. 이 이중적 운동은 언제나 함께하는 교육적 차원과 수행적 차원, 확실성과 불확실성의 운동이다. 이중적 운동과 그것의 이상한 시간성에 대한 바바의 설명은 다음과 같다.

그러면 우리에게는 논쟁적인 개념적 영역이 남게 된다. 그 영역에서는 민족을 구성하는 사람들이 이중적 시간 속에서 사고되어야 한다. 사람들은 민족주의 교육의 역사적인 '대상'이어서, 과거에 이미 주어지거나 구성된 역사적 기원에 근거한 권위를 담론에 제공한다. 사람들은 또한 의미화 과정의 '주체'이기도 하다. 이 의미화의 과정은 사람들이 민족으로서 이전에 가졌던 기원으로서의 모든 존재를 지워 버려야만 사람들에 대한 경이롭고 살아 있는 원칙을 현재성이라고 증명할 수 있다. 이때의 현재성이란 현재에 대한 표시인데, 이 현재를 통해서 재생산 과정으로서의 민족적 삶을 되찾을 수 있다.(LC: 145)

이러한 이중성은, 바바의 저작에 등장하는 다른 많은 반복들과 마찬가지로, 분명하게 규정된 정체성으로서의 민족에 대한 반복된 진술이 아니다. 그보다는 2장에서 살펴본 '반복'에 대한 설명이 암시하듯이, 재진술되고 있는 것은 결코 완전히 자기 자신일 수 없다는 이상하고 기괴하고 낯선 느낌과 항상 함께한다. '반복될 수 있는 그 자체는' 어디에도 없다. 바바가 〈고대의 것을 분명히 말하기Articulation the Archaic〉에서 썼듯이, "'동일한 것'의 반복은 사실은 그 자신에 대한 배제가 될 수 있다."(LC: 137) 한편에서는 교육적 차원이 민족과 사람들의 지금 그들의 모습이라고 말한다. 다른 한편에서는 수행적 차원이 민족과 사람들은 우리의 생각 속에 존재하는 예전의 그들의 모습에 대해 그리고 그것을 넘어서는 비동일적인 잉여를 끊임없이 만들어 낸다는 사실을 떠올리게 만든다. 심지어 교육적 차원조차도 수행적 차원의 이러한 논리 속에 묶여 있다고 주장할 수 있다. 겉으로는 안정되어 보이는 교육적 차원의 진술도 사실은 끊임없이 민족에 대한 정의를 넘어서는 민족의 현실을 계속해서 재진술할 필요에 묶여 있다. 만약 교육적 차원이 이러한 방식으로 수행적 차원에 묶여 있다면, 그 결과는 명백하게 분리되어 있는 것으로 보이는 범주들의 경계가 흐릿해지는, 그렇지만 낯익은, 경우가 된다. 그러면 비록 내가 두 개의 정의를 내렸고, 두 개의 정의를 내리는 바바를 인용했지만, 이 둘을 나누고 정의 내리는 것은 쉬운 작업이 아니다. 바바는 이렇게 쓴다. "이미 예정되어 있고 '그 자체로' 자가 발전하는 민족, 즉 다른 민족과는 배타적인 민족으로 나누는 양극화 대신에, 수행적 차원은 일시적인 '중간지대'를 제시한다."(LC: 148) 똑같은 방식으로 교육적 차원과 수행적 차원의 양극성은 끊임없이 희미해져서, 교육적 차원은 결코 그것이 원하는 대로 안정적이 될 수 없으며, 수행적 차원 그 자체도 교육적으로 중요해진다.

민족이 되기

바바는 다음과 같이 주장한다. "민족은 공동체와 친족이 뿌리 뽑혀 생겨난 공백을 채우고, 그러한 손실을 은유의 언어로 전환시킨다."(LC: 139) 이전의 장들에서 바바가 주로 환유에 대해 더 많이 공감한다고 지적한 바 있다. 은유라는 것은 우리가 거기로 되돌아가야 할지도 모르는 어떤 현실, 어떤 기원을 암시하는 것처럼 보이기 때문이다. 그래서 직선적이고 수평적이며 역사주의적인 서사의 관점에서 보면, 민족은 공동체가 원하는 안정적인, 이상향을 설정하고 그곳으로 되돌아가려는 전망을 의미한다. 그러나 바바에게 "근대 민족으로서의 사람들의 공간은 결코 단순히 수평적이지 않다."(LC: 141) 바바를 비판하는 많은 비평가들은 그가 민족주의를 폄하하는 것이 인식을 통한 것이라고 반대하면서, 실제로 기존의 여러 형태의 반식민주의는 다양한 형태의 민족주의에서 힘을 얻었다는 사실을 지적한다. 그러나 바바는 여기에서 자신의 진정한 관심사는 민족주의가 아니라고 주장한다. 민족주의는 은유의 편이며, 안정화와 수평성을 의도하는 편이지, 안정적인 결론이 없는 환유의 양가적이고 수직적인 이동과는 함께하지 않는다는 것이다. 이미 그는 자신의 글의 초점이 역사주의에 저항하는 시간에 대한 특정한 태도인 일시성이 될 것이라고 밝힌 바 있다. 리얼리즘과 역사주의, 식민지배 권위와의 관계를 설명하는 이전 장들을 떠올려 보면, 이러한 강조가 낯설지 않을 것이다. 바바는 〈민족의 산포〉에서 민족이 반드시 역사주의적인 관점에서 인식될 필요는 없다는 핵심적인 주장을 펼친다. 바바에게 민족이란 서사의 한 형태이기 때문에 이 부분은 반드시 이해하고 넘어가야 한다.

역사주의가 제시하는 사건과 개념 간의 직선적 등가성이 하나의 사람들 혹은 민족, 민족문화를 경험에 의한 사회학적 범주로 아니면 전체를 형성하는 문화적 실체로 의미화하는 행위는 흔하다. 그러나 민족이라는 사실이 문화적 생산과 정치적 투사에 가하는 서사적이고 심리적인 힘은 하나의 서사 전략으로서 '민족'이 지닌 양가성의 효과이다. 상징적인 권력 장치로서의 민족은, 민족을 서술하는 행위 속에서 성, 계급 연대, 영역 편집증, '문화적 차이'와 같은 범주의 끊임없는 미끄러짐을 생산해 낸다. 용어들의 이러한 배

제와 반복을 통해서 나타나는 것은 문화적 근대의 경계성을 측정하는 장치로서의 민족이다.(LC: 140)

식민지배 권력처럼, 민족주의 서사 권력은 자신의 일관성과 통일성을 전적으로 확신하고 있는 것처럼 보인다. 그러나 그러는 동안에도 사람들의 정체성을 정말로 고정시키는 것, 이러한 행위는 사람들의 정체성을 하나의 압도적인 민족 특성에 국한시키는 행위가 될 텐데, 이런 것이 불가능하다는 사실은 민족주의 서사 권력을 약화시킨다. 민족 특성에 중점을 두는 서사는 다른 정체성들, 예를 들어 성이나 계급, 또는 인종 등으로 끊임없이 대체되며, 이러한 대체는 끝이 없어 보인다. 사실, 우리는 그 끝을 바라서는 안 된다. 왜냐하면 그것은 고정된, 그래서 정형화된 민족 정체성에 대한 생각을 받아들이는 행위가 되기 때문이다. 낯익은 이 이중적 구조는 식민지배 권위에서 발견된 것과 똑같은 구조이고, 기괴한 낯섦이라는 개념으로 아주 잘 포착된 이중성이기도 하다. 그런데 앞 단락의 마지막 문장에서, 바바는 민족을 근대에 대한 종족기술 연구에서 가장 중요한 징후로 간주한다. 이는 다시 한 번 탈식민 비평이, 민족을 아주 훌륭한 예로 삼으면서, 근대에 대한 정신분석이라는 생각을 드러낸다.

민족이라는 이 훌륭한 예 덕분에 연구 대상을 바꾸면 연구 방법 또한 바뀌어야 한다는 것을 알게 된다. 이러한 변화는 분석되는 논리적 구조로 암시된다. 교육적 차원과 수행적 차원 간의 움직임은 '사람들'이라는 범주가 기정사실인 동시에 열려 있는 하나의 과정becoming이기도 하다는 것을 의미한다. '우리'는 말하는 주체이자 동시에 말해지는, 말해짐으로 인해 존재하게 되는 대상 둘 다가 되었다. 그래서 "서사를 장악하는 위치는 한쪽 눈을 통한 것도 아니고 독백이나 독단에 의한 것도 아니다." (LC: 150) 바바는 영향력 있는 구조주의 인류학자 클로드 레비 스트로스Claude Lévi-Strauss가 규정한, 관찰자가 관찰자인 동시에 관찰 대상의 일부가 되어야 한다는 종족기술 행위를 언급한다. 오랫동안 유럽의 종족기술 연구는 다른 장소에 있는 사람들에 대한 연구였다. 이와 대조적으로, 바바가 민족을 근대에 대한 종족기술 연구 내에 있는 징후로 읽을 때, 이 종족기술 연구 대상은 그 내부에서 명백히 자기동일적이고 안정적인 유럽의 정체성으로 바뀐다. "그것은 하나로서의 사람들이 가진 타자성의 문제가 된다. 민족 주체는 문화의 동시대성이라는 종족기술의 관점 내에서 분열되어 주변부의 목소리나 소수민 담론에 이론적 지위와 서사적 권위를 제공한다."(LC: 150) 바바의 목적이 서구가 갖고 있는 자신에 대한 생각을 동요하게 만들려는 것이라면, 역사적 사건은 소수민을 옹호하는 관점에 특권을 제공한다. 이 관점을 알아 보자.

민족에 대한 관점

민족의 이중적 시간이 암시하는 바를 해명해야 한다. 왜냐하면

이 이중성에 대해 우리는 식민지배 권위(이 또한 양가성의 문제인데)에 대해 가졌던 입장과 매우 비슷한 입장인 것처럼 보이기 때문이다. 민족에 대한 이러한 이해는 겉으로는 매력적으로 보인다. 그렇다면 이러한 양가성이나 불안이 단순히 겉으로 통합된 민족에게만 국한되는가? 만약 그렇지 않다면(겉으로 통합되어 있지 않은 민족에게도 해당된다면), 그 둘 사이에는 실제로 어떤 차이가 있는가? 교육적 차원은 민족을 표현하면서 물화시키고 생명력을 빼앗는다. 물화되고 생명력이 결여되었다고 인정하는 것은, 아무리 잘해도 공식적인 서사의 불안이 아니라 그 문제들만 인식하는 것이다. 그러나 이 불안은 민족에 대한 공식적인 모습에만 국한되지 않는다. 사실, 그것은 다른 경우에는 불안으로 느껴지지 않고 일종의 기회로 여겨진다. "소수민 담론은 삶의 완전함이 교육적으로 재현되는 상황에서 살아갈 때 생겨나는 민족문화와 사람들의 지위를 당혹함이 느껴지는 논쟁적이고 수행적인 공간으로 인식한다."(LC: 157) 정체성 형성이 갖는 우연적이고 과정적인 본질을 씻어 없애려 하지 않으면서, 소수민 문화는 분열된 현재의 관계를 끌어안으려 한다.

바바가 든 예들 중 하나는(《새로움이 어떻게 세계 속으로 들어오는가 How Newness Enters the World》에서 길게 설명되었다.) 살만 루슈디의 《악마의 시 The Satanic Verses》이다. 이 소설을 세밀하게 살펴보면서 어떻게 소수민과 이주민의 관점이 민족성에 대한 서사를 다시 쓰게 되는지를 설명할 것이다. 이 작품을 둘러싼 논쟁들이 무엇을 암시하든지 간에, 이 경우에 개정되고 다시 쓰이는 것은 영국성에 대한 서사이다. 《악마의 시》는 수많은 이야기와 스타일 때문에 소개하기 매우 힘든 소설이다. 그러나 축이 되는 이야기는 인도 영화계의 전설적인 배우인 지브릴 파리슈타Gibreel Farishta와, 작품의 첫 부분에서 폭발한 비행기에서 바다로 떨어지는 동안 선과 악의 끝나지 않는 싸움에 관한 논쟁적인 시를 노래하던 살라딘 참차Saladin Chamcha에 대한 것이다. 소설의 다른 주요 플롯은 지브릴이 '꿈을 꾼 것'인데, 7세기 이슬람교의 성립 과정에 근거한 마훈드Mahound(무함마드Muhammad—옮긴이)의 이야기를 다룬다. 바바는 이 소설의 복합적인 서사와 소설을 둘러싼 실제 삶의 사건들을 중간 지대에 있는 혼종적 정체성의 위험천만함의 증거로 간주한다. 다음은 바바가 《아트포럼》에 이 소설과 소설에 대한 반응에 관해 쓴 논평이다.

> 이 책이 독특하게 밝혀 주는 것은 근대사회의 문화적·정치적 주변부에서 위험천만하게 살아온 하나의 삶이다. 한때 전통이 지닌 편안함과 지속성이 주는 혜택을 믿을 수 있었던 곳에서, 오늘날 우리는 문화적 번역에 수반되는 책임감에 직면해야만 한다. 서로 다른 문화와 언어, 사회들 사이를 중재하려는 시도 속에는 항상 오역과 혼란, 공포의 위협이 있다.(ATL: 12)

혼종성hybridity이라는 것이 생기를 잃어버린 민족 전통을 마술적이고 다문화적으로 재발명하는, 단순히 축복받을 어떤 것은 아니다. 오히려 이것은 루슈디가 경험하였듯이, 어렵고 논쟁적인 교섭의 과정이다. 사실 이 예는 바바가 단순히 혼종성을 찬미하지는 않았으며, 그 정도가 어느 만큼인지를 강력하게 보여 준다. 책이 출간된 후 많은 나라에서 금서가 되고, 이란의 지도자 아야톨라 루홀라 호메이니가 루슈디에게 (종교적) 사형선고를 내리는 등 소설을 둘러싼 논쟁의 여파 속에서 쓴 글 〈진정한 신념으로In Good Faith〉에서 루슈디는 "혼종성, 잡종성, 서로 섞임에 대해, 그리고 인간들과 문화들, 정치적 생각들이 새롭고 예상치 못한 방식으로 결합되면서 생겨나는 변형을" 찬미하고자 하는 자신의 바람을 밝힌다.(1992:394) 물론 논쟁 자체는 사회학자 폴 길로이의 "[정체성들] 사이의 공간을 차지하거나 정체성들 간의 연속성을 보여 주려고 하는 것은 정치적 반항이 보여 주는 도발적이고 심지어 적대적인 행위로 간주된다"는 말을 떠올리게 한다.(1993:1)

정치적인 것에 대한 길로이의 생각은 정당정치보다는 넓은 것이며, 그의 논평은 《악마의 시》가 수행하고 주제화시키는 반항의 형태를 적절하게 표현했다. 이 작품은 루슈디가 '순수라는 절대주의'라고 부른 것에 대한 공격이다.(1992:394) 정체를 파악하기 힘든 화자의 목소리는 주인공 지브릴과 살라딘이 마주치는 순수한 정체성이라는 많은 허구들을 비웃고, 뒤집고, 파괴한다. 그리고 이러한 정체성이 허구라는 사실은 인도뿐만 아니라, 세속적이라고 여겨지는 영국의 경우에도 더하지는 않더라도 똑같은 정도로 적용된다. 많은 사람들이 스스로 알고 있다고 여기듯이, 이슬람에 대한 하나의 모습에도 이 사실은 특별히 적용된다. 인도의 전통과 모더니즘, 탈근대주의에서 끌어온, 작품의 서사 모델은 극도로 혼란스럽게 만드는 효과가 있는데, 그러한 서사 모델은 동질적이고 비어 있는 시간이라는 역사주의적 비전으로 환원되기를 끝까지 거부한다. 서사 전통은 분명히 복합성을 받아들이고 있어서, 인물들과 이야기들이 서로에게 흘러 들어간다. 또한 현실과 꿈의 경계가 흐려지는 모티프가 반복되는데, 살라딘이 변형된 모습으로 대중의 상상 세계 속으로 진입하는 장면에서 가장 생생하게 표현된다. "비록 아무도 인정하지 않았고, 처음에는 이해하지도 않았지만, 실제로 일어나고 있었던 일은, 흑인이고 황인이고 백인이건 상관없이, 모두가 꿈속의 인물을 실재하는 존재로 생각하기 시작했다는 것이다. 즉, 그를 경계를 넘어선 존재로 생각하기 시작했다."(Rushdie 1988: 288) 경계를 가로지르기 시작한 것이다. 그 경계가 법적이거나 정치적인 경계라기보다는 허구적인 경계라면 말이다.

마찬가지로, 작품이 개별 이야기들을 병치시키는 것이 처음만큼 분명히 구분되어 보이지는 않는다. 그래서 마훈드와 자힐리아에 대한 부분을 읽는 방법 중 하나는 이를 제 정체성에 대한 지브릴의 불안을 표현한 것으로 보는 것이다. 예언자가 다른 누군가의 말을 지브릴의 귀에다 남기고 떠나지만 지브릴이 그것을 쉽사리 믿지 못한다는 사실 자체가 지브릴이 자신의 정체성을 어느 정도로 통제하지 못하는지를 보여 준다. 지브릴은 영화계의 스타이고, 따라서 여기서 정체성의 문제는 공적 영역과 사적 영역 사이의 가정된 구분과 함께 특히나 복잡해진다. 그럼에도 불구하고, 처음에 나오는 지브릴과 끝에 등장하는 지브릴이 극명한 대조를 보인다는 사실은, 자신의 정체성을 다시 만들어 내려는 그의 욕망과 그로 인한 불안이, 그리고 궁극에는 정체성을 만들어 낼 능력이 없다는 사실과 맞물려, 그가 자살할 것임을 암시한다. 작품의 처음에 지브릴은 자신의 죽음을 암시하는 듯한 노래를 살라딘에게 불러 준다. "다시 태어나려면", 천국에서 굴러 떨어지면서 지브릴 파리슈타는 노래했다, "먼저 죽어야 한다네."(1988:3) 결국에 그는 자살하고, '자유롭게 된다'. 그러나 그가 무엇으로부터 자유롭게 되었는지는 불분명하다. 지브릴이 개인적인 정체성을 수행적 차원에서 파악했음에도 불구하고, 그는 불가능한 교육적 차원의 확실성에 붙들려 있었다. 그가 지속적으로 떨쳐 버리려 했던 정체성의 흔적들을 마침내 털어 버린 것은 분명하다. 그러나 그것과 함께 정체성의 모든 외관도 같이 사라져 버린 듯하다. 어떤 부분에서 우리는 살라딘에 대한 평가와 더불어 다음과 같은 지브릴에 대한 평가를 읽게 된다.

> 지브릴은, 그의 다양한 극중 이름과 연기에도 불구하고, 다시 태어나야 한다는 그의 슬로건과 새로운 시작들, 그리고 변신들에도 불구하고, 대부분의 경우, 연속적이기를 원했다. 즉, 과거로부터 나와서 과거에 연결되어 있기를 바랐다. …… 반면에 살라딘 참차는 선택적 불연속성의 창조물이고, 의도적인 재발명품이다.(1988:427)

지브릴이 주는 교훈은(이와 같은 방침을 제시하는 단락은 이것이 진실로 교훈이라고 암시한다.), 정체성이라는 것은 자신이 채택하는 엄격하고 비타협적인 방식으로 접근할 수 없다는 것이다. 이와 대조적으로 살라딘의 궁극적인 행복은 유동적인 정체성 개념에 근거하는데, 이러한 개념은 그 자신의 몇몇 태도로 인해 아이로니컬해진다. 작품 내내, 지니Zeeny는 식민지배에 대한 반동적 변명을 일삼는 자라고 비난한다. 미샬Mishal과 아나히타Anahita가 자신들은 영국인이라고 밝힐 때, 살라딘은 다르게 생각한다. "하지만 그들은 영국인이 아니라고 그는 말하고 싶었다. 정확히 그가 인정할 수 있는 어떤 면에서도 그들은 영국인이 아니었다. 그러나 그의 오래된 확신들은 그 순간 그의 오래된 삶과 함께 미끄러져 나가고 있었다."(1988: 259) 마지막 문장 또한 중요하다. 왜냐하면 살라딘이 구원을 받는 것은 바로 이런 방식으로 자신의 오래된 확신들을 잃어버림으로써 가능해지기 때문이다. 살라딘의 몸이 악마로 변할 때, 작품의 중심적인 단락이자 코믹한 순간이기도 한 부분에서 수피안Sufyan이 그를 위로한다. 수피안은 고전 시대의 지혜를 살라딘에게 언급한다. 특히 루크레티우스Lucretius와 오비드Ovid에 대해서 말한다.

"나로 말할 것 같으면, 항상 루크레티우스보다는 오비드를 더 높게 쳐주고 있소." [수피안이] 말했다. "선생, 당신의 영혼도 말이요 똑같소이다. 이주를 통해서만 영혼은 현재의 변화하는 형태를 가지게 된 것이오."

"퍽이나 냉정한 위안이겠군요," 참차는 자신의 오랜 메마른 성격의 흔적을 유지했다. "내가 루크레티우스를 받아들여서 내 가장 깊은 곳에서 어떤 악마적이고 회복 불가능한 변형이 일어나고 있다고 결론을 짓든, 내가 오비드의 주장에 찬성하여 지금 나타나고 있는 모든 것이 이미 거기에 있던 것들이 발현되는 것에 지나지 않는다고 결론을 짓든 말이요."(1988: 277)

비록 루슈디의 작품들이 겉으로는 항상 오비드의 관점을 찬양하고 그러한 관점의 구체적인 예를 제시하긴 하지만, 살라딘과 같은 인물에서 알 수 있듯이, 그의 작품들에는 겉보기에 반대되는 관점이 들어설 여지도 있다. 그래서 마냥 훌륭한 다문화주의적인 혼종성의 입지가 항상 약화되는 듯하며, 그 결과 언제나 조금은 불안해 보인다. 경탄을 자아내는 혼종성이 둘 또는 그 이상의 단일한 정체성들 사이에서 끼여 있을 수 있는 가능성도 언제나 존재한다. 또는 이주민이 교육적 차원의 민족이 주는 교훈을 너무도 잘 숙지할 가능성도 있다. 이맘Imam은 이에 대해, 가수에서 혁명의 목소리로 변한 비랄 엑스Bilal X에게 경고한다. "권력의 집에서 자라난다는 것은 너를 억압하는 원인인 바로 그 피부를 통해서 권력의 방식을 배우고 빨아들이는 것을 의미한다."(1988:211) 이런 모습을 보면 루슈디가, 사이드가《오리엔탈리즘》에서 설명한 방식으로 이슬람에 대해 오리엔탈리스트적인 관점을 제공했다고 비판받는 것도 놀라운 일이 아니다.

그럼에도 불구하고, 《악마의 시》는 이슬람을 철저하게 재현한 만큼 영국도 철저하게 재현한다. 루슈디의 영국은 논리적인 결론으로 이어지고, 예상 가능한 문제들이 있는 세속적 사회이다. 그러나 그가 《상상 속의 고향》에서 쓰듯이, 잘못된 것은 영국만이 아니다. "인도에서는 묘사의 위기가 곪아 터질 듯한 상태에 이르렀다."(1992: 2) 만약에 이러한 위기가 교육적 차원에서의 위기라면, 우리는 루슈디의 작품을 민족 서사에 있는 수행적 또는 시적 요소에 대한 강제적 표현으로 읽을 수 있다. 작품이 끝나 가면서, 우리는 다음과 같은 단락을 읽을 수 있다. "[스와틸케하Swatilkeha가] 주장하길, '요즘에는 우리의 입장을 매우 분명하게 진술할 필요가 있습니다. 모든 은유에는 잘못된 해석의 가능성이 있습니다.'"(1988: 537) 그러나 그러한 정서는 소설을 진행시키는 힘과는 완전히 반대되는 위치에 서 있다. 그래서 스와틸케하가 자신의 입장을 바로 철회하는 것이 놀랍지 않다. 은유는 여전히 안정성의 환상을 제시할 수 있다. 그러나 이 작품은 여러 면에서 끝없는 환유의 소설이다.

작품이 혼종성을 찬미한다는 것은 살라딘 참차라는 인물 속에서 결정적인 표현을 찾아낸다. 참차는 텔레비전의 정원 가꾸기 프로그램을 보면서 자신의 잠재력을 깨닫는 놀라운 경험을 한다.

거기에 그것은 손으로 만질 수 있을 정도로 분명하게 있었는데, 뿌리를 지닌 키메라는 영국 땅 한 뙈기에 완전히 뿌리를 내리고 거기서 잘 자라고 있었다. 그는 생각했다. 나무 하나가 자신의 아버지가 저 먼 정원에서 베어 낸 나무의 자리를, 완전히 다르고 서로 호환되지 않는 세상에서 은유적으로 대신할 수 있구나라고. 만약 저런 나무가 가능하다면, 그러면 자신도 가능할 것이다. 그 또한 붙어 있으면서, 뿌리를 내리고, 살아남을 수 있을 것이다. 혼종적 비극에 대한 텔레비전에 나타난 모든 이미지 속에서 …… 그는 이 하나의 재능을 부여받았다. 그것으로 충분했다. 그는 텔레비전을 껐다.(1988:406)

나무라는 것은 장소와 정체성에 대한 많은 전통적인 모습을 떠올리게 한다. 그러나 루슈디는 뿌리의 문제를 직접적인 방식으로 다루지 않았다. 영국과 인도 사이의 변화와 번역이 문제적이고 잠정적이라고 할지라도, 나무라는 것은 인도가 면밀한 의미에서 '호환 불가능한' 세계는 아니라는 사실을 강조한다. 나무의 이미지는 작품 내에서 영국 사회를 재상상하는 문맥에 여러 번 등장한다. 이 장에서 바바의 글쓰기로 돌아가는 것은 바로 그러한 문맥에서이다. 이주민은 정원사이면서 동시에 정원이다. 그리고 말하는 자이면서 동시에 말해지는 존재이기도 하다. 같은 맥락에서 심바 박사 Dr Simba의 어머니는 대중 집회 연설에서 다음과 같이 주장한다. "우리는 다시 만들어진 것이다. 그러나 분명히 말하건대, 우리는 또한 이 사회를 다시 만드는, 즉 밑바닥부터 꼭대기까지 다시 만드는 존재가 될 것이다. 우리는 죽은 나무를 모으는 자가 될 것이고 동시에 새로운 세상의 정원사가 될 것이다."(1988:414) 우리는 창조되었고, 창조자가 될 것이다. 이러한 공식은 이주민의 이중적 시간을 간단히 요약하는 것이 될 것이고, 《악마의 시》는 이주민의 이중적 시간에 대한 모범적인 예이다.

공동체와 민족

바바가 수행적 차원만 너무 강조하여 교육적 차원을 희생시키는 것처럼 보인다고 해서, 그가 정적인 차원, 또는 총체성 내지는 전체성과 완전히 결별할 수 있다고 생각한다는 뜻은 아니다. 다만, 그러한 것들은 변형될 것이다. 그래서 '민족의 산포'는 겉으로는 범주로서 그리고 정치 구조로서 민족의 유용성에 대한 폐기를 암시하는 것처럼 보인다. 또한 가장 친근한 형태의 공동체 개념도 평가절하하는 것처럼 보인다. 그럼에도 불구하고 민족과 공동체는 중요하다. 그것들을 새로운 방식으로 상상해야 한다. 이러한 용어들을 인용 부호 안에 넣어서 이 용어를 사용할 때에는 조심스러워야 한다는 것을 일깨워 주고 싶을 수도 있다. 그러나 이러한 용어들에 긍정적 수정을 가해야 할지도 모른다. 〈민족의 산포〉 원본을 살펴보면, 소수민 담론이 수행적 차원을 점유한 것에 대해, 앞서 인용한 단락 다음에 다음과 같은 중요한 제한 조건이 따라 나온다. "그러한 차이의 표시들이 사람들의 '역사'를 각인시킬 수 없다거나 정치적 연대의 집결점이 될 수 없다는 주장을 믿을 하등의 이유가 없다."(LC: 157) 더 나아가, 바바는 다음과 같이 쓴다. 탈식민적 그리고 여성주의적 시간성은 "우리로 하여금 초월적인 순간 없이 공동체와 소통의 문제를 사고하게끔 만든다."(LC: 153) 1991년에 바바는 민족에 대해 다음과 같이 말했다.

> 남아프리카와 동유럽과 같은 세계의 여러 지역에서 사람들이 그러한 형태의 사회(민족)를 위해서 실제로 살아가거나 죽어 가고 있는 시기에, 나는 우리가 민족 개념을 완전히 없앨 수 없다고 생각한다. 우리는 개념으로서의 민족이나 정치 구조로서의 민족을 완전히 없앨 수 없다. 그러나 우리 시대에 대해, 민족이 지닌 역사적 한계에 대해 인정할 수 있어야 한다.(ANI: 82)

하지만 이러한 범주에 대해서는 철저한 재고가 필요하다. 혼종성에 대한 바바의 논리가 결코 다문화주의의 '공식적' 형태와 일치하지 않는다는 점을 기억하자. 바바는 〈민족의 산포〉에서 다음과 같이 지적한다. "문화적 차이는 민족 공동체의 동질적이고 비어 있는 시간 속에서 여러 극점들과 복수성들이 자유롭게 노니는 것으로 이해되어서는 안 된다."(LC: 162) 바바는 민족 형태의 변화에 상응하지 않는 민족 내용상의 변화를 허용하는 것은 별 소득이 없다고 본다. 왜냐하면 형태는 항상 내용에 제한을 가하거나 심지어 약화시키기 때문이다. 베네딕트 앤더슨이 설명하듯이(1991), 총체적인 사회학적 유기체의 평온하고 매끄러운 형태는 스스로가 분열되어 있음을 억지로라도 상기해야 할 것이다.

| 민족과 교육

바바가 교육적 차원을 언급함으로써 제시한 하나의 논점이, 영문학 연구와 민족 서사 간의 연관성이다. 빅토리아조 영국의 시인이자 학교 감사관이었던 매슈 아널드Matthew Arnold(1822~1888)는 계급 연대를 증진시키고 '문명화된' 식민 행정가들을 만들어 내도록 의도된 문학 연구가 지닌 사회적 기능을 의식적으로 고안했다. 여러 비평가들이 영문학 연구가 영국 내에서건 영국 제국 전체에서건 어떻게 민족 정체성에 대한 특정한 생각을 만들어 내는지를 조사했다.(Baldick 1983; Viswanathan 1989) 바바는 민족의 서사를 재고하여 우리로 하여금 교육을, 특히 영문학 연구를 재구성하여 일관성이 이상적으로 투사된 모습이 아닌 혼종성의 현실에 걸맞게 만들게 한다. 영국을 재발명할 필요가 있다는 바바의 생각은 예술과 문화 이론에서 변혁된 사항을 다른 전문가들에게 전달할 필요성과 함께 시작된다.(RB 참조) 일부 전문가는 학교 교과과정을 짜고 수업 시간에 가르칠 것이기 때문에, 바바의 생각은 교육을 변화시키는 데 현실적인 용도를 지녀야 한다.

　교육 정책과 교과과정 등을 개정하는 것은 다문화주의의 목적 가운데 하나로 보일 수도 있고, 실제로 영국에서 수년간 널리 논의되었다.(여기서 점진적 변화도 중요하다는 것은 명백하다.) 2000년에 러니미드 트러스트Runnymede Trust(영국의 친다문화주의 싱크탱크—옮긴이)가 발간한 《다인종적 영국의 미래The Future of Multi-

Ethnic Britain》와 관련하여 이 책의 저자이기도 한 파렉Bhikhu Parekh이 쓴 논쟁적인 〈파렉 보고서Parekh Report〉는 이러한 교육 개정에 대한 지속적인 요구가 필요하다고 명백히 주장한다. '민족 이야기를 재고하며Rethinking the National Story'라는 암시적인 제목이 달린 장에서, 보고서는 '제국의 종말'을 다음과 같이 논의한다.

> 이것은 종종 때가 지나 버린 짐을 내려놓는 것으로 묘사된다. 그러나 민족문화에서 제국적 정신의 흔적을 지워 버리는 것, 특히나 영국 백인을 우월한 인종으로 생각하는 것과 관련된 흔적을 지워 버리기란 훨씬 더 어려운 일이다. 이런 정신 상태는 평소의 삶과 대중문화, 그리고 대중의 의식을 관통하고 있다. 이것은 투사된 환상과 차이에 대한 두려움, 그리고 타자에 대한 인종화된 스테레오타입들 속에 살아 있다. 영국성과 백인성이 구운 소고기와 요크셔 푸딩처럼 함께하는 것이라는, 굳이 말하지 않아도 되는 가정이 여전히 남아 있다. 이러한 제국적 경험에 대한 어떤 집단적인 작업도 철저하게 이루어지지 않았다. 이러한 관점에서 볼 때, 아프리카와 카리브 해, 아시아뿐 아니라 아일랜드 지배와 관련하여 영국을 제국 열강으로 재서술한 역사가 민족의 교과과정에서 빠졌다는 사실은 절대적인 재난으로 판명되고 있다.(2000:24-5)

이 장에서 중요하게 제시하는 점은, 학교에서 가르치는 역사가 하나의 민족을 서술할 때 그 서술 과정에는 생략과 망설임, 그리고 논쟁적인 관점에서 흘러나오는 모든 암시적인 의미가 공존한다는 것이다.(잉글랜드와 북아일랜드, 스코틀랜드, 웨일스의 교육체계가 똑같지 않다는 것 또한 기억해야 한다.) 〈파렉 보고서〉가 제시하듯이, 영제국은 민족 교과과정에서 체계적으로 삭제되어 온 것처럼 보이고 이러한 사실은 폭넓은 논쟁을 낳았다. 서로 다른 정치적 견해를 가진 사람들이 제국에 대한 연구를 재서술할 필요가 있는지를 두고 격렬히 맞섰다. 비록 어떤 역사가 발생하지 않은 것처럼 생각하길 멈출 수 있다면 더할 나위 없겠지만, 바바의 관점에서는 역사적 사실을 단순히 재서술하는 것만으로는 충분하지 않다. 영국은 현재 그 상태로, 즉 혼종적인 민족으로 수행적 차원에서 파악되어야 한다. 그 자체로, 그것이 이미 존재하며 경계가 분명한 현상인 양 단순하게 가르쳐서도 안 된다. 그러한 행위는 여전히 정적인 접근 방법을 수반하고, 상황을 현재의 상태대로 유지시킬 가능성, 즉 강한 감정을 불러일으킬 가능성을 암시하기 때문이다.

그러한 감정은 정신병원과 관련된 사안에 대한 악의적인 반응에서나 나타날 법하다. 7장에서 제시하듯이, 제한된 민족 공간 내에서 기존의 문화들이 서로 만난다는 전망을 가진 공식적인 다문화주의의 위험은 어디에서나 명백하다. 예를 들어, 비평가 가르기 바타차리야Gargi Bhattacharyya는 영국의 문화 교육에 대해 다음과 같이 서술한다.

'다문화주의'를 정부가 지원하는 것은 민족성에서 종족 중심적이지 않은 교육을 혼합시키려는 시도로 나타난다. 만약 이런 경우라면, 인종적 차별을 비판하는 입장은 문화 교육에서 다양성의 재현을 요구하는 것 이상의 더 세련된 주장을 내세워야 한다. 교육에 어떤 특정한 민족주의가 작용하는 것은 비영국적인 문화를 배제하는 데에만 의존하지는 않을지도 모른다. 그리고 '영문학 연구'가 다문화주의의 요구 사항에 따라 재정식화되면 그것은 더 이상 해방적이지 않을지도 모른다.(Bhattacharyya 1991:18)

만약에 다문화주의가 단순히 약간 더 확장된 민족의 형태를 만들어 내고, 그 다음에 그것을 공식적인 것으로 규정지으면서 포괄적으로 새롭게 정의된 민족 정체성의 형태를 즐기고 안주한다면, 그것 또한 수행적 차원이 소개한 시간적 균열로 만들어진 시험대를 통과하지 못할 것이다. 〈민족의 산포〉가 생각하는 문화적 차이의 표시, 즉 소수민 담론의 수행적 차원의 행위는 "역사주의적 기억의 기념비적 순간, 사회가 가진 사회학적 총체성, 또는 문화적 경험의 동질성을 찬미하지는 않을 것이다." (LC: 157)

이러한 관찰은 단순히 역사 교과과정뿐 아니라, 교과과정 일반에 영향을 미친다. 왜냐하면 미국과 영국의 교육체계에서는 '국민적 교과과정'으로 향해 가는 경향이 여러 특징들과 함께 나타나기 때문이다. 바바의 논리에서 문제시되는 것은 무엇을 가르치는지가 아니라 표준화된, 즉 거짓된 동의에 따른 국민적 교과과정이라는 바로 그 형태이다. 교육 이론가인 마이클 애플 Michael W. Apple은 바바를 인용하면서 이러한 사실을 미국 교육의 문맥 속에 간명하게 적용한다. "[국민적 교과과정이라는 것은] 그 내용이 만들어 내는 갈등으로 인해 수정될 수 있다. 그러나 교과과정의 정치학은 그것이 제도권 내에 있다는 점이다."(Apple 1996:35) 민족 서사는 그것이 가진 지식의 형태로 인해 더 큰 교육적 질문을 전형적으로 보여 준다. 누가 그러한 지식을 주장하는지는 문제가 되지 않는다. 왜냐하면 문제가 되는 것은 그러한 지식의 비과정적 속성이기 때문이다. 이러한 지식은 자기가 알아야 할 필요가 있는 모든 것을 알고 있기 때문에, 민족의 현재 모습을 이해하고 있고 앞으로 언제나 어떻게 될지도 알고 있다고 생각한다.

'민족'서사의 붕괴

바바의 저작은 혼종적 정체성과 이산, 이주, 그리고 경계선 넘기를 강조한 것으로 널리 알려져 있다. 종종 이런 식의 강조가 아무리 비유적이거나 문학적이라 할지라도, 그것이 민족적 제도와 민족주의에 비판적 태도를 암시하고 있음은 의심할 여지가 없다. 사실 많은 비평가들은 바바가 민족주의에 대해 극단적으로 적대적이라고 가정한다. 그러나 바바의 관점은 그러한 입장과는 다른 미묘한 차이를 보인다. 비록 그가 민족에는 '서사'되거나 '상상'된 특징이 있다는 점에 관심이 있긴 하지만, 민족의 이러한 특징이 예의 서사와 상상이 반드시 나쁜 것이라고 의미하는 것은 아니다. 민족의 정체성은 서사된 무엇이다. 그러나 과정은 이중적이다. 총체적인 사회학적 사실을 전면에 내세우는 교육적 차원이 있고, 그러한 총체적인 사실이 항상 열려 있어서 사실상 매일매일 미묘하게 변화되고 있다는 사실을 상기시키는 수행적 차원이 있다. 우리는 민족이란 무엇인가 그리고 누가 그 민족의 일부인지를 듣게 된다. 그러나 동시에 민족 주체는 매 순간마다 민족을 새로이 만들어 내면서 제도로서의 민족뿐만 아니라 민족이라는 개념 그 자체를 바꾼다.

비록 교육적 차원이 분명히 부정적이긴 하지만, 수행적 차원만을 강조해야 한다고 주장하는 것은 옳지 않을 것이다. 둘 사이에서의 주기적 움직임이 있다고 말하는 것이 더 정확할 것이다. 저작에서 설명하고 생산한 거의 모든 구조와 마찬가지로, 민족에 대한 바바의 생각은 소수민 집단이 가장 잘 탐구하는 민족의 비동일적 특성과 시간성을 다시금 강조한다. 이러한 것들이 영국 내에서 많은 논쟁의 중심에 섰다. 예를 들어, 〈파렉 보고서〉는 교육적 차원이 수행적 차원과 통합되어야 한다고 주장했다. 민족적 새로움이 날마다 만들어진다는 사실을 인식해야 하고 이를 장려해야 한다. 이 과정에서 교육은 중요한 역할을 한다.

제 7 장

문화적 권리

문화 담론과 인권 담론

이전 장에서는 민족 서사가 붕괴되는 방식에 중점을 두었다. 그러나 개별 민족의 경계에서 멈출 수는 없다. 그래서 이 장에서는 그러한 붕괴나 균열이 국제적인 문맥에서, 특히 인권이라는 언어에 대해 어떤 교훈을 제시하는지를 살펴볼 것이다. 이미 살펴보았듯이, 바바의 저작은 다수와 소수의 정체성에 대한 우리의 이해를 복잡하게 만든다. 그리고 이러한 복잡성은 다수와 소수의 문화들에 대해 분명히 암시하는 바가 있다. 그의 가장 최근 저작은 국제적인 협의로 보장되는 문화적 권리에 중점을 둠으로써 문화 담론과 인권 담론 사이의 관계를 탐구한다. 바바의 주장에 의하면, 그러한 국제적인 협의가 중요한 반면, 그것이 (필연적으로) 국가 간의 협의라는 바로 그 사실은 민족적이거나 국가적이지 않은 문화적 권리는 무시된다는 것을 의미한다. 그러한 문화에 대한 경험은 인권 담론의 변화를 요구한다.

문화적 권리에 대한 어떤 논의도 문화라는 용어 자체의 복잡성에 직면할 수밖에 없다. 문화라는 용어는 그 의미가 명확히 규정되지 않음에도 불구하고 우리에게 너무 쉽게 다가오는 용어 중 하나이기 때문이다. 우리는 많은 방식으로 이 용어를 사용하는데, 그 방식들 중 많은 부분은 서로 배타적이다. 마르크스주의 문화이론가 레이먼드 윌리엄스Raymond Williams가 말했듯이, 문화는 "영어에서 가장 복잡한 두세 단어 중 하나이다."(Williams 1983:87) 직관적으로 보아도, 문화적 권리에 대한 어떠한 주장도 그 자체로 복잡해질 가능성이 많아진다. 탈식민적이고 전 지구적인 세상의 복잡성 때문에, 1945년 이후 인권 보호를 위해 설정된 문제 틀이 점점 더 많은 압박을 받고 있다. 바바는 소수민 관점이 이러한 문제 틀에 다시금 활력을 불어넣을 수 있다고 본다. 인권 논의에서 탈식민적 관점에 특권이 주어져야 한다는 것이다. 이러한 관점은 '시차parallax'의 관점에서 이해될 수 있는데, 이것은 어떤 대상을 바라보는 사람의 위치가 바뀔 경우에 겉으로 보기에 그 대상의 위치가 바뀐 것으로 보이는 것을 의미한다. 이 경우에 대상은 문화이고, 탈식민적 시차적 관점은 우리가 문화, 문화들, 다문화주의, 그리고 다른 관련된 문제들을 우리가 어떻게 생각하는지에 중요한 의미를 가진다.

문화와 혼종성

현대의 문화는 식민 문화와 똑같이 혼종적이다. 혼종성 개념은 식민지배의 심리적 경제가 지닌 메커니즘이 지닌 특징을 잘 보여 준다. 식민지배의 정체성 구조가 현대의 문맥에서 발견되는 것과 똑같은 방식으로 혼종성의 구조도 현대의 문화 속에서 발견된다. 문화는 언제나 소급적 구성물이다. 이는 문화가 역사적 과정의 결과임을 의미한다. 따라서 혼종성을 연구할 때에는 적절히 비판적인 형태를 갖춰야 한다. '아트 인 어메리카Art in America'라는 저널과의 대담에서, 바바는 자신의 글쓰기에 대해 다음과 같이 주장한다.

> 탈식민적 관점은 전체론적 형태를 지닌 사회적 논의에 대한 시도를 거부한다. 나는 소수민 집단이 공유하는 것과 그들 사이에 합의된 것에 근거해서 소수민 집단의 모임을 교섭하려는 전통적인 자유주의적 시도에 의문을 제시한다. 나는 글쓰기를 통해서 우리가 어떤 수의 문화라도 조화롭게 예쁜 모자이크 모양으로 조합할 수 있다는 다문화주의적 개념에 반대하는 주장을 해 왔다. 다른 문화적 전통들을 단순히 모아서 어떤 멋진 새로운 문화적 총체를 만들어 낼 수는 없다는 이야기다. 경제적·사회적 역사의 현재 국면은 문화적 차이를 인식하는 데 다양성을 찬미하는 수준에서가 아니라 항상 분쟁이나 위기의 지점에서 그 차이를 파악하게 한다.(ANI: 82)

이 단락은 다양한 중요한 가정들을 불러 모은다. 바바는 총체화시키는 설명의 틀을 거부하는데, 여기서 그는 그러한 틀을 서로 뚜렷이 구분되는 문화들을 조화로운 전체로 결합시키려는 다문화주의의 한 형태에 직접적으로 연결시킨다. 그런데 마지막 문장은 뚜렷이 구분되는 문화들이 결코 이미 존재하던 것이 아니라 역사적 변화, 특히 식민지배와 탈식민주의의 효과라는 사실을 떠올리게 한다. 그것이 바로 '분쟁이나 위기의 지점'이 암시하는 바이다. 그러면 문화적 혼종성이라는 것은 절대적으로 일반적인 어떤 것이 아니다. 혼종성이 모든 문화에서 무분별하게 강조되는 것처럼 보일 수도 있다. 그러나 그러한 논리는 모든 차이의 경계를 흐려서 별 차이가 없는 것으로 만들고, 모든 혼종성을 똑같은 것으로 보이게 만들 수 있다. 바바의 혼종성 이론은 흉내와 교활한 공손함과 연관되어 있을 뿐 아니라(4장 참조), 혼종화된 문화가 이미 존재한다는 것을 부정한다는 점에서 중요하다. 이 점은 에세이 〈경이로운 기호들 Signs Taken For Wonders〉에 있는 다음의 긴 인용문에서 분명해진다.

식민지배의 혼종성이라는 것은 두 개의 다른 문화 사이의 계보나 정체성의 문제가 아니기 때문에, 문화적 상대주의의 사안으로 해결될 수 있는 성질의 것이 아니다. 혼종성은 식민지배의 재현과 개별화의 문제 틀로서 식민지배의 부정을 뒤집는다. 그래서 '부정된' 다른 지식들이 지배적인 담론에 문제를 제기하며 그 담론의 권위, 즉 인식의 법칙을 낯설게 만든다. 다시 한 번 강조하건대, 부정된 지식이 문화적 타자성의 형태를 가지거나 배반적 식민지배의 전통이 된다 할지라도, 되돌아와서 반counter 권위로서 인정받는 것은 단지 부정된 지식들의 내용만이 아니다. 권위들 간의 갈등을 해결하고자 문명적 담론은 항상 판결을 내리는 심사 절차를 유지한다. 민족적 권위의 상징을 식민지배의 차이의 기호로서 재평가하는 중에, 즉 혼종적 존재 내에서 회복할 수 없을 정도로 소원하게 만드는 어떤 것은 문화들 간의 차이가 더 이상 인식론적 또는 도덕적 고찰의 대상으로 확인되거나 평가될 수 없음을 의미한다. 문화적 차이는 단지 인식되려고 또는 이용되고자 거기에 있는 것이 아니다.(LC: 114)

이 단락은 두 가지 점을 강조한다. 첫째, 어느 정도 순수한 두 개 또는 그 이상의 문화들을 상정한 후 그것들이 혼종화되는 역사적 운동을 추적하는 것은 그의 방식이 아니라는 점이다. 식민지배 상황에서 문화가 생산되는 것은 권위들이 경쟁하는 중에 생겨나는 필연적인 결과이다. 예를 들어, 이 글에서는 이른바 영어 책(성경책을 의미하지만, 일반적으로 언어를 의미하기도 한다.)을 강제하려는 시도를 살펴본다. 바바의 독법에 따르면, 겉으로는 절대적으로 보이는 문화적 차이가 실제로는 이 논의 안에 있는 양쪽 진영이 채택한 전략의 산물이다. 달리 말하면, 두 개의 다른 문화라는 것은 '갈등의 근원'이 아니라 '차별하려는 관행의 결과'라는 것이다.(LC: 114) 우리는 문화가 권위로 만들어진 안정화의 결과임을 인식해야 한다. 그러나 그러한 인식으로 인해 문화가 실재하지 않는다는 이야기는 아니다.

지금쯤이면 두 번째 이야기는 익숙해졌을 것이라 생각된다. 논점이 이런 식으로 변한 것을 고려할 때 이제는 문화적 차이에 대한 논의를 액면 그대로 받아들일 수 없을 것이다. 우리가 사심 없이 개별적으로 연구할 수 있게끔, 서로 다른 문화가 그냥 바깥에 존재해 왔다고 말할 수는 없다. 바바가 보기에 스테레오타입의 경우처럼 혼종성은 식민지배에 대한 전통적인 분석에 문제를 제기하는데, 이러한 분석은 식민지배 지식의 언어를 단순히 뒤집기만 하는 경향이 있기 때문이다. 이러한 두 가지 사항은, 식민지배 담론과 탈식민 '제3의 공간'을 직접적으로 연결시킨 '제3의 공간 The Third Space'이라는 인터뷰에서 다시 논의된다.

> 나에게 혼종성이 중요한 것은, 그것이 제3의 것이 나타나는 두 개의 근원적 순간으로 거슬러 올라가게 해 주기 때문이 아니다. 내게 혼종성은 다른 위치가 나타나게끔 해 주는 '제3의 공간'이다. 이러한 제3의 공간은 그것을 구성하는 역사들을 대신하고, 권위의 새로운 구조와 새로운 정치적 주도권을 설정한다. 그런데 이러한 구조와 주도권은 기존의 지혜를 통해서는 부적절하게 이해된다. (TS: 211)

바바의 주장에 의하면, 혼종성은 타자의 결과물, 즉 이른바 '오염되지 않은' 위치의 결과물이 아니다. 2장에서 논의했듯이, 혼종성은 변증법적 지양의 결과, 다른 말로 하면 테제와 반테제의 통합이 아니다. 바바가 그토록 자주 변증법의 논리적 구조를 암시하는 것에는 실용적인 타당성이 있다. 예를 들어, 제도적 학문이라는 것은 학문적 안정화의 결과이다. 그렇다고 해서 학문들이 폐기되어야 한다는 의미는 아니다.(TT: 118) 헤겔과 마르크스와 다른 사상가들을 논의할 때와 마찬가지로, 혼종성의 논리적 구조는 단순히 논리적인 것만이 아니라 사회구조를 이해하는 것과 연관되어 있다. 이 장에서 살펴보겠지만, 논리적인 것과 사회정치적인 것이 서로 교차하는 모습은 바바가 특히 인권 문제와 관련하여 탐구해 오던 것이다. 권리에 대해 깊은 논의를 하기에 앞서, 〈탈식민과 탈근대〉에 나오는 다음의 구절을 생각해 보는 것이 유용할 것이다. 만약 이 구절이 익숙하게 느껴진다면, 그 초기의 모습이 바바 저작의 중심적인 주제를 소개하는 이 책의 전반부에서 논의되었기 때문일 것이다. 두 개의 단락을 비교할 때 가장 눈에 띄는 부분은 마지막 두 문장에 추가된 부분일 것이다.

탈근대주의에 대한 최근의 논의는 근대의 교활함, 즉 역사적 아이러니, 분열된 시간성, 진보의 역설, 재현에 대한 내적 모순에 질문을 제기한다. 대도시의 문명화된 구성원들의 역사는 문명적 이상을 지닌 야만적 식민 선조로 이어진다는 주장을 감안해야 한다는 점은 이러한 질문들이 갖는 가치와 판단을 심오하게 바꿀 것이다. 그러한 열린 태도는 다음과 같이 암묵적으로 주장한다. 우리는 사람들에 대한 근대적 신화에 핵심적인 권리와 의무의 언어에 대해, 이주민과 이산민, 그리고 추방된 사람들에게 주어진 변칙적이고 차별적인 법적·문화적 지위에 근거하여 질문해야 한다는 것이다. 필연적으로 그들은 자신들이 종종 법의 반대편, 문화들과 민족들 사이의 경계에 존재하다는 것을 알게 된다.(LC: 175)

복잡하게 지구화된 세계에서 권리를 다루는 국제적인 언어는 민족국가에 대한 강조점에 도전하는 것처럼 보인다. 이 언어는 또한 바바가 여기서도 언급하는 메트로폴리탄적이고 역사주의적인 서사에 암묵적으로 문제를 제기한다. 그러나 권리를 다루는 동일한 언어가 국제주의에 대한 자유주의적 가정에서 발전해 왔다. 국제주의internationalism라는 용어가 암시하는 바는 바로 기존의 국가 간의 상호작용, 그리고 문화적 권리에 대해서는 민족문화 간의 상호작용이다. 바바는 직관적으로 볼 때 가장 보호를 받아야 하는 사람들이 이 국제주의 언어로 적절히 보호받지 못한다는 사실에 관심을 둔다. 왜냐하면 그들은 어떤 민족문화 내에도 쉽게 그리고 깔끔하게 위치하지 않기 때문이다. 따라서 탈식민적 관점이 메트로폴리탄적 서사의 개정을 도울 수 있다면, 비슷한 방식으로 이주민의 관점은 우리로 하여금 권리의 소유를 재고하도록 이끈다. 이는 권리에 대한 진정으로 민족을 초월하는 문화가 아직 만들어지지 않았음을 의미한다.

자유주의와 소수민 권리

국제적인 인권 담론과 법적 조항이 점점 더 복잡해지는 것과 더불어, 지난 15년 동안 자유주의 철학 진영에서의 소수민 권리에 대한 논의 틀은 꾸준히 발전해 왔다. 바바의 생각이 소수민 권리에 대한 논의에 어떻게 공헌하는지를 분명히 살펴보고자, 이 부분에서는 영향력 있는 정치철학자 윌 킴리카Will Kymlicka에 대해 간략히 논의할 것이다.

킴리카의 생각은 민족의 틀 내에서 작동하고, 소수민 권리에 대한 그의 개념은 중립적인 공간으로서의 민족 개념들에 반대하면서 작용한다. 킴리카는, 한 민족의 제도가 종족-문화적으로 중립적이라고 가정하지 않고, 민족 형성 과정이 진행 중에 있다고 인정하는 것이 중요하다고 주장한다. 민족 형성 과정은 킴리카가 사회적 문화라고 지칭하는 것들을 만들어 내는데, 그것은 바로 "사적인 삶과 공적인 삶 모두에서 또는 매우 다양한 사회적 제도들(학교, 매체, 법, 경제, 정부 등등)에서 쓰이는 공통의 언어에 중점을 둔, 영토적으로 집중된 문화"를 의미한다.(Kymlicka 2001: 25) 소수민 권리에 대한 요구는 이처럼 일반적으로 보이지 않거나 인식되지 않는 민족 형성 과정에 대한 반응이다. 그래서 특별한 취급에 대한 것이 아니라 동등한 기회에 대한 것이다. 그의 주장에 따르면, 이러한 요구는 고전적인 자유주의 원칙들과 완전히 일치한다. 킴리카는 자신의 입장을 다음과 같이 요약한다. "다른 모든 것이 평등하다면, 민족적 소수는 자신들이 활용할 수 있는 민족 형성 도구를 가져야 하는데, 그 도구는 동일한 자유주의적 한계에 종속되어 있는 다수 민족의 도구와 동일해야 한다."(2001: 29)

민족과 관련해서 생겨난 이 논의는 실질적인 정책에 대해서는 최소한으로 언급하면서 작동한다. 킴리카가 드는 예는 그가 상상하기에 '표준적인' 경우인데, 그는 소수민 권리에 대한 요구를 세 가지 주요한 유형으로 구분한다. 종족종교적 분파, 이주민, 민족적 소수민이 그것이다. 킴리카가 인정하듯이, 다른 많은 경우는 이러한 세 가지 표준적인 예보다 훨씬 더 복잡하다. 그는 이러한 복잡한 경우를 '중간적' 경우라고 일컫는다. 그의 주장에 따르면, 표준적인 경우는 복잡한 중간적 경우를 생각하는 데 도움을 준다. 왜냐하면 "중간적 집단의 요구는, 종족종교적 집단의 주변화와 이주민의 통합, 그리고 분리주의적 민족주의 등과 같은 친근한 모델들에서 도출된 서로 다른 (그리고 종종 모순적인) 요소들이 복잡하게 섞여 있는 경우이기 때문이다." (2001:31) 다른 말로 하면, 그 스펙트럼의 중간 부분을 주의 깊게 보아야만 소수민 권리에 대한 지혜를 얻을 수 있다. 이러한 표준적인 예들이 더 복잡한 경우에 발견되는 모든 구성 요소들을 포함한다.

예들을 이런 식으로 사용하는 것이 바바에게는 그렇게 분명해 보이지는 않을 것이다. 바바의 전체 저작은 지혜를 얻으려면 어디를 주의 깊게 살펴야 하는지를 질문하게 만든다. 그러면서 탈식민적 관점이 가장 통찰력이 있다고 추천한다. 바바는 민족

국가의 용어로 논의를 아무렇지도 않게 진행시키는 것도 문제시할 것이다. 소수민 권리에 대한 두 논점 모두 바바의 식민적·탈식민적 문학-문화 담론 저작 속에 들어가 있다. 권리에 대해 주장하는 것은 그의 생각이 암시하는 바를 분명하게 법의 영역으로 확장시킨다. 킴리카가 '혼종적'이라는 용어를 사용해서 자칫 우리를 혼란스럽게 만들 수도 있는 복잡한 경우를 설명해야 한다는 사실이 흥미롭다. 혼종성에 대한 바바의 생각은 권리에 대한 어떤 요구의 복잡성을 지칭할 뿐 아니라, 그러한 요구들이 생겨나는 복잡하게 혼종적인 역사들을 가리키기도 한다.

혼종화는 진부하고 일상적이다. 그리고 그와 관련된 가장 덜 극단적인 많은 예들이 소수민 권리에 대한 논의를 꽤나 쉽게 집중시킬 수 있다. 그러나 혼종화라는 것이 단순히 일상적이고 진부한 것은 아니다. 특히 국제법의 관점에서 보면 그리 단순하지 않다. 킴리카가 선별하여 일시적으로 보류해 놓는 극단적이고 중간적인 경우는 아마도 단순히 그가 생각하는 경우들이 복잡하게 섞인 형태만은 아닐 것이다. 어떤 경우에는 종종 민족들 사이에서 잠시 보류된 그런 경우들이 단순히 예외적인 경우가 아니라, 점점 더 규범적인 경우가 되어 간다고 볼 수 있다. 특히 민족 간의 방식보다는 민족을 초월하는 방식으로 작동해야 하는 인권의 언어에서는 말이다. 킴리카가 탐구하듯이, 소수민 권리를 민족적 틀에서 생각할 수도 있고 생각해야만 한다. 그러나 소수민 권리는 민족을 초월하는 관점에서 생각하기도 해야 한다. 무엇보다도 너무도 많은 사람들이 민족에 잉여적인 존재들로 쓰이기 때문이다. 이 문제는 문화적 권리의 관점에서 가장 잘 제기되는 것으로 보이는데, 이 부분이 바바가 공헌한 지점이다. 바바의 관점에서 문화가 혼종화 과정의 결과라면, 이 견해는 '세계인권선언'에 표현된 국제적인 협의를 재고하게끔 한다.

바바가 보기에 이러한 협의는 본질적으로 식민지배에 대한 전통적인 역사적 접근 방법과 유사하다. 왜냐하면 이러한 협의가 겉보기에 협의 자체가 도전하려고 하는 관점에 너무나 많은 것을 양보하기 때문이다. 특별히 문화적 권리를 보호하는 '세계인권선언' 제27조 제1항은 다음과 같이 말한다.

> 모든 이는 공동체의 문화적 삶에 자유롭게 참여할 권리, 예술을 누릴 권리, 과학적 성취와 혜택을 나눌 권리가 있다.

이런 '공동체'의 지위는 명백히 열려 있는 것이나, 쉽게 민족 공동체로 향하는 경향이 있다. 법철학자인 코스타스 두지나스Costas Douzinas는 1945년 이후의 인권 담론의 생산에 대해 다음과 같이 논평한다. "주요 열강들은 인권의 정의와 우선권을 놓고 전력을 다해 싸웠으나, 이러한 권리가 국민주권의 방패를 뚫는 용도로는 사용될 수 없다는 것에 만장일치로 합의했다."(Douzinas 2001: 185) 예를 들어, 이 문제는 전쟁범죄 재판과 결부되면 독특한 중요성을 지닌다. 국제형사재판소는 1998년 협약으로 설립되었으나, 미국과 6개 나라가 그 협약에 반대했다. 미국으로서는 정치적 동기를 가지고 미국 군대를 고소할까 봐 두려웠기 때문이다. 다른 말로 하면, 국가가 갖는 우선순위는 침해받지 않으며, 잠재적으로 정의가 집행되는 과정을 방해하고 있다는 주장이었다. 이러한 우선순위가 바바에게는 약간 다른 방식으로 문제가 된다. 바바가 볼 때 '세계인권선언' 제27조는 세계의 저 바깥에 잘 정의된 그리고 경계가 분명한 문화가 있다는 가정에 근거한다. 이러한 가정은 다양한 함축적 의미를 드러내는데, 여기에서 소개하는 최근 논문에서 바바는 그러한 의미에 반하는 작업을 한다.

〈소수민에 대해: 문화적 권리On Minorities: Cultural Rights〉에서, 바바는 철학자 찰스 테일러Charles Taylor에게서 두 개의 용어를 가져온다. 테일러는 '불완전한 환경'을 배제하는 도중에 만들어지는 '온전한 사회'라는 관점에서 서술한다.(바바의 〈경이로운 기호들〉에서 혼종성이 '부분화시키는 과정'과 '현존의 환유'로 설명된다는 것을 떠올리는 것도 도움이 될 것이다.(LC: 115)) 이러한 관점에서는 사회 전체는 본질적으로 민족사회인데, 이것은 '불완전한 환경'으로 여겨지는 소수민 정체성을 동화시킴으로써 완성된다. 바바의 주장에 따르면, '세계인권선언' 제27조는 거의 동일한 방식으로 다수의 정체성을 유지하는 것을 강조하면서 소수의 정체성을 희생시킨다. 제27조는 소수의 정체성을 만들어 내는 것에는 관심이 없으며, 그러한 정체성은 끊임없이 동화시켜야 할 '잉여'라고 암시하는 것처럼 보인다. 이러한 동화작용은 바바가 거부하려고 하는 변증법의 결과라고 할 수 있다.

이런 국제 협약의 핵심이라고 여겨지는 것을 생각해 보면, 민족국가라는 조직을 당연시하는 시각은 너무 성급해 보인다. 이는 국제 협약이라는 것이 정확히 국가 간의 협약을 의미한다는 사실을 떠올리게 할 뿐이다. 바바는 '국가나 민족 사이'가 갖는 다른 의미에 관심을 가진다. 다양한 이유로 인해 법적으로나 문화적으로 아니면 다른 형태로 국가나 민족 사이에 있는 사람들이 바로 그 대상이다. 이렇듯 중간에 있는 사람들은 인권 담론의 핵심적인 사안에는 중요하지 않은, 단순히 주변적인 예만은 아니다. 사실, 겉으로 보기에는 동화될 운명에 놓인 것처럼 보이는 '불완전한 환경'이 국제적으로나 국가나 민족의 내부적으로 점점 더 중심적인 위치를 차지하고 있다. 민족적 또는 국가적 그리고 전 지구적 수준에서의 사회적·정치적 발전 때문에 더욱 명백해지고 있듯이, 문화를 보호하려면 민족문화의 형태만 고집해서는 안 된다.

혼종적인 것과 민족적인 것에 대한 바바의 생각은 문화적 권리 논의를 변화시킨다. 민족의 서사로 다시 돌아가면, 서사 운동이 교육적이면서 동시에 수행적이기도 하다는 점을 기억하는 것이 중요하다. 비록 바바는 어떤 경우에는 수행적 차원과 교육적 차원 모두 필요하다고 분명히 밝히지만, 나는 다른 곳에서 통상 수행적 차원이 교육적 차원보다 나은 것으로 평가된다고 주장한 바 있다. 문화적 권리에 대한 바바의 생각에 다시 적용되는 이러한 가치 평가는, 일종의 불확실한 균형으로 개인과 집단의 권리라는 뚜렷이 연관된 질문에도 반드시 필요하다. 바바는 다음과 같이 서술한다. "인간의 고유한 특성은 자신의 개별적 자율성을 집단적 또는 개별적 존재를 넘어서는 방식으로 만들어 내는 데 있다. 인간 행위의 가치는 그 누구도 다른 사람 없이는 자신을 자유롭게 만들 수 없음에도 불구하고, 그 누구도 다른 사람에 의해서 자유로워질 수 없다는 사실에서 생겨난다."(OM: 6) 이 부분을 다른 방식으로 설명하면, 인권 담론과 제도는 일종의 시적 개인주의와 통치적·행정적 합리성을 동시에 요구한다고 할 수 있다. 법적 체계를 넘어서는 것과 개인이 집단의 단순한 예로 축소될 수 없음을 시적으로 표현하는 것이 동시에 모여서 일종의 왕복운동으로 행정적이고 교육적인 차원으로 이어진다. 바바가 소수의 관점에 대해 주장하는 바는 혼종성이 구체적인 법을 다시 쓰게 만들 수 있다는 제스처를 취하지만, 바바는 자신의 생각이 지닌 실천적인 의미를 하나하나 서술하지는 않는다.

새로운 소수가 형성됨으로써 국가와 비국가의 중간에서, 개인의 권리와 집단의 요구 중간에서 생겨나는 중간적이고 틈새에 있는 공적 공간이 드러난다. 이런 공적 공간은 세계적인 것과 지역적인 것 사이의 단순한 변증법에서 생겨나는 것이 아니다. 문화적 권리 주체는 소수민 환경에 걸쳐 있는 부분적이고 이중적인 정체성 확인 과정에서 '혼종화'라는 분석적이고 윤리적인 경계 지역을 점유한다. 사실, 지배적인 법률상의 의견은 소수의 문화적 권리를 '혼종적' 주체에게 할당된 것으로 구체적으로 서술하는데, 이 혼종적 주체는 불완전한 환경, 즉 개인적 요구와 권리 그리고 집단적 요구

와 선택의 중간 어디쯤에 위치해 있다는 것이다.(OM: 4-5)

민족의 서사에서와 마찬가지로, 본질과 실천, 즉 교육적 차원과 수행적 차원에 모두 해당되는 문제가 있다. 소수민 관점은, 바바가 다른 곳에서 사회적인 것이라고 간주했던 것을 과정적인 것 또는 수행적인 것으로 파악하는 것을 의미한다. 바바의 논문은 실제로 문제를 생각하는 것과 문제를 설명하는 것을 구분한다. 전자는 시詩에 대한 문제이고, 후자는 법에 대한 문제이다. 다시 한 번 우리는 어떤 상황에 개입하는 것과 그 상황을 단순히 설명하는 것 사이의 차이점을 보게 된다. 소수의 정체성 확인 과정이 불완전하고 종속적이라는 것을 시적으로 표현한 것은 의심할 여지없이 전자에 해당된다. 소수적이라는 것은 본질(교육적 차원)의 문제가 아니라 실천(수행적 차원)의 문제라는 것이다. 이 맥락에서 시적인 것을 높이 평가하는 것이 약간 놀라워 보인다면, 바바의 최근 대담 중 하나를 꼼꼼히 읽으면서 시적 허용을 통해 이루어질 수 있는, 모순된 가능성들 간의 이상한 제휴를 바바가 어떻게 보는지를 상세하게 살펴보자.

권리 서술

문화적 권리라는 맥락에서, 바바의 저작은 문화에 대한 수행적 차원과 교육적 차원 둘 다를 주장한다. 바바의 옥스퍼드 앰네스티 강연인 〈권리 서술에 대해On Writing Rights〉를 보면, 교육적 차원은 법의 영역이고 수행적 차원은 문학의 영역이다. 그러나 민족 서사의 경우처럼 이것은 절대로 단순한 양극단이 아니다. 바바는 묻는다. "권리의 문화와 문화의 서술이 서로 소통하여 협동하면서 인간의 정신을 전달할 수 있는가?"(WR: 164) 인권 담론에 대한 그의 비판이 결코 그 담론을 폐기 처분하는 것이 아님을 명심해야 한다. 권리와 서술의 범주는 건설적으로 합쳐질 수 있고, 진실로 합쳐져야만 한다.

바바는 불완전한 환경에 대한 테일러의 생각을 재고한다. 테일러는 '온전한' 사회에 걸맞은 존중, 즉 부분적으로는 긴 시간성과 전체론에 의존하는 전체성을 생각하고 있음을 기억해야 한다. 바바가 볼 때, 테일러의 생각은 인권 담론이 '민족 또는 국가, 심지어 민족주의의 틀 바깥에서는 '소수의 문화적 선택권'에 대한 사고 불가능성'을 어떻게 드러내는지를 보여 주는 가장 최근의 예일 뿐이다.(WR: 166) 다른 말로 하면, 온전한 사회에 대한 언급 속에는 언제나 민족 또는 국가적인 것이 암시되어 있다. 사실 '민족과 민족문화에 꼭 필요한 규정'은 있다.(WR: 167) 이주민이 소수민으로 간주되지 않도록 '세계인권선언'을 수정하려 했던 몇몇 민족 또는 국가의 (실패한) 초기 시도는 이 규정의 존재를 증명한다. 그러나 제27조는 많은 불완전한 환경이라는 현실과 동떨어져 있는 소수 문화와 관련하여 안정성이라는 개념을 고양시킨다.

물론, '세계인권선언'의 의미는 글자 그대로이다. 보편적이고, 그래서 모든 곳에 있는 인간에게 적용 가능하다. 비록 인간이 '그냥 인간'이 되는 가장 일반적인 수준을 강조하는 것이 민족주의 담론에 호소하는 것을 사전에 차단하는 것처럼 보일지라도, 바바의 주장에 따르면 이처럼 겉보기에 명백히 가장 일반적인 어휘 뒤에서도 낯익은 모습이 존재한다. "내 생각은 이러하다. 그냥 인간의 '보편적인' 언어 뒤에도 문화적 판단과 문화적 정의justice의 필연적인 근거가 되는, 매우 구체적인 개념으로 '민족'문화가 있다는 것이다."(WR: 170) 민족이나 국가의 모습이 단지 암시될 뿐이라고 해도, 그것은 여전히 그 암시로 인해 일종의 규범적인 범주로 자리 잡는다. 말하지 않아도 어떤 방식으로든 우리 모두 어떤 민족이나 국가에 속한다고 예상된다는 말이다. 그러나 우리 모두 동일한 방식으로 민족이나 국가에 속하지 않는다는 것은 분명한 사실이고, 어떤 식으로든 거기에 속해 있는 사람들은 '세계인권선언'의 보호를 가장 덜 필요로 할 것이라는 것은 직관적으로 알 수 있다. 이처럼 이른바 절대적 일반성에 대한 담론 속에서 민족 또는 국가가 암시적으로 존재하는 것과 관련한 또 다른 문제는 다시 한 번 시간의 문제이다. 이 문제는, 바바가 법철학자 조지프 라즈Joseph Raz를 요약하면서 '공동체 형성에서의 긴장'이라고 부른 것 중 하나이다.(WR: 171) 물론 긴장된 타협, 즉 긍정적 논쟁은 바바에게는 필수적이고 멈추지 않는 것이다.

앞의 6장에서 이주민의 관점을 하나의 문제이자 동시에 하나의 기회로 볼 수 있다고 설명했다. 이주민을 낭만적으로 이상화시켜서도 안 되지만(한 부류의 이주민만이 있는 것은 아니라는 사실을 항상 기억해야 한다.), 이주의 경험으로 펼쳐진 관점들에 항상 열린 태도를 지녀야 한다. 바바의 관점에서 소수민 문화라는 문제 속에 인권 문화에 대한 지혜가 있다는 것은 당연한 일이다. 이 책 전체를 통해서 나는 바바의 강조점은 언제나 과정에 있다고 주장했고, 이는 문화적 권리에도 똑같이 해당된다. 바바는 소수민 문화에는 '정치적 주체 만들기와 문화적 정체성 찾기라는 자기 형성 과정 속에 불완전하고 과정적인 것이 내재해 있다는 심오한 통찰'이 있다고 서술한다.(WR: 168) 과정에 대한 우리의 지혜는 탈식민적이고 소수민적 관점으로 볼 때 가장 잘 습득될 수 있다는 것이다.

바바가 이 과정을 어떻게 설명하는지를 알아보려면 사전적 정의를 다시 한 번 살펴보아야 한다. '그냥 인간merely human'이라고 말할 때 나오는 '단지mere'에 대해 살펴보자. 옥스퍼드 사전 축약본은 '적어도, ~만큼의'나 '~에 지나지 않는'이라는 일상적인 정의를 알려 준다. 이 사전은 '경계boundary'나 '경계표landmark'라는 단어의 고풍스러운 의미나 방언으로 쓰일 때의 의미뿐 아니라, '단지mere'가 때로 '경계선의 역할을 하는 초록색의 장애물이나 길'을 의미하기도 한다고 알려 준다. 비록 경계 역할을 하는 '길road'의 의미를 언급하지 않았지만, 바바는 현대적인 의미와 고풍스러운 의미 사이의 가능한 상호작용에 관심이 있다. "우리는 문화를 형성하는 데 다음과 같은 두 가지 의미 사이를 끊임없이 왕복한다. 일상생활을 넘어선 윤리적 또는 정신적 지평으로서의 인간과 역사적·사회적 시간의 과정으로 만들어진 인간이 그것이다."(WR: 170) 다시 교육적 차원과 수행적 차원의 구조이다. 전자는 보편적 인간성을 연상하게 하고, 후자는 일상 속에 항상 움직이는 인간성을 떠올리게 한다. 보편 범주라는 것은 필수적인 구조물로서, 우리는 보편 범주가 개별적인 인간 행위의 모든 경우와 예를 남김없이 포함하는 것이 필연적으로 불가능하다는 것을 알고 있다. 그래서 두 수준의 설명에는 번역이 필요하다.

내 생각에는 이러한 번역 또는 왕복운동이 바로 민족 서사에 대한 바바의 이해를 특징짓는 운동이다. 교육적 차원이 민족을 구성하는 사람들이라는 개념에 필요한 전부처럼 보였다는 것을 기억할 것이다. 그러나 교육적 차원은 끊임없이 수행적 차원의 경제로 통합되었고, 동일한 이치가 여기서도 적용된다. "복잡한 다문화 사회 속에 살고 있는 우리는 '인간의 문화'로 인해 형이상학적인 의미와 정체성을 지닌 '단지' 인간적인 것을 끊임없이 번역하여 다문화적인 범주로서의 '인간'을 만들어 내는 다양한 사회적·역사적 힘들 간의 경계로서의 '단순한 인간'으로 바꾸어 버린다."(WR: 171) 인간이라는 것의 두 가지 의미를 모두 고수할 필요가 있는데, 이것은 문화의 시적 형성이 그에 필수적인 제도적 방어와 공존하게끔 해 준다. 소수민 집단의 권리는 개별적인 수준과 집단적인 수준을 모두 고수해야 한다.

성과 집단 권리

종종 개별적인 수준에서 무시된다고 하는 소수민 집단에 대한 특별 권리에 반대하는 목소리가 다양하게 존재하는 것이 사실이다. 이러한 반대 의견들은 보통 좁은 의미의 민족적 용어 안에 갇혀 있고, 그럴 수밖에 없다. 바바의 생각은 이 논쟁에도 적절하게 적용될 수 있다. 많은 자유주의자들이 소수민 문화가 다수의 문화와 명백히 갈등을 일으킬 때 소수민 문화를 옹호하는 것에 의문을 표하는 것은 흔한 일이다. 이러한 갈등은 보통 성性에 관련된 사안에서 쉽게 발견된다.(프랑스에서 '공공연한 종교적 상징'을 학교에서 추방한다며 히잡 착용을 금지했던 일을 떠올려 보라.) (이 논쟁에서는 주로 '서양' 국가라고 여겨지는) 자유주의 국가에서 다수가 실제로는 성적 차별을 계속한다고 할지라도, 성적 평등에 대한 형식적이고 법적인 조항은 분명히 존재한다. 많은 자유주의자들은 이러한 형식적인 성적 평등과 문화 집단에 부여된 특별 권리 사이의 충돌이 있음을 보여 준다.

이러한 견해의 좋은 예가 〈다문화주의가 여성에게 나쁜가? Is multiculturalism bad for women?〉에서 수잔 몰러 오킨 Susan Moller Okin이 던진 동일한 질문이다. 여기서 오킨은 특히 윌 킴리카의 저작을 다룬다. 그녀는 페미니즘과 다문화주의가 필연적으로 쉽게 화해할 수 있는 것은 아니라고 주장한다. 오킨의 주장에 따르면, 비록 공적 영역(정치)에서 소수민 집단이 다수의 문화와 동일한 기준을 성취한다고 할지라도, 사적 영역(가정)에서는 그러한 성취를 이룰 보장이 없다. 출산을 보면 알 수 있듯이 성적 불평등은 종종 사적 영역의 특징이기 때문에, 집단 권리가 성적으로 편향된 문화, 즉 다수의 자유주의 문화보다 훨씬 더 성적으로 편향될 수 있는 소수민 문화를 옹호할 가능성이 있다는 의미다. 오킨은 아동 결혼과 일부다처제와 같은 예들에 주목하는데, 이러한 예에서 소수민 문화는 다수의 자유주의 문화와 직접적인 충돌을 일으킨다. 오킨은 소수민 문화의 (종종 남성적이고 나이가 든) 지도층이 옹호하는 이러한 문화적 현상을 (특히 어린) 여성들은 종종 다르게 바라본다고 주장한다. "소수민 문화의 여성들과 어린이들을 남성적 폭력 그리고 종종 어머니가 가하는 폭력으로부터 보호하지 못함으로써, 문화에 대한 옹호는 동등한 법의 보호를 받을 그들의 권리를 침해한다"는 것이다. 문화적 권리가 잠재적으로 개인의 법적 권리와 갈등을 일으킬 수 있다는 말이다.

킴리카는 오킨의 주장에 직접 대응한다. 그는 집단 권리는 다수 문화에 침해받기 쉬운 소수민 문화를 보호한다고 승인받은 경우에만 허용할 수 있다는 입장이다. 집단 권리가 소수민 문화 집단 내에서 규제를 부여할 경우에는 허용되지 않는다는 말이다.(Kymlicka 1997) 오킨에 대한 바바의 반응은 매우 다르다. 바바는 다른 글에서 법과 정치와 공적 영역을 재서술하면서 가정적인 영역의 중요성을 논의한 적이 있다.(CM: 584) 그때 바바는 오킨의 주장의 몇몇 측면에 공감한다는 것을 분명히 했다. 그러나 그는 오킨의 관점이 소수민 집단 지도층의 가부장적 시각과 같은 문제를 안고 있다고 주장하는데, 왜냐하면 오킨은 소수민 집단이 '서구 진보의 엄청난 폭풍' 바깥에 있거나 그것에서 격리되어 있다고 상상하기 때문이다.(LSC) 바바는 소수민 문화가 본질적인 정체성을 부여받을 경우, 이는 그들이 결코 현재의 역사적 과정의 한 부분인 적이 없으며 다른 시간과 장소에 존재하는 것으로 투사되었음을 의미한다고 주장한다. 소수민 문화를 다수 문화와 동일한 과정의 한 부분으로 인식하지 않는 오킨의 입장에는 일종의 암묵적 거리감이 있다. 또한 자유주의적 다수와 소수민 문화 사이의 모든 관계를 갈등의 관점에서 설정하여, 소수민 문화 내에 이미 존재하던 자유주의적 전통을 놓쳐 버린다. 바바의 주장에 따르면, 이러한 소수민 자유주의 역시 서구 자유주의 문화 속에 지속되어 온, 그들이 법적으로 평등을 어떻게 규정했든지 간에, 문자 그대로의 불평등들을 오래전부터 논쟁해 왔다. 더욱더 중요한 것은, 이러한 소수민 자유주의는 변화하는 문화, 즉 서구 자유주의의 기준과 비교해야만 측정 가능한 방식을 넘어서 앞으로 나아가는 문화의 예라는 것이다. 물론 어떤 문화의 지도층이 민족주의가 민족이 어떤 것이라고 주장하는 것만큼 안정적이고 고정된 문화를 규정하는 것을 막을 수는 없다. 문제는 누가 한 문화의 이야기를 말하게 되느냐이다. 비록 바바의 저작이 성에 관련된 문제들을 등한시한다는 주장도 있지만(예를 들어, 맥클린톡 Anne McClintock 1995:64–5), 최소한 여기서는 바바도 누가 문화의 정의를 통제하는가라는 문제에 관여한다. 바바는 소수민 문화에 활력을 불어넣는 과정을 인식할 계기를 만들면서, 그러한 문화에 대해 얘기된 이야기들을 풀어 놓을 권리와 그 이야기들을 판단할 기준에 대해 암시한다. 요약하자면, 바바는 소수민 문화를 서사할 권리라는 관점에서 논의한다.

서사할 권리

바바는 문화적 권리에 대한 자신의 이해를 변화하는 문화, 즉 서사되는 문화로 규정한다. 그는 서사할 권리에 대해 반복해서 써 왔고, 이 장에서는 그 권리에 대해 살펴볼 것이다. 우리는 보통 서사를 산문, 특히 산문으로 된 소설과 결부시킨다. 그러나 바바는 '서사할 권리'라는 개념을 얘기하며 에이드리언 리치 Adrienne Rich의 시 〈비문 Inscription〉(1995)에 반복적으로 기댄다.

바바는 다양한 맥락에서 리치의 시를 인용하며 2인칭 인물을 1인칭 인물에 삽입시키는 부분, 즉 시간적 차원을 보여 주는 데 주목한다. 그는 리치의 시를 어떤 방식으로도 왜곡하지는 않는데, 왜냐하면 그것은 개인과 소속에 대한, 그리고 특히 '인종 계급… 그 모든 것'에 대한 문제를 둘러싼 성찰이기 때문이다. 바바는 리치의 시가 우리에게 "집단적이거나 정치적인 의미를 지닌 단어로서의 어떤 운동에 속한다는 것은 자아와 타자의, 개인과 집단의 언어를 방해하는 새로운 자기 인식을 요구한다"고 주장한다.(WR: 172) 다른 말로 하면, 어떤 운동에 속한다는 것은 또한 운동 중에 있다는 것, 과정 중에 있는 것이 된다. 바바는 "너, 즉 미래에 속한 부분이면서 정치화된 '앞으로 올 사람'이며, 자아의 분리된 닮은꼴과 그 닮은꼴과 마주친 나, 즉 1인칭으로서의 주체 사이의 타협된 (비)해결"에 대해 언급한다.(WR: 174)

여기서 우리는 또 하나의 닮은꼴을 보게 되는데, 자기 스스로와 똑같지 않은 또 다른 자아가 그것이다. 그리고 그 구조는 자신의 닮은꼴과 마주친 인간에 대한 담론 구조와 이상하게도 비슷하다. 리치의 시를 통해서 바바는 문화적 권리가 다문화적 권리 문제가 아니라 문화 사이의 권리 문제라는 생각을 떠올린다. 리치는 "차이들이 주권적 자율로 재현되기를 열망하지 않는 장소, 즉 내가 교차적이고 chiasmatic, 비스듬하게 교차된, 옆에서 '나란히 있는' 연대의 장소"를 열어 준다.(WR: 175) 차이라는 것은 민족적 정체성과 마찬가지로 사회학적 사실이나 의미의 절대적인 지평이 아니다. 물론 차이가 상대적인 지평인 것은 사실이다. 리치도 바바가 가장 많이 반복해서 강조하는 점에 주목한다. 차이의 많은 요소들 중 하나인 계급이, 아무것도 보장해 주지 못하면서, '불완전한 문화적 환경들 사이를 연결하는 과정'인 정치 속으로 동원된다는 것이다.(WR: 174)

그래서 주제적인 면에서 리치의 시는 바바의 가장 일관된 관심사들과 일치한다. 그러나 내가 이미 형식적인 특징의 문제를 제기했듯이, 그것은 시詩이다. 비록 많은 서사 형식의 시가 있다고 할지라도, 우리는 보통 서사를 산문 서사와 연결시키는 경우가 많다. 사실 바바는 앰네스티 강연을 토니 모리슨Toni Morrison의 《낙원Paradise》(1999)으로 끝맺을 때 많이 양보했는지도 모른다. 여기서 바바는 "서사는 언어를 탐험하고 견딜 수 있는 '권리',

의미와 존재의 공동체 속에서 복잡하게 바뀌는 것을 견디어 내고 그 참맛을 즐길 수 있는 '권리'를 부여한다"고 주장한다.(WR: 179-80) 《낙원》은 자유 노예들의 후예들이 건설한 루비라는 흑인 마을에 대한 이야기다. 이 마을의 고립된 가부장적 문화는 역설적으로 닮은꼴, 즉 근처의 버려진 수녀원에 사는 여성 공동체로 인해 위협받는다. 소설은 정통성과 전통의 문제를 제기하는데, 이야기는 마을의 원래 장소인 헤이븐에서 옮겨 온, 세례식이 거행되는 공동체의 핵심인 오븐Oven을 중심으로 진행된다. 여기서 오븐은 신화적인 가치를 지니는데, 특히 거의 알아볼 수 없을 정도로 닳아 버린 조각들 때문이다. 모리슨의 소설을 읽으면, 특히 헤이븐과 루비 사이에 있는 오븐의 변화하는 가치에 초점을 두고 읽으면, 바바가 주장하는 바의 의미를 알게 된다. 오븐의 신조에 대한 논쟁, 그 신조가 분명해질 필요가 있느냐는 논쟁은 거의 결론이 나지 않는다. 이 논쟁은 또한 공동체로서 루비의 '의미' 또는 정체성에 관여한다. 다음 구절은 바바의 입장에 근접한다. "그 의미를 구체적으로 밝히고, 특별한 의미를 부여하고, 그 의미를 고정시키는 것은 부질없는 짓이다."(Morrison 1999: 93) 모리슨의 소설에서 이런 주제적 암시를 찾아내는 것은 바바가 강연을 끝내는 부분에서 서사와 문학 간의 경계 흐리기를 설명하는 데 도움을 준다. 물론 그는 법에 대한 보충대리로서 문학의 자질을 강하게 주장하고 있다는 것은 분명하다. 그는 구체적으로 문학은 서사할 권리에 접근할 권한을 법의 언어에 제공한다고 주장한다. 서사할 권리는 본질적으로 여러 역사들을 말하는 중에 개입할 수 있는 권리이며, 그래서 역사는 소설과 시와 신문 기사와 심지어는 문학 이론의 …… 페이지에서 발생한다. 이러한 권리에 대한 잘 짜인 정의는 다음과 같다. 이 정의는 서사의 폭을 즉각적으로 넓혀 주면서, 다른 것과 마찬가지로 시詩도 이런 이론적 성찰에 틀을 제공할 수 있음을 적절히 보여 준다.

나는 '서사할 권리'를 통해서, 우리가 살아가는 삶을 재현하게끔 하는, 우리가 물려받은 관습과 제도에 질문을 하게끔 하는, 우리에게 가장 자연스럽게 다가온 생각과 이상에 대해 논쟁하고 선전하게끔 하는, 그리고 미래에 대한 가장 대담한 희망과 두려움을 감히 즐길 수 있게끔 하는, 모든 형태의 창조적인 행위를 의미하려 한다. 서사할 권리는 주저하는 붓의 움직임 속에 있을 수도 있고, 춤 동작을 고쳐 주는 몸짓 속에서 순간 발견될 수도 있으며, 우리의 심장을 멎게 하는 카메라 앵글 속에 보일 수도 있다. 그림에서, 춤에서, 또는 영화에서 갑작스럽게 우리는 우리의 감각을 재발견한다. 그리고 그 과정 속에서 우리는 우리 자신에 대한 뭔가 심오한 것, 우리에게 역사적인 순간을 이해한다. 그리고 어느 특정한 마을에서, 어느 특정한 시간에, 특정한 사회적·정치적 조건 속에서 살았던 삶에 가치를 부여하는 것을 이해하게 된다.(WR: 180)

서사 행위는 분명히 넓은 의미로 사용되고 있어서 소설과 시뿐만 아니라 그림, 춤, 그리고 사진까지도 포함한다. 우리는 이 모든 것이 서사 행위의 양태라고 알고 있다. 그러나 바바가 서사 행위를 페이지에 쓰인 글자에만 국한시키지 않는다는 점은 기억할 만하다. 인용한 단락은 이 책에서 설명된 많은 주제들, 낯설게 하기, 과정, 그리고 시간과 공간의 구체성에 대해 언급한다. 이 책을 통해서 바바의 저작이 기본적인 의미에서 학제간적interdisciplinary이라는 것이 분명해진다. 그의 글은 여러 매체를 통해 많은 문제들을 건드린다. 이 책에서는 시와 소설, 영화, 사진 등을 논의했지만, 바바가 언급한 것들을 다 소화하지 못했다. 범위와 폭의 문제는 우리를 이 책 2장으로 다시 돌려보낸다. 거기서 나는 존 스튜어트 밀에게서 바바가 발견해 낸 의미는 이미 존재했고 발견되기를 기다리고 있었다고 주장한 바 있다. 어쩌면 밀은 가장 좋은 예가 아닐지도 모른다. 왜냐하면 그는 대립하는 예처럼 보일 것이기 때문이다. 바바의 읽기는 분명히 밀의 의미를 변화시킨다. 그러나 내가 언급한 다른 예들은 의미의 비틀기가 바바의 방식과 별로 관계가 없음을 암시한다. 시간적인 것 또는 과정적인 것을 소개하거나 떠올리게 만드는 것은 사실 서사할 권리가 의미하는 모든 것이다. 바바가 서사할 권리를 언급할 때, 우리는 권리의 언어 속으로, 불완전한 서약 속으로 그리고 지켜지지 않은 선언 속으로 내던져지는 것이다.

그러나 여기서 논쟁적이고 분열된 시간적 요소를 권리의 담론 속에 다시 끼워 넣을 필요성을 떠올리게 된다. 식민지배 권위 분석이나 민족 담론에 그러한 요소들을 다시 끼워 넣을 필요가 있었던 것과 마찬가지로 말이다. 바바는 서사가 '문명적인 삶의 움직이는 신호'라고 주장한다.(WR: 181) 만약 서사 행위에 반대하는 자들이 있다면(진실이 말해지는 것을 원치 않는 사람들), 또는 이전의 주장을 재확인하는 것만을 명백히 선호하는 자들이 있다면(모순들과 타협된 사항을 삭제하고, 통합된 진실만을 원하는 사람들), 그리고 그들이 서사의 숨통을 조른다면, 그 결과는 거대 단일 담론일 것이고, 전체성을 옹호하는 총체적인 사회학적 설명이 되거나 권위주의적인 정치 문화일 것이다. "서사할 권리를 보호하지 못하면, 우리는 사이렌과 메가폰 소리, 그리고 호통치는 소리들로 침묵을 채우는 위험에 처하게 될 것이다. 그 소리들은 엄청나게 높은 단상에서 사람들을 내려다보는 확성기에서 흘러나오는 것이고, 그 소리들로 인해 사람들은 분간할 수 없는 대중으로 움츠러들 것이다."(WR: 181)

| '민주주의의 비-실현' |

바바가 설명하는 상황이 21세기 초기에 다시 펼쳐지고 있는가? 사실 바바의 최근 에세이는 그의 생각을 9·11 이후 세계라는 시험대 위에 올려놓았다. 9·11 이전에 문학비평가 마저리 펄로프 Marjorie Perloff는 비록 바바의 저작에 많은 문제가 있긴 하지만, "전반적인 개요에서 바바의 혼종성 패러다임은 엄청난 호소력을 지니고 있다"고 했다.(Perloff 1998) 그러나 최근 들어 그녀는 9·11 이후의 세계는 탈식민 이론의 빈곤을, 특히 바바 저작의 빈곤을

증명한다고 주장한다.(Eakin 2001)

펄로프는 바바가 단순히 모든 문화가 가진 혼종성을 주장하고, 문화가 양극화되지 않고 서로 기대어 마주하는 방식을 고집한다고 이해한다. 만약에 바바의 주장이 펄로프가 이해한 대로라면, 겉으로 극단적으로 반대되는 세계관들이 이제는 탈식민적 주장을 명백히 약화시키게 된다. 이런 관점이 문제시되지 않은 것은 아니지만, 흔한 것은 사실이다. 이러한 관점은 버나드 루이스의 저작을 가공하여 새뮤얼 헌팅턴 Samuel Huntington이 만들어 낸 논쟁적인 주장, 즉 이번 세기에 문명의 충돌이 발생할 것이라는 논지에서 작동한다.(1997) 그런데 이 책에서 이미 주장하였듯이, 바바에게 혼종성은 일상다반사처럼 흔한 일이다. 더욱이 기존의 생각과는 정반대로 그의 저작은 충돌과 극단적 대립, 그리고 정체의 순간에 관심을 기울인다. 그래서 바바가 이러한 소위 '문명의 충돌'에 대해 생각해 볼 만한 논평을 제공한 것은 놀라운 일이 아니다. 그의 에세이 〈민주주의의 비-실현 Democracy De-Realized〉은 세계를 분리된 문화적 '공간들'로 구분하는 문화적 인종주의에 바바가 어떤 방식으로 질문을 던지는지를 보여 준다. 다시 한 번, 바바는 끝나지 않는 논쟁 속에 시간적 차원을 끼워 넣으려 한다.

이 에세이는 겉으로 보이는 우리의 상황을 간략하게 설명하면서 시작한다. 그러나 '우리'라는 단어는 이 에세이가 문제 삼고자 하는 기존의 자아와 타자 간의 구분을 암시하는 면이 있기 때문에 표면적인 의미 그대로 사용해서는 안 된다. 현대를 살아가는 순간에 우리에게는 종종 '신앙과 비신앙, 또는 공포와 민주주의와 같은 문명적 충돌로 인한 단호한 선택'이 제시된다.(DD: 31) 이전의 장에 간략히 설명된 과정적 진실에 대한 반응은 동일한 태도의 두 측면이며, 그 결과 바바가 '문명적 충돌이라는 전투 준비가 되어 있으며 썩지 않게 약품 처리가 된 서사'라고 부르는 것은 실제로는 변화하지 않으며 반대가 없는 서사이다. 바바가 문화적 권리에 대해 주장하는 바는 9·11 이후 세계상의 핵심에 다가가는 것이다. 문명의 충돌이라는 논지에 활력을 불어넣으며 세계상에 대한 많은 편향적인 이론의 핵심에 다가간다는 말이다. 중요한 것은, 그의 저작이 의미하는 바가 문화적 혼종성을 표면적으로 인정하는 것보다는 훨씬 더 흥미 있고 광범위하다는 사실이다. 9·11의 맥락은 바바에게 문명의 충돌 이론이 자신의 저작이 권고하는 세심한 주의와 자기 상황을 어떻게 약화시키는지를 고려할 수 있는 통로를 제공한다. 헌팅턴의 논지는 모순을 '역사의 동력'으로 파악한 마르크스주의적 분석에 견줄 만하다. 이런 식의 분석은 필연적이면서 동시에 위험한 텔로스$_{telos}$(역사적이거나 철학적인 목적)를 모든 희생을 감내해서라도 추구해야 하는 것으로 설정한다. 이는 노동계급의 실질적인 이익(예를 들어, 구소련의 경우)이 무시되고, 마르크스주의로 제시된 이론적 이익이 더 중요하게 된다는 것을 의미한다. (비록 지금은 그만의 것이 아니지만) 헌팅턴의 논지는 복잡한 지구적 문화를 깔끔하게 정리하여, 허구적이고 안정적인 문화를 기반으로 하는 정치적 행위를 지도상에 표시하려고 한다. 비록 어떤 이론이 문명 충돌의 결과를 예상하지 않는다 하더라도, 실제 문화는 그 이론 안에 갇혀 버리게 된다.

바바는 이러한 허구에 반대하면서, 예를 선택할 때 주의할 것을 상기시키는 낯익은 제스처를 취한다. 그는 민주주의에 대한 지혜를 얻을 수 있는 최선의 장소는, 민주주의가 가장 떠들썩하게 찬양되는 곳이 아니라 민주주의의 의미가 가장 불분명하거나 심지어 그 효과가 치명적인 곳이라고 주장한다. "진보의 위기나 민주주의의 위험에 마주하게 되었을 때, 평등과 정의의 지혜를 주변으로 밀려난 사람들에게서 배울 수 있다. 민주주의가 생겨난 곳이라고 주장하는 제국주의 주권 민족 국가들보다는 식민화와 노예제의 기획 속에서 자유주의의 쓰디쓴 열매를 수확한 사람들이 지혜를 제공한다."(DD: 28)

세상은 결코 겉으로 보이는 것만큼 새롭지도 않고 단순히 새로울 수도 없다. "우리가 노예제, 식민화, 이산 등의 '오래된 역사'처럼 세계의 낡고 지겨운 것들을 인식하지 않는다면, 우리는 전 지구적인 현대의 순간 속에 '새로운' 것이나 태동하는 것을 대표할 수 있는 입장에 절대로 서지 못한다."(DD: 30) 민주주의에 대한 탈식민적 관점, 즉 민주주의가 아주 다르게 보이도록 만드는 시차적 관점은 바바가 비-실현de-realization이라고 부르는 사안이다. 그는 민주주의를 비-실현시키는 것이 필수적이라고 주장한다. 민주주의의 실현은 충분히 친숙한 목표일 것이다. 민주주의는 가능한 한 많은 나라에서 실현될 필요가 있거나, 이전의 노력이 잘못되었다면 지금 바로 여기서 민주주의를 실현시키고자 열심히 노력할 필요가 있다. 그러나 비-실현이라는 용어는 이런 예상된 용법에 대한 단순한 말장난이 아니다. 바바는 '비-실현'을 두 가지의 연관된 방식으로 사용한다.

첫 번째, 독일 극작가 베르톨트 브레히트Bertolt Brecht(1898~1956) 이후에 이 용어는 "민주적 경험의 형성과 평등의 표현을 명명하는 바로 그 행위 속에서 드러나는 비판적 '거리' 또는 소외효과"를 가리킨다.(DD: 29) 다른 말로 하면, 민주주의가 선언되는 그 순간에 그것은 배제된 타자들의 증거를 드러낸다는 것이다. 두 번째는 초현실주의적인 방식을 따르는데, 여기서 비-실현은 "어떤 대상이나 생각, 이미지 또는 제스처를 그것이 형성될 때가 아닌 다른 맥락에 위치시킴으로써 그것을 낯설게 만들고, 그것이 지닌 자연스럽고 규범적인 '지시대상'에 혼란을 주며, 그러한 생각이나 통찰이 '번역'되었을 때 어떤 잠재력이 있는지 알아보는 것"을 의미한다.(DD: 29) 그래서 민주주의는 어떠해야 한다는 것을 안다고 단순히 가정하는 대신에, 우리는 비-실현을 통해서 민주주의가 어떤 것이 될지를 드러나게 할 수도 있다. 민주주의가 무엇인지, 미래에는 민주주의가 어떻게 될 것인지를 이미 우리가 알고 있다고 가정하면, 우리는 미래에 다가올 진정한 변화를 준비하지 못하게 될 것이다.

같은 방식으로 바바는 코스모폴리타니즘을 강력한 의미에서 언제나 다가올 것으로 생각한다. 코스모폴리타니즘은 현재에 존재하는 어떤 것도 아니고, 설정된 어떤 현재에 완전한 형태로 존재할 수 있는 것도 아니다. 그것은 우리가 이론을 가지고 설명할 수 있는 대상도 아니다. 그것은 민주주의와 같은 일종의 기획이다. "명확하고 단호하게 코스모폴리타니즘을 구체적으로 설명하는 것은 비un코스모폴리탄적인 행동이다."(CM: 577) 우리가 코스모폴리타니즘이 무엇인지 알고 있다고 여긴다면, 예를 들어 독일 철학자 이마누엘 칸트Immanuel Kant의 작업과 함께 시작된 전통적인 유럽 중심적인 지적 역사의 관점에서 본다면, 우리는 우리를 특정한 종류의 코스모폴리타니즘에 국한시키게 된다. 이러한 형태의 코스모폴리타니즘은 모든 문화 내에 존재하는 형성 단계에서의 조정을 부인하면서, 그것이 분명히 다르고 '순수한' 문화들을 특징으로 한다고 가정한다. 이것은 유럽 중심적인 코스모폴리타니즘이며, '모든 곳이 중심이고 어느 곳도 주변이 아닌' 세상에는 적합하지 않다.(CM: 588) 이 세계에 적합한 것은 바바가 '지역 코스모폴리타니즘vernacular cosmopolitanism' 이라고 부르는 것, 즉 혼종화된 코스모폴리타니즘이다. 이것은 많은 문화적 맥락들 속에서, 다시 말하면 '유럽의 지적 역사의 상자 바깥에서' 코스모폴리탄적인 지혜를 찾음으로써 시작된다.(586) 코스모폴리타니즘은 결과적으로 그 자체가 비–실현될 것이다. 이런 비–실현이 전 지구적인 시민권 모델을 발전시키는 기획의 시작이 될 것이다. 엄청난 수의 사람들을 배제시키는 총체적인 이론들을 추가적으로 생산하고자 하지 않는다면, 시민권에 대한 우리의 생각을 상대화시킬 필요가 있다. 민주주의가 '다른' 맥락 속으로 번역될 때, 우리는 그것이 심각할 정도로 변형된다는 사실에 주의해야 한다.

전 지구적 시민권

바바는 저작 전체를 통해서 소수민 관점이 소중한 지혜를 제공한다고 주장한다. 어떤 예는 주어진 현상에 대한 가장 좋은 예이다. 그런데 전 지구적 주체라는 이상한 경우를 논할 때 탈식민적인 것은 지속적인 변화의 경험에 대한 예를 제공한다. "전 지구적 '시민'의 영토성은, 탈민족적이면서postnational 비민족적denational이거나 민족을 초월한transnational 것이기도 하다."(DD: 30) 이러한 전 지구적 시민을 설명하기란 쉬운 일이 아니다. 바바가 선택하는 단어들 때문에 이 현상에 대한 바바의 설명보다 그 현상이 '일반적인' 국적의 경우에 대해 가지는 관계가 더 중요할 수도 있다. 그래서 그 형식은 그 내용만큼이나 중요하지는 않다. 바바는 이러한 시민권을 현대 법法 이론에서 끌어온 용어로 논의한다. 법 이론가들은 소위 '유효한 국적', 즉 '공식적인 국적'에 근접한adjacent 국적에 대해 논의해 왔다. 이러한 국적은 원칙적으로 국제적 권리의 법제화라는 맥락 속에서 그 지위를 가진다. 비록 유효한 국적이라는 것이 공식적인 국적에 의존적이거나 그 국적과 부수적인 관계에 있는 것처럼 보일지라도, 그것이 가진 근접성은 보잘것없는 대체물이 아닌 필수적인 보충물에 가깝다. 전 지구적 시민은 자기 자신과 반드시 일치하지 않아서 필연적으로 분리될 수밖에 없기 때문이다. 달리 말하면, 유효한 국적은 서로 인접해 있고, 그것이 공식적인 국적에 대해 가지는 관계는 환유의 관계이다.

이러한 환유의 문제는 2장과 3장에서 설명한 것처럼 바바의 실천적 독서와 스테레오타입 메커니즘 맥락 속에 놓고 생각해 볼 수 있다. 그러나 여기서는 탈식민 비평에 중요한 영향을 끼친 특정한 대상과 연관된다. 바바는 이탈리아의 마르크스주의 철학자인 안토니오 그람시Antonio Gramsci(1891~1937)의 저작을 발전시키는데, 그람시라는 이름은 '헤게모니hegemony' 개념을 떠올리게 한다. 헤게모니는 권력이 단순히 지배의 문제일 뿐만 아니라 동의의 문제이기도 하다는 사실을 강조한다. 이러한 동의는 많은 다른 문화적 수단, 예를 들어 대중매체와 같은 것으로 만들어진다. 그러나 사람들은 단순히 수동적으로 매체의 이미지를 소비하지는 않는다. 사람들은 그러한 이미지에 대해서 논쟁한다. 다른 말로 하면, 동의를 창출해 내는 과정에서 헤게모니는 필연적인 반대에 부딪힌다. 따라서 문화적 의미는 교섭되는 것으로, 단순히 지배계급이 부여할 수 있는 것이 아니게 된다. 그렇다면 누가 이러한 교섭을 수행하는가? 이 질문에 답하고자 바바는 '문화 전선the cultural front'이라는 개념 속에 제도적으로 표현된 철학인 '부분의 철학philosophy of the part'을 불러낸다. "문화 전선은 동질적이고 총체적인 세계관을 가지고 있지 않다."(DD: 31)

문화 전선은 헤게모니의 의미를 변화시키는데, 왜냐하면 그것은 이미 주어진 정치적 정체성을 약화시키기 때문이다. 헤게모니가 가지는 관계는 복잡한 교섭일지도 모른다. 그 관계는 꽤나 안정적인 계급들 사이에서도 여전히 복잡한 조정이다. 전통적으로 우리는 우리 자신이 어느 계급에 속하는지 어느 정도 확신을 가지고 알고 있었고, 그래서 계급은 마르크스주의가 사회적 관계를 이해하는 일반적인 방식이었다. 그러나 이런 확신은 사라졌고, 정치는 이제 복합적인 정체성들이 서로 충돌하는 문제가 되었다. 그래서 어떤 개인적인 또는 집단적인 정체성이 가장 중요한지 말하기가 어려워졌다.(노동계급, 여성, 환경운동가 중에서 무엇이 당신의 우선적인 정체성인가?) 집단적 주체를 상상해야 하지만, 이러한 주체들을 완전한 의식을 가진 개인들 간의 이성적 계약의 효과로 단순히 환원시키지 않아야 한다. 달리 말하면, 문화 전선은 민족과 마찬가지로 서사되는 연대이다.

바바는 헤게모니적 상상력이 그람시의 '서발턴' 개념과 합쳐질 때 어떻게 번역되는지에 대해 특별한 관심을 보인다. 사실 탈식민 비평에서는 보통 이 서발턴이라는 범주에서 그람시의 영향력을 느낄 수 있다. 식민 엘리트주의 역사기술학에 도전했던 인도의 역사학자들인 서발턴 연구 집단의 저작이 그 대표적인 예이다.(Guha 1998) 서발턴적 특징은, 서발턴은 말할 수 없다는 주장을 펼쳐 지속적인 논쟁을 불러일으킨 가야트리 차크라보르티 스피박의 저작에서도 중요한 위치를 차지한다.(1987; 1990; 1993; 1999) 바바는 서발턴적 특징이 부분의 철학과 연결되는 방식을 강조한다. "서발턴적 특징은 국가에 대한 반대를 정식화하는 데 국가를 동질화하거나 악마화시키지 않으면서, 현 상태에 대한 일종의 도전과 논쟁을 나타낸다."(DD: 32) '문화 전선'은 단순한 대립에 호소하지 않고 스스로를 현 상태와 교섭하는 관계에 위치시킨다. 다른 말로, 문화 전선은 현 상태를 무작

정 거부하는 것이 아니다. 그 대신, 과정과 부분성에 대한 인식을 요구한다. 바바는 명백히 은유보다 환유에 더 높은 가치를 두는데, 환유는 부분적 실존으로서 바바의 글에서 서발턴적 인접성(언제나 잠정적이고 지속적인 정치적 문맥 간의 번역)으로 다시 그려진다. 서발턴적 인접성은 그토록 많은 다른 경험들을 탈식민적인 것으로 모으는 정당한 이유를 제공한다. 이것은 그 경험들이 모두 다 '동일'하다고 말하는 것이 아니라, 문맥 간의 번역을 인식하는 것이 현 상태를 변화시키는 데 도움을 줄 수 있다는 것이다. 그래서 이 모든 예를 단수형의 탈식민이 아닌 복수형의 탈식민주의들로 표현해야 한다.

이러한 예들을 한데 모으는 것은 일종의 반counter 헤게모니를 구성한다. 즉, 헤게모니가 세계를 현 상태로 이해하는 것을 대신하려는 시도를 만들어 낸다. 이러한 탈식민 문화 형성은 조심스럽게 이루어져야 하는데, 그러한 노력을 통해서 그 잠재력이 나타날 수 있다. 왜냐하면 탈식민적 관점이 현재를 특징짓는 경험들에 대한 많은 통찰을 제공해 주기 때문이다. 그래서 바바는 노예제와 식민지배라는 저 낡고 지친 역사들을 경험한 주체와 집단, 즉 부분적 환경이 제공하는 예들을 통해서 현대의 시간, 즉 현대의 순간 속에 느낄 수 있는 시간을 가장 잘 상상할 수 있다고 주장한다. "전 지구적 영역의 불균등하고 불평등한 장field, '부분적인' 그리고 '초기에 생겨나는', 과거도 아니고 현재도 아닌 '성장 중에 있는' 그 장은 그럼에도 불구하고 '변화'라는 공통된 역사적 시간 속에서, 그리고 그 시간을 통해 살면서 경험하게 되고 마주치게 된다."(DD: 31) 바바에게 전 지구적 시민권이라는 개념 속에 성립되어야 하는 것은 바로 이 부분성과 변화의 정서이다. 서발턴은 이미 뿌리내린 오래된 정체성의 보증 없이 부분성의 위치에서 교섭한다. 우리의 정체성이 서로 연결되어 있고 부분적이라는 것을 강조하는 방식을 통해서만 우리는 애초에 정해져 있어서 따로 수정할 필요가 없는 가정, 예를 들어 민족 정체성의 영원성과 우수성에 대한 가정으로 되돌아가지 않는 시민권 모델을 만들 수 있다.

그런 연후에 바바는 문화적 권리에 대한 에세이에서 다양하고 예상치 못한 길을 택하면서 겉으로 보기에는 적절하지 않은 텍스트를 읽어 낸다. 그가 이러한 텍스트에 관심을 갖게 된 것은 바로 그 텍스트가 가진 형태나 논리 때문인 것처럼 보인다. 이 책을 통해서, 바바는 이상하게도 자신이 읽는 텍스트의 내용에는 별로 관심이 없음을 암시하는 듯 보인다. 바바가 형식의 논리를 중요시하는 것이 때때로 그리고 그를 비판하는 사람들에게는 그가 내용에는 관심이 없는 것처럼 보인다. 어쨌든 권리 문제에서 그의 관심은 말하는 내용보다는 어떤 말이라도 할 수 있는 가능성에 더 많이 놓여 있다. 그의 주장에 따르면, 이것이 바로 개별적인 권리와 집단적 권리 사이의 구분이 일어나는 지점이다. "표현의 자유는 개별적인 권리다. 시적 허용을 통해 말하자면, 서사할 권리는 표현적 권리라기보다는 내용을 분명하게 드러내는 권리다. 그것은 문제를 제기하고 제기받을 수 있는, 변증법적이고 공동체적이고 집단적인 권리며, 의미를 만들어 내고 해석될 수 있는, 말하고 들을 수 있는 그리고 기호를 만들어 내고 기호를 만드는 것이 존경 가득한 관심을 받을 수 있음을 알게 되는 권리다."(DD: 34)

  그렇다면 서사할 문화적 권리는, 적극적인 의미에서, 읽힐 수 있는 권리를 뜻한다. 서사할 권리는 표준적이고 관습적이며 목적에 적합한 규칙을 단순히 따르기만 하는 어떤 해석 속에 인식되는 것을 의미하지 않는다. 그러한 해석은 어떤 고려 대상이라도 예상된 상자 속에 재단해서 집어넣으며, 그럼으로써 그 대상에 영원히 대상으로서의 위치를 정해 주어 그 대상이 갖는 주체성이 수용될 가능성을 지워 버린다.

혼종성과 권리 담론의 관계

 문화는 종종 암시되듯이 태곳적부터 존재해 온 것이 아니다. 문화는 현재에 존재하지도 않고 어떠한 미래적 현재에도 존재할 수 없다. 문화는 완전히 현존할 수 없다. 문화는 존재의 문제가 아니라, 변화 과정의 문제이다. 문화는 만들어지거나 조각되거나 서사된 대상이다. 전통과 마찬가지로 문화는 만들어질 수 있다. 이러한 만들어진 것들을 나쁜 것으로, 즉 현실을 위조했기 때문에 비판받아야 할 것으로 생각할 수 있지만, 이러한 만들어진 전통에서, 이러한 만들어진 것들이 계속해서 진행된다는 전제 하에, 긍정적인 잠재력을 포착해 낼 수도 있다. 여기서 혼종성에 대한 바바의 생각이 중요해진다. 문화라는 것은, 이미 그전에 존재한 것이 아니라 혼종화 과정이 있은 후에 생성된 것이라는 의미다. 식민지배 관계에서 이는 피지배자뿐 아니라 지배자에게도 해당되는 사실이다. 이러한 혼종화 이후의 문화가 지속적인 과정의 일부라는 사실을 강조해야 한다. 바바는 이러한 사실을 통해 서구의 다수 자유주의 문화가 스스로를 탈식민적 관점에서 보아야 한다고 주장한다.

 이 장에서 계속 주장했지만, 혼종성에 대한 바바의 이론화는 권리 담론에서 중요한 성과를 가져왔다. 소수민 문화는 무시되기 십상이거나 동화될 것을 요구받았다. 이러한 현상은 지난 50년간 형성된 인권에 대한 거대 서사의 문맥에서도 마찬가지였다. 이는 인권 담론이 민족문화를 이상적이고 '온전한' 사회의 표본으로 암묵적으로 격상시켰기 때문이다. 그러나 이러한 인권 문화는 과정적인 것 또는 지속적인 교섭의 문제로서의 정치를 강조하는 소수민 문화에서 소중한 교훈을 배울 수 있다. 문화를 초월하는 가능성을 탐구하고 확장시킨 것은 소수민의 정치 문화만은 아니다. 영화와 사진, 문학에 대한 이 책의 논의가 암시하듯이, 서사할 권리는 원칙적으로 모든 곳에서 발견할 수 있다. 우리는 너무 성급해서 어떤 유물을 놓치는 일이 없어야 하고, 세상에 대한 표준적이고 상식적인 읽기를 너무 과신해서도 안 된다.

바바 이후

Homi
K. Bhabha

'다음 세기를 빛낼 100명의 미국인'

1999년 《뉴스위크Newsweek》는 바바를 '다음 세기를 빛낼 100명의 미국인' 중 한 명으로 선정했다. 바바는 일상적으로 접하는 문학비평가 이상의 존재가 되었고, 세계경제포럼(WEF)과 같은 맥락에서 전 세계와 관련된 논쟁에 등장하는 인물이 되었다. 이렇듯 그가 두드러진 존재가 되면서, 그가 과연 그런 명성을 누릴 만한 인물인지에 대한 논쟁도 뜨거워졌다. 사실 이 장의 제목은 여러 방식으로 읽힐 수 있다. 바바에 대해서 쓴 사람들도 있고, 바바의 방식대로 쓴 사람들도 있으며, 다른 사람들은 그의 이론적인 성취를 파헤치고자 그의 뒤를 따랐다. 바바 같은 유명 비평가가 그토록 많은 적대적인 논평을 받은 경우도 드물다. 그래서 이 장의 많은 부분은 마지막 의미에서 바바를 따라간 사람들에 대해 논의할 것이다. 그러면 가장 비판적인 비평가들조차도 바바의 중요성을 받아들인다는 점을 알게 될 것이다.

그러나 많은 이들이 그의 저작이 주는 지혜는 진지한 수정을 가한 후에야 식민지배와 신식민의 맥락에 적용할 수 있다고 생각한다. 실제로 일부 비평가들에게는 우리가 바바 이후에 있다는 것이, 우리가 그의 저작 또는 이론 전반 없이도 계속해 나갈 수 있다거나 아니면 최소한 이러한 의미에서 바바 이후에 있어야 한다는 뜻이다. 바바의 영향력에 대한 이러한 다른 읽기를 탐구하고자, 이 장에서는 참조 가능한 무한한 텍스트의 목록보다는 대표적이고 고전적인 비평적 반응 몇 가지만 살펴볼 것이다. 그러나 탈식민 연구에 대한 어떤 텍스트든지 어느 지점에서는 바바의 저작을 인용하는 것이 사실이다.

| 역사 수정: 영 |

로버트 영Robert J. C. Young은 여러가지 면에서 바바의 뒤를 따른 가장 주의 깊은 비평가이다. 그의 기본적인 입장은, 바바가 다른 사람처럼 쓰기를 기대해서는 안 된다는 것이다. 그는 최근에 다음과 같이 썼다. "만약 바바가 비평가들의 반대에 반응하여 해석 방법을 바꾸었다면, 그는 더 이상 바바가 아닐 것이고, 명민한 통찰은 사라질 것이며, 그는 평범한 문화 또는 역사 비평가가 될 것이다."(2001:347) 그랬다면 나 또한 이 책을 쓰지 않았을 가능성이 크다.

영의 책 《백색신화: 서양이론과 유럽중심주의 비판White

Mythologies: Writing History and the West》(1990)에는 바바의 저작에 관해 장 하나가 할애되어 있다. 그러나 이 책 전체는 역사주의의 관점에서 생각하기를 멈추고 역사적으로 생각하기 시작하라는 바바의 경고를 적용한 것으로 볼 수 있다. 이 책은 자크 데리다의 저작(영의 책 제목은 데리다의 글 제목을 약간 변형한 것이다.)에 있는 논의를 적용한 것으로, 달리 보면 데리다에게서 많은 것을 끌어온 바바와 나란히 읽을 수 있다. 역사에 대한 다양한 마르크스주의적 해석이 의미하는 바를 통해 주의 깊게 사고하는 영은, 그러한 해석이 색깔의 차이를 구별해 내지 못하는 경향을 보이는 여러 가지 방식을 도출해 낸다. 영은 장 폴 사르트르Jean-Paul Sartre와 루이 알튀세Louis Althusser, 프레드릭 제임슨Fredric Jameson을 통해 마르크스주의가 보편 역사의 다른 해석을 만들어 내어 식민피지배 주민들을 배제시킨 방식에 문제를 제기한다. 이 책의 마지막 장은 명목상의 보편 역사를 다시 쓰는 작업을 하는 에드워드 사이드와 가야트리 차크라보르티 스피박의 저작과 바바의 저작을 같이 놓고 다룬다.

영의 다음 책인 《식민지배 욕망Colonial Desire》(1995)은 그 제목을 바바의 저작에서 따 왔고, 식민지배 문서에 혼종성과 혼합주의 같은 범주에 대한 강박관념의 증거가 흩뿌려져 있는 양상을 다룬다. 비록 이 책은 혼종성에 무비판적인 찬사를 보내는 것을 경고하지만, 바바에 대한 언급은 바바를 보충해 주는 측면이 있어서 영이 이러한 범주에 바바의 조심스러운 정식화를 잘못 읽은 것은 아니라는 점을 보여 준다. 이 두 번째 책에서 영이 바바를 에드워드 사이드와 가야트리 차크라보르티 스피박과 함께 탈식민 이론의 '성삼위聖三位' 중 한 명으로 언급한 것은 잘 알려진 사실이다.

그럼에도 불구하고, 바바에 대한 영의 논평은 최근 훨씬 더 요란하기만 한 비평가들이 점점 더 자주 물었던 질문들을 언제나 정확하게 제기했다. 예를 들어《백색신화》는 행위주체 문제를, 특히 지금 우리가 어떻게 식민지배에 반대하는 행위주체의 위치를 정할 수 있는지에 대한 바바의 주장을 논의한다. "피지배 주민들의 저항이 있었다는 문서상의 증거를 손에 넣기란 어려운 일이 아니다. 문제는 그러한 저항을 찾아내려면 행간을 읽어야 한다고 암시하고 있어서 이 증거가 과소평가되고 있다는 것이다."(1990:149) 영은 바바의 저작이 저항이 없었다거나 또는 탈식민 비평가가 나타나서 그러한 저항을 확인하기 전까지는 저항이 없었다라고 주장하는 것은 아니라는 점을 인정한다. 그러나 이러한 사실은 영으로 하여금 다음과 같은 적절한 지적을 하게 한다. "바바가 저항을 주장하면 할수록 식민지배 구조를 분석하는 데 나르시시즘과 편집증, 환상과 욕망에 대한 그의 정신분석학적 도식에 대한 필요도 그만큼 줄어든다."(1990:151) 바바의 저작에 대한 더 강력한 비판을 영의 글에서 많이 발견할 수 있다. 그러나《백색신화》가 마르크스주의 전반에 문제를 제기하기 때문에 영이 바바가 쓴 모든 것을 진지한 수정 없이 받아들였다고 생각해선 안 된다.

영은 여전히 바바의 저작이 중요하다고 여긴다. 탈식민에 대한 영의 최근 발언이 《포스트식민주의 또는 트리컨티넨탈리즘 Postcolonialism: An historical introduction》(2001)인데, 이 책은 영 스스로 밝히듯이 《백색신화》를 재구성한 것이다. 반anti식민지배적 사고의 고전 또는 '원전'에 훨씬 더 많은 공간을 할애한 이 책은, 마르크스주의 그 자체가 애초부터 혼종적으로 형성된 방식을 따라가며 바바에게는 존경에 찬 관심을 보인다. 전작과 다른 점은, 그전보다 훨씬 더 포괄적인 역사적·이론적 맥락 안에서 살핀다는 점이다. 특히 영은 바바의 저작을 정치심리학자 아쉬스 난디의 저작과 비교한다. 바바와 난디에게는 탈식민주의를 연구할 때 알고 있어야 할 평행 관계와 영향, 그리고 합쳐짐이 있다는 주장이다. 난디의 저작은 간디와 정신분석학, 근대성 비판과 합쳐지면서 일종의 반counter 근대, 또는 영이 '혼종화된 근대'라고 부르는 것을 구성한다.(2001: 346) 물론 이런 특징은 바바의 저작과 주제적으로도 비교될 수 있다. 실제로 영은 이러한 비교가 주제적인 면뿐 아니라 형식적인 면에서도 연관성이 있음을 보여 준다. "두 명의 비평가 모두 글쓰기에서 자신들이 끌어온 이론적 전통의 역사적 통합성을 특징적으로 파괴하며, 그렇게 함으로써 이론적 전통이 가진 범위를 탈제도화시킨다." (2001:347) 이러한 관점에서 보면, 역사적 맥락과 동떨어진 것처럼 보일 수 있는 시대착오적인 읽기 방법은 독자들에게 충격을 주어 안정적이고 제도화된 사고방식에서 벗어나게 하려는 의도를 담고 있다. 바바의 글처럼 난디의 저작도 마르크스주의가 겉보기와는 다르게 제도화된 사고의 가장 안정된 형태 중 하나라는 점을 보여 준다. 마르크스주의 이론이 과정에 대한 것이라 할지라도, 마르크스주의는 사실 고정된 상태로 있었다. 그래서 난디와 바바 모두 그것이 다시 움직이기를 바란 것이다.

이데올로기로서의 탈식민주의: 아마드

영의 《백색신화》는 마르크스주의를 탈식민주의에 대한 매우 문제적인 담론으로 간주한다. 이런 면에서 이 책은 마르크스주의에 대한 바바의 논평을 상당 부분 따라간다. 반식민 스토리의 중심에 마르크스주의를 위치시키는 탈식민주의에 대한 후기 영의 미묘한 역사 인식에도 불구하고, 많은 마르크스주의 비평가들은 탈식민주의 이론에서 생겨난 비판에 대답할 필요를 통렬하게 느꼈다. 마르크스주의 문학비평가 아이자즈 아마드Aijaz Ahmad는 탈식민주의 비평에 극단적으로 비판적인 인물로 잘 알려져 있다. 그의 비판은 《이론 안에서In Theory》(1992)에 수록되어 있다. 비록 그는 이 책에서 바바를 다루지는 않지만, 논문 〈문학적 탈식민성의 정치The politics of literary post-coloniality〉에서 여러 형태로 바바의 주장에 반대하는 발언을 했다. 이 논문에서 아마드는 '인간 행위에 대한 설명은 비이성적이어야 한다는 바바의 주장'에 대해 언급한다.(1995:15)

아마드는 탈식민주의에 대한 바바의 비전을 거의 유희적인 것으로, 그리고 확실히 무책임한 것으로 이해한다. 그는 바바가 탈식민적이라고 부르는 관점이 바바가 인정하는 것보다 더 한계가 있다고 주장한다. 아마드는 바바가 특정한 정체성에 상응하는 존재로 암묵적이며 무비판적이라고 비판한다. "바바의 글을 보면, 이처럼 기념비적이고 전 지구적인 즐거움에 접근할 수 있는 탈식민 비평가는 성, 계급, 그리고 확인 가능한 정치적 위치로부터 눈에 띄게 자유롭다. 달리 말하면, 탈식민 지성인의 이러한 모습은 남성, 부르주아 방관자의 위치를 당연시하고, 자신이 살펴보는 모든 것의 수장일 뿐만 아니라, 자신이 수장이라는 사실에 도취되어 있다."(1995:13) 바바에 대한 아마드의 결론은 다음과 같다.

> 역사는 끊임없는 이주로 이루어져 있지 않다. 그래서 일반적인 인간 조건으로 그리고 바람직한 철학적 입장으로 바바가 주장하는 '위치 이동'의 보편성은 세계에 대한 설명으로도 일반화된 정치적 가능성으로도 쉽게 옹호되기 어렵다. 그는 아마도 상업과 혁명, '상업주의와 마르크스주의' 간의 구분을 지우고 싶었을 것이고, 원하는 것을 얼마든지 할 수 있다. 그러나 그것이 탈식민성post-coloniality이라고 불리는 어떤 것의 '이론'에 이르지는 못한다. 대부분의 개인들은 매일매일 지나가는 날 속에서 자유롭게 자기 자신을 새롭게 만들어 내지 못할 뿐 아니라, 공동체도 무한한 우연성에서 난데없이 솟아나지도, 그 속으로 사라지지도 않는다.(1995:16)

아마드에 따르면, 바바의 복잡한 이항 대립, 말하자면 상업주의와 마르크스주의 간의 대립이 탈식민주의에 대한 유용한 이론으로 이어지지는 않는다. 만약 그러한 혼종화 과정이 탈식민주의의 특징이라면, 탈식민주의 그 자체는 존재하지 않는다. 왜냐하면 현실에서는 대립과 제한이 계속해서 사람들의 삶을 지배하기 때문이다. 이 책에서는 이 단락이 언급하는 바바의 몇 가지 주장을 논의했다. 그리고 그러한 부분이 겉으로 보이는 것만큼 그리 단순하지 않다는 주장도 했다. 끊임없는 이주가 보편적이며, 상업과 혁명이 동일하며, 공동체는 모두 절대적으로 신기루일 뿐이라고 바바가 생각한 것이 아니라는 것을 보여 주기란 어려운 일이 아니다. 다시 말해서, 바바에 대한 아마드의 이해가 단순하고 환원적이라는 것을 보여 주기는 그리 어렵지 않다.

실제로 이 책에서 문화 과정의 열림을 강조했다고 할지라도, 이러한 사실로 인해 문화가 안정적인 문화 형태를 중심으로 꽤나 합당하게 그리고 이해할 수 있는 방식으로 스스로를 조직했던 순간을 완전히 무시해서는 안 된다. 바바는 문화 형성이 항상 변화하는 과정 중에 있는 것은 아니며, 많은 이유로 인해 멈춰 버렸다는 것도 잘 알고 있다. 바바도 말하듯이, 어떤 사람들은 생존을 위해 자신들의 문화 형태를 고수하고 있다. 그래서 '운동movement의 경제 관계 내에서 비non운동의 주변에 사로잡혀' 있다.(Clifford 1997: 43) 바바가 이러한 사실을 인정하지 않는다는 아마드의 주장은 설득력이 없다. 바바의 저작에 대한 그의 설명은 개별 어구에만 한정되어 있어 그 문맥에서 따로 떼어 내어 이해할 수 없게 만든다. 이는 바바의 읽기 방식과 다소간 비슷해 보이는 방법이다. 차이가 있다면, 바바는 자신이 읽는 텍스트에 애정 어린 주의를 기울인다는 것이다. 그러나 다른 비평가들은 아마드의 입장이 갖는 면밀한 측면들을 더 설득력 있게 제시한다.

담론의 문제: 베니타 패리

베니타 패리Benita Parry의 저작을 살펴보면, 탈식민주의가 서구 대학에서 나타나기 한참 전에 반anti식민적 민족주의 글쓰기가 식민지배 저항 투쟁에 핵심적이었음을 알 수 있다. 탈식민주의 이론이 반anti식민지배 설명에서 빠뜨린 것을 강조하는 패리의 저작은 탈식민주의 이론에 저항하는 매우 좋은 예였다. 여기서 바바는 패리의 주된 타깃이었다. 그럼에도 불구하고, 탈식민주의에 대한 아이자즈 아마드의 (특히 살만 루슈디에 대한) 비판을 논의하면서 패리는 바바의 저작과 관련해 다음과 같은 적절한 논평을 내놓았다. "경계나 한계를 가로지르는 데 주의를 기울이는 비판 의식이나 문학적 상상력은, 기존의 문화 형성에서 급격한 환경 변화를 경험할 뿐만 아니라 그러한 변화를 만들어 내기도 하는 특권이 없는 공동체의 다양한 상황에 절대로 무관심하지 않다."(1987:132) 그러나 이 무관심이 바로 그녀가 바바의 저작에서 진단해 내는 현상이다. 패리에 따르면, 차이에 대한 주의는, 그것이 실제로 존재하는 구조와 체계를 인정함으로써 완화되지 않으면, 분명히 구별되는 시간과 장소에서의 투쟁이 갖는 구체적인 특징에 대한 무관심으로 변질될 위험성이 있다.

패리는 이러한 주장을 두 개의 중요한 논문에서 발전시킨다. 우선 〈식민지배 담론에 대한 현재 이론상의 문제점 Problems in Current Theories of Colonial Discourse〉은 식민지배 담론 분석에 대한 일반적인 고찰이다. 이 논문의 많은 부분은 스피박과 바바의 저작을 특히 '서발턴 목소리'의 관점에서 비교한다. 여기서 패리가 선호하는 쪽은 바바의 저작이다. "바바가 보기에, 서발턴은 말을 했다. 그리고 그의 식민지배 텍스트 읽기는 원주민의 목소리를 복원시킨다."(1987:40) 그러나 스피박과 바바는 차이점보다는 공통점이 더 많다. 아마도 패리의 요점은 그녀가 파농을 어떻게 보는지로 설명될 것이다. 그녀의 주장은 다음과 같다.

비록 파농의 식민피지배자가 바바가 설명하는 분열된 주체이며 이러한 분열이 반anti인간적이라고 할지라도, 이러한 분열이 바람직한 특징은 아니라는 점이다. "파농의 글쓰기는 정치적으로 의식이 있고, 통합된 혁명적 자아의 구성을 알리고자 중재한다. 이 자아는 지배자에 대한 완화되지 않은 적대감 속에 자리하며, 전투적인 주체의 위치를 차지하고 있다. 이러한 위치로부터 대지의 저주받은 사람들은 식민지배 권력에 대항하여 무장투쟁을 조직할 수 있다."(1987:30)

이러한 읽기를 염두에 둔다면, 파농을 미숙한 탈구조주의자로 본 바바의 읽기에 패리가 반대하는 것이 놀랍지는 않다. 패리가 바바의 제목(《검은 피부, 하얀 가면》 개정판 서문으로 실린 바바의 〈파농을 기억하며〉)을 파농의 번역과는 반대되는, 파농의 저작이 실제로 어떤 것인지에 대한 기억 같은 것을 제공하는 것으로 여기는 것은 이해할 만하다. 패리는 바바의 읽기를 거부한다. 왜냐하면 그의 읽기는 "식민지배 조건을 원주민과 침략자 간의 화해할 수 없는 대립의 하나로 보는, 무장투쟁을 카타르시스적이고 동시에 실천적인 필요성으로 만드는 파농의 패러다임을 지워 버리기"때문이다.(1987: 32) 패리의 말은 일리가 있다. 그러나 바바가 공공연히 하나의 패러다임을 비non이분법적으로 대립하지 않는 자신의 패러다임으로 바꾸는 것을 생각해 보면, '지워 버리다'란 표현은 정확하지 않다. 패리의 읽기는 정확한 의미에서 완전히 잘못된 읽기는 아니며, 그보다는 바바의 비판적 운동을 따라간 결과라고 할 수 있다.

> 반헤게모니적 이데올로기 생산의 기반으로서의 잃어버린 기원에 대한 노스탤지어에 반대하는 입장(스피박), 또는 자기 우월적 저항의 수사(바바)가 확장되어 민족해방운동 진영에서 쓰인 반anti제국주의 텍스트의 평가절하로 이어졌다. 한편 인식론적 폭력이라는 개념과 반대 담론의 차단은 역사적 주체와 투사, 그리고 또 다른 지식의 소유자이며 대안 전통의 생산자로서 원주민의 역할을 지워 버렸다.(1987:34)

패리의 입장은 바바의 글쓰기에서 종종 확인할 수 있듯이, 바바가 반anti식민주의의 원래 텍스트와 일반적인 관행을 대체하려 하는 것처럼 보인다는 것이다. 패리가 보기에 이러한 대체는 실제 식민지배 담론 분석에서 발생했다. 그녀가 바바의 저작을 완전히 거부하는 것은 아니다. 그녀는 바바의 저작이 갖는 생산성의 한계, 즉 그것이 우리에게 무엇을 해 줄 수 있는지를 강조한다. 이러한 한계는 '담론의 과잉과 이와 연관된 사회경제적·정치적 제도 그리고 다른 형태의 사회적 실천의 가능성에 대한 무관심'에서 기인한다.(1987: 43) 그러면 식민지배 담론 분석이 담론 자체를 하나의 실천으로 간주하는 상황에서, 식민지배 담론 분석 그 자체가 주의를 기울여야 하는 것이 있고, 우리가 접근 권한이 있는 담론의 외부에 존재하는 것이 있다. 이 에세이 속 패리의 주장에 따르면, 바바의 저작은 비담론적 실천에 정당한 주의를 기울일 때 더 유연성을 지니게 되어 반anti식민지배 작가 및 활동가들의 장기적 통찰을 수용할 수 있다. 이것이 바바 저작에 대한 하나의 반대 입장을 개괄한 것이다. 이제는 2장에서 언급한 바바의 파농 읽기에 대한 비판으로 넘어가자.

읽기: 닐 라자루스

패리의 입장과 매우 근접한 비평가가 바로 닐 라자루스Neil Lazarus 이다. 그의 책《민족주의와 탈식민 세계의 문화적 실제Nationalism and Cultural Practice in the Postcolonial World》에는 탈식민 이론 내에서 민족주의를 잘못 재현한 것에 대한 철저한 비판이 등장한다. 바바에 대한 라자루스의 논평은 '파농의 생각이 갖는 역사적 궤적을 뒤집는' 파농에 대한 논쟁적 읽기에 주안점을 둔다.(Lazarus: 1999: 80) 이러한 뒤집기는 "이론가로서 파농이 진화한 증거를 왜곡한다."(1999: 79)

라자루스의 일리 있는 주장에 따르면, 바바는 "탈구조주의자라는 용어가 등장하기 전의 탈구조주의자로서의 파농의 모습을 구성하려 한다."(1999: 81) 파농의 이러한 모습은, 만약 그것이 정말 바바의 목적이었다면, 받아들이기에 그렇게 어려운 것은 아니다. 그러나 라자루스는 텍스트적으로 모순된 증거가 이를 불가능하게 만든다고 주장한다. 결국 바바는 파농의 생각을 잘못 재현할 수밖에 없거나, 파농이 '실수'했다고 완곡하게 책망할 수밖에 없다. 바바가 파농의 글쓰기에서 명백히 불가능해 보이는 논리를 끄집어내는 단락에 대해서 라자루스는 다음과 같이 쓴다.

이 단락들은 절차상의 논리가 이상하다. 이 단락들의 요점은 파농의 생각을 근본적으로 바바 자신의 인식론적 방법론적 프로그램에 맞춰서 제시하는 것이다. 그러나 파농의 명백한 정식들이 이러한 바바의 구성을 불가능하게 만드는 것처럼 보이는 만큼이나, 이러한 정식들은 만약 파농이 정확한 단어, 사고할 시간, 또는 최선의 통찰을 추구할 용기가 있었다면 했을 말을, 파농이 하고자 했던 말을 못하게 했기 때문에 비난받아야 한다.(1999: 81)

라자루스는 그가 보기에 명백한 오독인 이런 식의 읽기에 대한 경멸을 숨기지 않는다. 그러나 이러한 읽기 과정이 J. S. 밀 같은 이에게 적용된다면 사정은 달라질 것이다. 즉, '파농이 할 수 있었다면 할 수 있었던 말', 더 정확히 말해서 '자신도 모르게 그가 한 말'은 바바의 읽기 과정이 만들어 낸 결과를 설명하는 가장 적절한 설명처럼 보인다. 파농의 편에 서서 보면, '바바가 파농을 편향적으로 전유하는 것'은 반anti식민 작가와 활동가들에게 모욕이나 다름없다.(1999: 82) 라자루스는 바바에게서 파농의 생각에 대한 왜곡뿐만 아니라, 더 일반적인 왜곡, 즉 역사에 대한 왜곡도 찾아낸다. 라자루스는 그의 시각으로는 바바의 읽기에서 가장 역설적인 요소가 틀림없는 것을 강조하지 않는다. 텍스트성을 가장 중요시 여기는 사람에게는, 바바가 텍스트상의 증거를 가진 기사cavalier처럼 보일 것이다. 그러나 이는 텍스트가 하는 일과 텍스트의 수행적 차원에 대한 다양하고 난처한 질문들로 이어진다. 라자루스는 바바의 사고가 내포하는 그러한 요소들에 관여하지 않는다. 사실, 과거 수행적 차원의 담론 행위가 현재의 행위보다 왜 덜 중요한지에 대한 명백한 이유가 없다고 주장할 수도 있다. 우리가 파농을 진정으로 읽을 준비가 되어 있다면, 그는 역사의 한 부분일 뿐 아니라 지금 여기에도 영향을 미칠 것이다.

차이의 문제: 베니타 패리

《문화의 위치》에 대한 패리의 논평은 바바의 에세이에 대한 이전 글보다 훨씬 더 비판적이다. 총체적인 이론 체계에 대한 바바의 분석으로 인해 우리가 신식민지배로 만들어지고 유지되는 실질적인 불평등에 무관심할 수 있다는 것이 주장의 핵심이다. 마르크스주의와 같은 총체적 체계만이 자본주의의 전 지구적 영향력을 설명하려는 야심이 있기 때문이다. 이와 달리 탈구조주의는 이러한 포괄적인 설명에 이르려 하지 않으며, 그러한 태도는 탈구조주의의 철학적 오만을 징후적으로 드러낸다. 바바의 저작은 탈구조주의의 언어와 사상에 상당히 의존한다. 그래서 그의 저작은 이러한 비판의 명백한 목표물이다.

"탈근대주의 비평은 '차이'를 이론적 책략으로 전환시켜 이데올로기가 없는 중립적인 영역을 만든다. 그리고 이 영역에서 식민지배자/피지배자의 적대적 대립 속에 각인되어 있는 사회적 불화와 정치적 논쟁은 추방되었다."(Parry 1994: 15) 더 나아가, 그녀는 양가성이라는 정신분석학적 과정 내에서 행위주체를 찾는 것에서 발생하는 문제를 조목조목 비판한다. "반대하는 행위주체로부터 텍스트상의 수행적 차원으로 행위 요인을 이동시킨 효과는, 억압하는 상대를 약화시키고 분쇄하려는 실천으로서의 저항을 무의미하게 만든다."(1994: 16) 대립의 공간들은 섞여 버리고, 행위주체는 개인이나 집단의 경험과는 완전히 동떨어진 것이 된다. 메트로폴리스와 식민지의 관계로 확장될 경우, 이러한 혼합은 실질적이고 지속적인 불평등에 주의를 기울이지 못하는 결과를 만들어 낸다. "메트로폴리스와 식민지 모두 동일한 중간적, 틈새의 지대에 있다고 말하는 것은, 이 지역이 뚜렷이 구별되는 방식으로 점유되었다는 사실을 인식하지 못하게 차단시켜 버린다. 그리고 이 지역이 논쟁적인 지역으로 강제와 저항의 장소이지 균등하게 위치한 경쟁자들 간의 정중한 교섭의 장소가 아니라는 사실도 인식하지 못하게 한다."(1994: 19) 결론적으로 패리는 이러한 차단이 바바가 자신의 위치를 모범적인 것으로 규정한 데서 기인한다고 주장한다. 다시 말해서, 바바는 이주민으로서의 자신의 조건을, 그것이 가진 명백한 특권에도 불구하고 가장 일반적인 것으로 여긴다는 의미다.

> 자신의 상황이 가진 생산적인 긴장을 규범적이고 바람직한 것으로 제시하면서, 탈식민 특권층은 어느 메트로폴리스의 외곽에서 살고 있는 이주 노동자들뿐 아니라 과거 제국의 후진 지역에서 착취당했던 주민들에게도 저항의 활력을 제공하며 지속적으로 자기이해를 만들어 낸 계급과 종족, 신흥 민족국가에 대한 연대를 더럽히는 경향이 있다.(1994: 21)

탈식민 비평이 작가로 하여금 소속감과 고향이라는 복잡성을 통해서 사고하는 추방자의 경험에서 나오는 것은 당연하다. 그런데 이런 추방은 특권층의 학자와 작가도 손쉽게 다가갈 수 있는 종류의 것이다. 그들의 특권이 일반적인 탈식민 상황을 대표하는 것으로 인식되지 않는다면 이것은 문제가 되지 않는다. 그러나 모든 사람이 명망 있고 자원이 풍부한 대학에서 가르치지는 않는다는 사실을 기억해야 한다. 불행하게도 탈식민 비평은 때로 자신의 한계를 보지 못한다. 이러한 관점을 지닌 탈식민 비평은 식민주의나 신식민주의, 또는 반식민주의와 연결될 고리가 없다. 그것은 그저 소수 특권층의 영역이고, 계급적 또는 종족적 제휴에 대한 경멸을 싼값에 가져간다. 이는 물질적 편안함과 안정을 가질 때에만 종족적 또는 민족적 정체성에 대한 집착을 포기할 수 있다는 뜻이다. 패리는 바바의 '국적 없는 탈식민 위치의 번역'에 대해 언급한다.(1994: 21) 그리고 이 어구는 바바의 저작과 탈식민 이론 일반에 대한 그녀의 비판을 간단하게 표현한 것이다. 그것은 조심성 없는 번역이거나, 큰 주의를 기울이지 않은, 단지 언어들 간의 서툰 번역일 뿐이다.

  패리가 초기 에세이에서 언급하는 '담론의 과잉'이 문제의 일부로 보인다. 그녀의 주장에 따르면, '문화 과정에 대한 바바의 풍부한 통찰'을 약화시키는 것은 바로 '언어 모델'이다.(1994: 7) 바바에 대한 패리의 논평에 직접적으로 반응하면서, 이언 챔버스 Iain Chambers는 바바의 저작은 다음과 같은 일이 발생하는 수많은 텍스트상의 공간 중 하나일 뿐이라고 서술한다. 그 공간 내에서 "언어의 존재와 서구의 존재는 논쟁과 빗겨 나감의 대상이 된다. 그리고 이러한 존재가 다시 말하기를 강요받아서 제역사적 기원과 가부장적 권력, 더불어 자신의 환상, 무의식, 분열, 한계……잠재적 타자성을 드러낸다."(Chambers 1994: 109) 챔버스는 소설가 윌슨 해리스Wilson Harris와 시인 데렉 월콧Derek Walcott과 같은 다양한 작가들을 인용하면서 창조적인 언어의 사용이 겉으로 보이는 것만큼 현실과 동떨어진 것이 아님을 상기시킨다. 그러나 이와 관련하여 본 책에서는 이미 (특히 2장에서) '언어 모델'을 단순히 언어 모델로만 보는 것은 바바의 에세이에서 '글쓰기'라는 단어가 나올 때마다 발생하는 일을 심각하게 오해하는 것임을 지적한 바 있다.

협력: 라쉬드 아라인

탈식민 이론에 대한 패리의 생각은 담론으로 격상되며 광범위한 영향력을 발휘하게 되었다. 패리의 요점을 간단하고 가감 없이 정리한 사람이 예술 저널 《제3의 텍스트Third Text》의 편집자인 라쉬드 아라인Rasheed Araeen이다. 그는 2000년에 논문 〈새로운 시작: 탈식민 문화 이론과 정체성의 정치를 넘어A New Beginning: Beyond Postcolonial Cultural Theory and Identity Politics〉를 발표했는데, 제목이 암시하듯 이 글은 기존의 탈식민 이론이 파악한 바와는 약간 다른 방향으로 논의를 이끌어 간다.

    탈식민 이론은 정체성의 정치에 상응하는 말이거나 비슷한 말로 여겨졌다. 그리고 이것이 나쁜 것으로 여겨진 이유는, 탈식민 이론이 탈식민 이론가와 그들이 이론화하는 사람들 간의 실제적인 불평등에는 무관심하기 때문이다. 그런데 아라인은 논문에서 처음에는 사이드, 스피박과 더불어 바바와 같은 비평가들이 기여한 바에 다소간의 존경심을 보인다. 자신의 분야를 책임질 수 있는 예술 이론가와 역사가들이기 때문이다. 그러나 이러한 비평가들이 시각예술을 아무리 많이 안다고 할지라도, 그들은 예술 역사와 이론의 일부 부족분을 보충해 줄 뿐이다. 논문의 후반부에서 아라인은 좀 더 구체적인 비판을 펼치는데, 그 주요 대상이 바바이다.

> 혼종성과 중간 지대에 대한 그의 개념이 유색인종이라는 차이로 인해 분리된 구체적인 공간을 만들어 냈기 때문에, 그 개념은 백인과 유색인종 간의 분리 또는 경계선을 만들어 냈다. 그 결과, 백인 예술가들은 자신이 원하는 모든 문화를 전유하고 자신의 문화적 정체성을 나타내는 표시를 지니지 않으면서 기존에 해 오던 일을 계속할 수 있는 반면에, 유색인종 예술가들은 자신의 문화적 정체성이 표시된 카드를 제시해야만 지배문화에 진입할 수 있게 되었다. (2000: 16)

이러한 시나리오가 바바의 혼종성 이해에서 나온 것인지는 분명하지 않지만, 어쨌든 더 심각한 비난의 목소리가 제기될 판이다. 아라인의 핵심적인 주장은, 비록 구체적인 이름을 거론하지는 않지만 바바가 일종의 원주민 협력자, 심하게는 흉내 내는 자라는 것이다.

원주민 협력자는 식민지배와 권력을 영속화시키는 데 항상 중요한 역할을 했고, 이것은 오늘날도 다르지 않다. 그들은 언제나 중간 지대를 차지하면서 지배자와 피지배자 간의 완충지대를 형성했다. 여전히 서구에 의해서 지배되고 통제되는 자본주의 경제의 최근의 전 지구화는 세계 문화의 전 지구화를 통해서 번역되고 있는 새로운 힘과 자신감을 얻었다. 이러한 현상은 신식민 협력자들을 위한 새로운 공간과 일자리를 만들어 냈다.(2000:17)

아라인은 마치 바바가 토머스 매콜리의 악명 높은 교육 '교서'(1835)를 들어 본 적이 없는 양, 영국인과 인도인 사이에 완충계급을 만드는 전체 계획을 들어 본 적이 없는 것처럼 서술한다. 그는 흉내 내는 자라는 전체 개념이 다소간 평범하고 차이가 없는 것처럼, 바바가 흉내 내는 자의 사회경제적 상황을 인식하지 않은 것처럼 서술한다. 그러나 바바가 바바이기를 멈출 수는 없다. 자신의 가족적·문화적 위치를 마법처럼 없애 버릴 수 없기에, 바바가 특권을 거부하는 것은 아마도 부정직한 행위가 될 것이다. 바바의 배경을 바라보는 아라인의 입장은 그로 하여금 다시금 활력을 얻은 '제3세계' 또는 '흑인' 예술 잡지를 요청하게끔 한다. 이러한 잡지는 이 두 용어와 관련된 용어를 거부할 것이다. 왜냐하면 이 용어(제3세계, 흑인)는 지구화가 요구하는 그리고 지구화가 이미 통합하거나 심지어 만들어 낸 것이기 때문이다. 그러나 주로 암시적으로 행해지는 아라인의 비판은 동기 유발을 암시적으로 언급하는 대목에서 다소간 가혹

해 보인다. 그리고 그의 비판 또한 바바의 글쓰기에 대한 어떤 특정한 반응을 재현한다는 점도 짚고 넘어가야 한다.

읽기: 스튜어트 홀

좀 더 너그러운 반응은 스튜어트 홀에게서 나온다. 홀은 문화연구라는 분야를 만든 초기 인물로서, 지난 40여 년간 다양한 비평적 논쟁에 개입한 그의 공로를 부인할 사람은 없다. 따라서 파농에 대해 논평한 바바를 홀이 어떻게 이해하는지는 중요하다. 홀의 이해는 바바 역시 관계된 파농의 글 모음집 《흑인이라는 사실》에서 찾을 수 있다.

우선 홀은 약간의 역사적 개관을 시도한다. 그리고 패리와 라자루스처럼 파농의 글쓰기를 '뒤집는' 문제를 강조한다. 그러나 홀은 "사후에 파농의 정치적 유산을 가져오려는 방식의 일환으로, '파농의 어느 텍스트'를 가지고 올 것인지를 놓고 벌이는 논쟁은 결코 끝난 것이 아니다"라고 쓴다. 홀은 우리에게 다음과 같이 알려 준다. 어떤 작가가 무엇을 의도하건 간에 "파농의 저작을 식민화하려는 투쟁은 그가 죽는 순간부터 지속적인 과정이었다."(Hall 1996:15) 홀은 결론적으로 파농을 다시 읽는 행위 또는 그를 기억하는 행위가 완전히 새로운 것은 아니며, 혁명적인 파농이 지닌 내재적인 진실을 가져오려는 일시적인 유행도 아님을 말하려 한다. 파농을 기억하는 것은 그가 죽기 전 또는 그가 죽는 순간에 이미 진행되기 시작한 과정이다.

  구체적인 용어로 말하자면, 홀은 매우 많은 작업이 《대지의 저주받은 사람들》이 아니라 《검은 피부, 하얀 가면》을 중심으로 행해졌다는 사실에 주목한다. 물론 이 텍스트가 바바가 무대에 등장하는 지점이라는 점도 강조한다. 홀은 파농을 다시 읽은 과정은 '《검은 피부, 하얀 가면》에 있는 여러 목소리를 어떻게 다시 읽을 것인가'라는 문제 때문에 더 문제적이 되고 급박해진다고 주장한다.(1996: 16) 홀의 논의 중 많은 부분은 이 한 권의 책이 가진 복잡성에서 파생된 파농 저작에 대한 논쟁과 관련되어 있다. 그래서 그의 논의가 결국에는 바바가 쓴 파농의 《검은 피부, 하얀 가면》 개정판 서문인 〈파농을 기억하며〉로 돌아가는 것은 당연한 일이다. 홀은 바바가 탈구조주의자 혹은 유사 라캉주의자로서 파농을 바라보는 것에 패리와 같은 비평가들이 거의 불신에 가까운 태도를 보인 것에 주목한다. "바바에 대해 비평가들은 너무 서두른 나머지, 바바가 어떤 지점에서 자신의 해석이 파농적인 신념에 기인하며 어떤 지점에서 그것을 넘어서는지를 자신의 텍스트에 분명히 표시하고 있다는 사실을 항상 인식하는 것은 아니다."(1996: 25) 비록 닐 라자루스는 다르게 주장하는 듯 보이지만, 이 지점에서 홀은 매우 정확하다. 라자루스도 바바가 파농에게서 벗어났다는 사실을 지적하지만, 홀이 보기에는 바바가 파농의 원래 생각을 말하려 한다는 느낌이 여전히 남아 있다. 그러면서 홀은 현재의 관심사에 치중하고자 파농에게서 벗어나는 중이라는 바바의 진술을 받아들인다.

홀은 심지어 파농의 원래 생각이 반드시 중요한 것은 아니라고 암시하기까지 한다. 홀은 파농에 대한 바바의 읽기를 다음과 같이 간략하게 요약한다.

> 문제는 [바바의] 파농은 지속적으로 그리고 암묵적으로 그가 해결하고자 사용하는 개념적인 틀 속에서는 적절하게 처리되지 않는 쟁점과 문제를 제기한다는 점이다. 더 만족스럽고 복잡한 '논리'가 텍스트의 틈새를 통해서 암묵적으로 녹아들어가 있다는 점도 있다. 그러나 어려움은 여기서 그치지 않는다. 파농은 항상 이러한 틈새로 따라가지는 않으며, 이러한 틈새는 그를 '거슬러' 읽음으로써 발견할 수도 있다. 요약하자면, 바바는 파농의 텍스트에 대한 징후적 읽기를 만들어 낸다. 그렇다면 우리에게 남겨진 문제는, 우리가 이러한 '징후적 읽기'에 대한 한계를 설정할 수 있느냐는 것이다. 다른 말로 하면, 어떤 권위로 또는 더 중요하게는 어떤 효과를 노리고, 우리가 텍스트의 표면적 의미를 거스르면서까지 파농의 텍스트를 적극적으로 전유하느냐이다.(1996: 25)

비록 홀은 읽기 과정이 어느 정도까지 경계를 설정하는지의 문제를 열어 놓고는 있지만, 라자루스와 달리 바바의 읽기 과정에 공감을 표시한다. 라자루스의 주장은 하나의 가정에 근거한다. 즉, 파농의 글쓰기가 가진 진실은 글쓰기의 진화를 통해서 추적할 수 있다는 것이다. 물론 라자루스는, 나중의 글쓰기가 이전의 글쓰기보다 반드시 더 중요하다는 식의 연속성에만 의존하지 않는다. 그래서 그는 이전의 글쓰기가, 다른 글쓰기와 맥락, 즉 반식민 역사에 훨씬 더 많은 영향력을 발휘한 후기 글쓰기와 상호작용하고 개입하는 방식에 주목한다. 그러나 홀은 파농에 대한 이런 식의 진화론적이고 단계적인 모습에 따히 만족스러워 하지 않는다. 홀은 (자기 말로는 베니타 패리에 동의하면서)《검은 피부, 하얀 가면》이 '열린 텍스트, 즉 우리가 계속해서 작업해야 하고 그것과 함께 작업해야 하는 텍스트'라고 말한다.(1996: 34) 다른 사람들뿐 아니라 홀에게도 바바의 파농 읽기는 파농을 기억하는 지속적인 과정에서 중요한 순간이라는 점은 분명하다. 비록 파농에 대한 바바 식의 읽기가 강조하는 모든 면에 동의하지 않을 수도 있지만, 홀은 여전히 "우리가 바바가 생각하기에 인종적인 사고의 출현에 언제나 동반하는 '불확실한 어둠'을 가지고 무엇을 할 것인가"라고 질문할 수밖에 없다.(1996: 35) 반식민 신화의 중심적인 인물인 파농을 다룰 때 우리는 우리가 언제나 바바 이후에 있다는 상황을 아직 제대로 감당하지 못하고 있다.

징후로서의 탈식민 이론: 하트와 네그리

만약 홀의 입장에서 바바가 파농을 징후적으로 읽는다면, 다른 비평가들은 거꾸로 바바를 그의 징후로 읽어 낼 것이다. 이 장에서는 바바 저작에 대한 약간은 구체적이고 좁은 반응들에 초점을 맞추고 있긴 하지만, 실제로 더 일반적인 반응도 존재한다. 그러한 반응들은 탈식민주의가 저지른 오류의 일반적인 예로서 바바를 이용한다. 이러한 반응은 종종 지구화에 대한 이론적 작업에서 나온다. 몇몇 비평가들은 탈식민주의를 현재의 주된 관심사에 집중하지 못하게 만드는 요인으로 파악한다.

마이클 하트Michael Hardt와 안토니오 네그리Antonio Negri의 《제국Empire》(2000)은 전 지구화가 지닌 혁명적 잠재성에 대한 영향력 있는 설명을 제시한다. 이들은 지구화된 네트워크가 혁명적 변화를 방해하는 모든 방식을 설명하는 데 그치지 않는다. 그들이 보기에는 모든 것이 사회 변화의 진정한 순간을 위해 제자리에 놓여 있다. 물론 마르크스는 언제나 옳았으며, 그에게 부족했던 것은 단지 올바른 기술technology이었다. 이 점은 자본주의가 무자비하게, 가차 없이, 아무런 고려 없이 발전해 나갈 것을 마르크스가 언제나 알고 있었다는 사실이 증명한다. 이런 충격적인 주장이 바바의 저작과 무슨 관계가 있는가? 하트와 네그리는 지구화에 대한 다양한 반응을 제국적인 체계imperial systems에서 총체적이지만 또한 분산되는 제국의 체계system of empire로의 이행을 나타내는 징후로 본다. 탈식민 이론을 이러한 변화의 징후로 보는 그들의 논의는 바바의 저작을 통해서 행해진다.

하트와 네그리가 탈식민 이론을 탈근대 이론과 거의 동등한 것으로 본다는 점이 중요하다. 이들은 바바의 저작을 '탈근대주의와 탈식민주의 담론 간의 연속성을 가장 분명하고 명확하게 보여 주는 예'로서 간주한다.(2000:143) 이들이 "바바와 같은 탈식민 이론가들에게 관심을 가지는 주된 이유는 그들이 우리가 겪고 있는 시대적 변화, 즉 제국으로 향해 가는 도정을 징후적으로 드러내기 때문이다."(2000: 145) 이 주장에는 약간의 설명이 필요하다. 탈식민 이론 일반과 마찬가지로 바바의 저작은 변증법의 구조와 자기동일적이고 단일한 권력에 대한 분석에 관심을 가지기 때문에, 그의 저작은 제국주의를 분석하기에 적합한 틀이다. 그런데 탈근대주의와 마찬가지로 탈식민주의도 잘못된 가정에 근거해서 제국주의의 이분법에 대한 분석이 새로운 적敵에도 유효하다고 판단했다. 탈식민 분석은 근대 주권에 대한 유용한 분석이지만, "현재의 전 지구적 권력을 이론적으로 분석하는 데에는 결코 적합하지 않다."(2000: 146)

하트와 네그리는 탈식민주의의 이론적 기획이 인기를 끄는 이유를 설명하는데, 이들의 설명은 앞서 나왔던 아마드와 패리, 라자루스의 논의와 비슷하다. 그러나 이들은 자신들의 책의 요점을 견지하면서 다른 비평에서는 찾아볼 수 없는 재미있는 주장을 내세운다.

현재의 제국적인 세계에서는, 우리가 설명한 탈근대주의와 탈식민주의 담론이 가진 해방적 잠재력이 전 지구적 위계질서 내에서 특정한 지위와 특정한 수준의 부, 특정한 권리를 누리는 엘리트 집단의 상황에만 힘을 발휘할 뿐이다. 그러나 이러한 인식을 전적으로 반박하는 것으로 받아들여서는 안 된다. 이것은 결코 어느 하나를 취하는 문제가 아니다. 차이와 혼종성, 이동성은 그 자체로는 해방적이지 않다. 그러나 진실, 순수성, 정지성 또한 그 자체로 해방적이지 않다. 진정한 혁명적 실천은 생산의 차원을 가리킨다. 진실은 우리를 자유롭게 하지 않을 것이다. 그러나 진실의 생산을 장악하면 우리는 자유로워질 것이다.(2000: 156)

하트와 네그리는 탈식민 이론이 특권계층에서 나온 세계관이라고 주장한다. 그러나 그렇다고 해도 이 이론이 가진 가치를 즉시 그리고 영원히 없애지는 못한다. 더 나아가, 그들은 탈근대주의이거나 마르크스주의를 변형시킨 것이거나 다양한 범주의 사고들 그 자체는 생산에 대한 접근권을 갖지 않는 한 아무 것도 아니라고 주장한다. 다른 말로 하면, 이론과 실천 사이에는 구분이 존재하며, 어떤 이론이라도 이론의 수준에 머문다면 그것은 지구화를 이해하고 변화시키는 임무에 부적합하다는 뜻이다.

이 주장이 지닌 일반적인 측면을 놓고 보자면, 바바에 대한 논의가 매우 짧고 약간은 피상적이라는 것이 놀랍지는 않다. 그러나 이들의 주장은 여전히 중요하고 철학적인 맥락을 진지하게 받아들이는 미덕이 있다. 바바는 이분법적 대립에 대한 분석이 가진 동어반복적 성격에 대한 이들의 반격에 직접 반응했다. 9·11의 여파는, 권력과 정체성을 넘어선 정치적·문화적 차이와 관련된 쟁점을 다루는 80년대의 노력을 더 절박한 것으로 만들었다고 생각한다."(MD)

이전 장에서 나는 마저리 펄로프가 9·11은 탈식민주의의 비판적 관점이 틀렸음을 보여 준다고 주장한 것을 언급한 적이 있다. 그런데 바바는 9·11은 이러한 관점이 가진 지속적인 연관성을 보여 준다고 말한다. 《제국》에 담긴 탈식민 이론 비판이 펄로프의 주장과 매우 닮았다는 사실은, 보는 사람의 관점에 따라 그들이 탈식민 이론이 가진 근본적인 개념적 문제를 진짜로 따로 분리해서 확인했거나 아니면 그들의 어떤 비판적 입장도 제대로 효력을 발휘하지 못했음을 의미한다.

탈식민적 단일성: 홀워드

하트와 네그리의 책의 경우처럼, 바바에 대한 비판적인 반응이 모두 탈구조주의나 대륙철학에 적대적인 비평가들에게서 나온 것은 아니다. 아마도 가장 철저하고 사려 깊은 반응을 보인 사람은 캐나다의 정치철학자 피터 홀워드Peter Hallward(2001)일 것이다. 그는 탈식민 이론 일반과 바바를, 이른바 단일화하는 비평적 경향의 예로 삼는다.

홀워드는 본질적으로 단일성과 구체성을 구분한다. 그의 주장은, 오직 구체적인 비평적 입장만이 진정한 판단을 가능하게 한다는 것이다. 왜냐하면 그러한 비평적 입장은 자신만의 판단 조건을 만들어 내는 것이 아니라 다른 외부의 기준을 참조하기 때문이다. 그는 탈식민 이론이 일반적으로 자신만의 단일한 내재적 차원을 만들어 내어, 그 결과 논의 중인 역사가 암시하는 가장 중요한 사안들을 생략한다고 주장한다. 탈식민 이론이 제 주장을 식민지배 역사라는 시험대에 세우지 않은 채 그 자신만의 제한적인 이론적 맥락을 만들어 낸다는 것이다.

홀워드가 바바에 대해 구체적으로 논의하는 것은, 이 책의 앞부분에서 살펴보았던 행위 요인(주체)과 선언의 문제이다. 행위 요인(주체)의 문제에 대해서, 홀워드는 바바가 많은 비평가들이 바바에게 답변을 요구했던 질문, 즉 '기호가 사전에 절대적으로 해체되는 것이 주체, 행위주체에게 어떤 의미인가'라는 질문을 명시적으로 제기한다는 점을 놓치지 않는다.(이 질문은 다른 곳에서뿐 아니라, 《문화의 위치》174쪽에 명시적으로 나와 있다.) 바바는 본질적으로 이러한 주체가 "이러한 불확정성을 순수하고 단순한 형태로 구체화한다"고 주장한다.(2001: 24) 그런데 홀워드에 따르면, "구체적인 개인은 언제나 파생된 결과이다."(2001: 24)

기호의 팽창에 대해 홀워드는 이 장이 요약해서 보여 준 표준적인 비평에서 한 걸음 더 나아가서 본인이 행위 요인(주체)에 대해 주장했던 것과 같은 입장을 보인다. 다른 비평가들은 텍스트주의, 즉 소위 말하는 텍스트성의 과다함에 주목한다. 그럼에도 불구하고 매우 구체적이고 세세한 텍스트적 접근을 상상할 수 있다. 그러나 홀워드에 따르면, 세부적인 바바의 주장은 비non구체성을 주장한다. "단순히 역사적인 또는 사회적인 상황을 언어적이거나 수사적인 상황으로 취급한다기보다, 바바는 행위 요인(주체)과 구분을 지어 주는 선언 그 자체가 발생하는 정확한 시점, 즉 언어 자체를 생산해 내는 또는 언어 자체의

'뒤에' 있는 시점을 동등하게 취급한다고 말하는 것이 더 정확할 것이다."(2001:25) 탈식민 행위주체는 창조성의 한 형태이다. 그러나 그것은 실제 세계의 상황에 놓이지 않는다. 모든 발언의 뒤에는 탈식민 행위 요인(주체)처럼 보이면서 실제로는 철학적으로 그것과 분간할 수 없는 창조성이 존재할 수 있다. 따라서 홀워드는 이러한 뒤에 있음이 절대적인 단일화로 작동한다고 주장한다. "탈식민주의는, 구체적인 상황에 놓여 있어서 다른 입장들과 상대적인 관계를 가지는 입장에서 벗어나 있다. 그래서 탈식민주의는 가능한 모든 입장들 사이에서 미끄러지면서 빠져나간다. 왜냐하면 그것은 그 즉시 모든 가능성을 위치지우는 하나의 논리로 돌아가기 때문이다."(2001:26) 탈식민주의는 실천적인 맥락과 관계에 관여하기보다는 언제나 철학적 차원으로 돌아간다. 사실 탈식민 비평은 식민지배와 신식민지배 현실과 어떤 필연적인 연관성도 없다.

홀워드의 관점에서 보면, 바바에게서 나타나는 차이라는 범주는 어떤 특정한 종류의 탈맥락화된 이론을 허용한다. 그것은 판단의 조건을 단일성의 차원으로 만들어 낸다. 그러한 조건 내에서는 인종차별정책(홀워드의 예) 하에서 어떤 일이 실제로 일어나는지를 이해하는 것은 당연히 불가능하다. 이런 식으로 단일화되고 탈맥락화된 비평적 관점은 행위 요인(주체)이라는, 또는 비평 그 자체라는 환상만을 만들어 낼 뿐이다. 그 결과, 식민지배와 탈식민주의를 완전히 자기만족적이고 자기확신적 범주로 만들어 버린다. 만약 식민지배가 순전히 발생 시점에서 행위 요인(주체)의 분열을 부인하는 문제이기만 하다면, 그리고 식민 지배 권위를 그 자신과 동일시하지 못하게 만드는 시간차를 부인하는 문제라면, 탈식민주의는 방해받지 않고 무대에 등장하여 사태를 수습할 수 있다. "그렇다면 식민지배 사업을 (정체성이 상황에 의해) 선언되는 모습을, 별개의(즉, 정지해 있는) 정체성들이 맺는 관계로 환원시키려 하는 필연적으로 실패할 수밖에 없는 노력으로 묘사할 수 있다. 그 다음으로 탈식민 사업은 진정한 선언의 과정으로 돌아감으로써 이러한 구분을 성공적으로 (그리고 그만큼 필연적으로) 해소할 수 있는 모습으로 나타난다."(2001:26) 홀워드의 논의는 바바의 저작이 작동하는 수준에 대한 철학적 질문이다. 그래서 테리 이글턴Terry Eagleton(1998)과 같은 다른 문화 비평가들은 이 점을 분명히 하면서, 때때로 빈약할 수 있는 실제 세계의 탈식민 현실과 학계의 탈식민주의 간의 관계에 문제를 제기한다.

홀워드는 자신의 비판을 확장시켜, 교육적 차원이나 인식론적 차원의 편에 있는 만큼 수행적 차원과 선언적 차원의 반대편에 있는 신식민지배 문제까지 포괄하려 한다. 바바가 보기에 교육적 차원의 민족은 정적이고 고정되어 있다. 그러나 선언의 진실은 언제나 혼종적이고, 그 자신과 구분된다. 그리고 이러한 사실은 모든 것의 뒤에 있는 주체에 선행하는 순간으로 돌아가면 알 수 있다. 이전에는 이러한 비동일적 특징이 당연한 것, 즉 사물이 원해서 그러한 것으로 여겨졌다. 이러한 입장은 철학자 알랭 바디우Alain Badiou의 글쓰기에서 충분히 설명되었는데, 바디우의 글을 영어로 번역한 사람이 홀워드이다.(Badiou 2001 참조) 홀워드는 그 고정성, 그 정적인 특징이 제자리에 있으면 어떻게 되느냐라는 질문을 던졌는데, 그가 그런 질문을 던진 최초의 인물은 아니었다. 주체는 무엇을 하는가? 홀워드는 바바를 다음과 같이 읽는다. 바바는 인간이 이미 언어에 의해 (수동적으로) 행해지기 때문에 그러한 (능동적인) 행함은 요점을 벗어날 뿐이라고 암묵적으로 말한다는 것이다. 바바에 따르면, 주체는 단지 선행하는 선언의 또 다른 예일 뿐이다. 다시 홀워드의 말이다. "주체는 하나의 선언으로 개별화된다. 선언을 개별화하는 것은 순수한 차연差延·différance이기 때문에, 어떻게 이러한 개별화가 특정한 개인과 개별화 그 자체의 예를 동등하게 만드는 것 이상의 일을 하는지를 파악하기란 어렵다."(2001:27) 달리 말하면, 홀워드에게는 재진입하는 행위 요인(주체)에 대한 말은 단지 말일 뿐이다. 똑같은 이야기가 될 수 있지만, 홀워드는 우리가 정말로 다른 단어를 사용해야 한다고 주장한다. 그리고 이러한 현상은 단순히 반식민 활동가와 예술가, 작가의 행위주체와는 전혀 다른 것임을 받아들여야 한다고 말한다.

'탈식민 비평'의 기초, 그 이후

이 장에서 보여 주었듯이, 바바의 글쓰기는 상당한 분량의, 어느 정도 이유 있는 논쟁의 장이었다. 문화 비평가들은 그의 저작이 탈식민 비평이라고 불리는 것의 기초라는 데에는 동의한다. 그러나 그의 공헌 또는 탈식민 연구 일반이 갖는 가치에 대해서는 많은 불확실성이 있다. 비록 약간 다른 결론을 도출할 수 있겠지만, 대부분의 비평은 이 책이 제시한 바바의 소개와 정확히 일치한다. 바바의 읽기는 그가 다루는 작가들, 특히 파농에게서 불가능하다고까지 말할 수 없지만 개연성이 떨어지는 입장을 끌어낸다는 데 동의한다. 또한 그의 저작은 변증법적 사고를 거부하고, 역사적 담론의 분명한 형태를 만들어 내려 한다는 점에 동의한다. 패리, 라자루스, 홀워드와 같은 비평가는 모두 바바의 저작에 나타나는 이러한 특징에 도전한다. 이 모든 비평가가 바바가 '전통적'이라고 간주하는 비평가는 아니다. 그럼에도 불구하고 많은 사람들이 바바를 벗어나서 논의하고 있는 것처럼, 즉 그의 저작을 그것이 보통 자리 잡고 있는 영역을 벗어나서 논하는 것처럼 보인다. 바바의 저작이 종종 자신이 전문가가 아닌 학문으로 충분히 (그의 말에 따르면, 필연적으로) 들어가 버리기 때문에, 이러한 소통의 부재가 놀라운 것은 아니다. 바바는 학제 간 연구를 강력히 주장한다. 그 결과는 때로 전문가의 눈에는 너무나 잘 보이는 누락을 특징으로 한다. 이러한 소통의 부재는 이 책에서 피터 홀워드의 저작을 언급하면서 내린 결론의 이유이기도 하다. 왜냐하면 바바의 저작과 관련하여 그가 제기하는 질문은 (바바와) 똑같은 용어로 작동하고, 이러한 용어를 진지하게 취급하며, 그럼에도 바바의 사고에 근본적인 문제를 제기하기 때문이다. 홀워드가 제기하는 문제, 특히 윤리와 관련된 문제는 (그가 말하듯이) 현대 철학이 가진 가장 큰 문제들 중 하나로 판명될 것이다. 여기에 바바가 기여할 부분이 더 남아 있다면 그것은 놀라운 일이 아닐 것이다.

바바의 모든 것

Homi K. Bhabha

바바가 쓴 텍스트

바바 저작의 종합적인 목록을 보면, 바바의 글과 논문이 얼마나 자주 그리고 얼마나 많은 곳에서 다시 인쇄되었는지를 알 수 있다. 여기서는 이 책에서 다룬 텍스트와《문화의 위치》에 포함되지 않은 중요한 에세이들을 소개했다.《문화의 위치》에 포함된 에세이의 이전 형태도 포함시켰다. 어떤 글은 따로 살펴봐야 할 정도로 이후 글과 다르며, 어떤 글은 접근하기가 더 용이하다. 주요 텍스트와 그 텍스트의 어느 부분을 주목해서 봐야 하는지도 소개했다.

1983

〈The Other Question…〉,《Screen》(November-December 1983), 24(6), 18–36.

이 중요한 에세이는 몇 년에 걸쳐서 다양한 형태로 바바의 글에 나타난다. 그 최종적인 형태는《문화의 위치》에 실린 것인데, 처음에는 이해하기가 어렵다. 이 에세이에서 바바는 담론에 대한 사이드의 생각이 일방적이라고 간주하고, 자신의 주장을 설득력 있게 제시한다. 즉, 식민지배 담론은 양가적이어서 선언하는 지점에서 분열된다는 것이다.

1986

〈Foreword: Remembering Fanon: Self, Psyche, and the Colonial Condition〉. Introduction to Frantz Fanon's《Black Skin, White Masks》, London and Sydney: Pluto Press, pp. vii–xxvi.

1980년대에 파농의 저작에 관해서 쓰인 글 중에서, 좋은 의미로든 나쁜 의미로든 가장 중요한 글이다. 이 에세이의 개정판도 있다. 그러나

이 글은 입문자도 그리 어렵지 않게 읽을 수 있으며, 글이 다루는 저작도 함께 볼 수 있다. 이러한 읽기가 얼마나 유효한지를 스스로 판단할 수 있는 기회가 된다.

1989

〈At the Limits〉,《Artforum》(May 1989), 27(9), 11–12.
살만 루슈디의《악마의 시》를 둘러싼 사건들을 살펴보며 혼종성과 문화적 번역이 가지는 불확실성을 제시한다.

1990

(ed.)《Nation and Narration》, London: Routledge.

1. Homi K. Bhabha. Introduction: Narrating the Nation: 1–7.
2. Ernest Renan. What is a Nation? 8–22.
3. Martin Thom. Tribes within Nations: The Ancient Germans and the History of Modern France: 23–43.
4. Timothy Brennan. The National Longing for Form: 44–70.
5. Doris Sommer. Irresistible Romance: The Foundational Fictions of Latin America: 71–98.
6. Sneja Gunew. Denaturalizing Cultural Nationalisms: Multicultural Readings of 'Australia': 99–120.
7. Geoffrey Bennington. Postal Politics and the Institution of the Nation: 121–37.
8. Simon During. Literature—Nationalism's Other? The Case for Revision: 138–53.
9. John Barrell. Sir Joshua Reynolds and the Englishness of English Art:

154–76.

10. David Simpson. Destiny Made Manifest: The Styles of Whitman's Poetry: 177–96.
11. Rachel Bowlby. Breakfast in America: Uncle Tom's Cultural Histories: 197–212.
12. Bruce Robbins. Telescopic Philanthropy: Professionalism and Responsibility in 《Bleak House》: 213–30.
13. James Snead. European Pedigrees/African Contagions: Nationality, Narrative, and Communality in Tutuola, Achebe, and Reed: 231–49.
14. Francis Mulhern. English Reading: 250–64.
15. Gillian Beer. The Island and the Aeroplane: The Case of Virginia Woolf: 265–90.
16. Homi K. Bhabha. DissemiNation: Time, Narrative, and the Margins of the Modern Nation: 291–322.

이 에세이 모음집은 폭넓은 주제를 다루고 있는데, 특히 마지막 논문은 민족 서사에 대한 탁월한 진술이다. 〈민족의 산포〉는 《문화의 위치》에 본질적으로 똑같은 형태로 나타난다. 다른 글들은 다양한 이론적 설득력을 지닌 작가들이 쓴 것들로서, 다른 글들에 비해 바바에 더 가까운 글들도 있다. 모든 글이 민족에 대한 재미있고 구체적인 이론적 논의를 담고 있다. 그중에서도 르낭의 글 〈민족이란 무엇인가?〉는 중요한 역사적 자료이다.

1991

a. 〈The Third Space: Interview with Homi K. Bhabha〉, in Jonathan Rutherford (ed.) 《Identity: Community, Culture, Difference》,

London: Lawrence & Wishart, pp. 207–21.

(변화) 과정 중에 있는 정체성이라는 바바의 생각을 쉽고 간략하게 소개한 책. 다른 대담과 마찬가지로 논문보다 바바의 생각에 더 쉽게 인도해 준다.

b. 〈Threatening Pleasures〉, 《Sight and Sound》 (N.S.) (August), 1(4), 17–19.

아이작 줄리언의 영화 〈반항하는 젊은 영혼들〉을 두고 스튜어트 홀, 폴 길로이와 벌인 대담. 어렵지 않게 접근할 수 있으며, 세 명의 중요한 탈식민 비평가들이 벌이는 논의를 접할 수 있는 흔치 않은 기회이다. 공동체적 정체성은 필연적으로 교섭된 본성을 띤다는 생각이 강하게 드러난다.

c. 〈Art and National Identity: A Critics' Symposium〉, 《Art in America》 (September), 79(9), 82.

여기서 바바는 자유주의적 민족 정체성 개념에 대한 탈식민적 도전이 어떤 것인지 윤곽을 그려 보여 주는데, 특히 불일치dissensus의 중요성을 강조한다. 찬사 일색의 혼종성에 반대하며 문화적 혼종화라는 위험성이 내재한 작업에 대해 면밀하게 논의한다.

d. 〈"Caliban Speaks to Prospero": Cultural Identity and the Crisis of Representation〉, in Philomena Marini (ed.) 《Critical Fictions: the Politics of Imaginative Writing》, Seattle: Bay Press, pp. 62–5.

특히 현대 소설의 맥락에서 탈식민 또는 소수민 관점을 간략히 설명한다.

1992

a. 〈The World and the Home〉, 《Social Text》 (1992), 10(31–2), 141–53.

나중에 《문화의 위치》에서 '문화의 위치들 Locations of Culture'로 개정된 이 글은 문학에서 '기괴한 낯섦 the uncanny'에 대한 중요한 읽기로서, 헨리 제임스에서부터 네이딘 고디머 Nadine Gordimer에 이르는 소설가들을 살펴본다. 토니 모리슨의 《비러비드 Beloved》 읽기는 〈문화의 위치들〉의 중요한 부분을 형성한다.

b. 〈Postcolonial Authority and Postmodern Guilt〉, in Lawrence Grossberg, Cary Nelso, and Paula A. Treichler (eds) 《Cultural Studies》, New York and London: Routledge, pp. 56–68.

탈식민주의가 어떻게 탈근대주의를 다시 쓰는지에 대한 낯익은 주장이 이 대담에 쉽게 설명되어 있다. 이것의 많은 부분이 《문화의 위치》에서 '탈식민과 탈근대'라는 글에 다시 등장한다. 그러나 대담이 글보다 더 접근하기가 쉽다. 뒤이어 나오는 청중과의 논의는 유용한 질의와 응답으로 되어 있으며, 바바의 난해함에 대한 논평도 포함되어 있다.

c. 〈Postcolonial Criticism〉, in Stephen Greenblatt and Giles Gunn (eds) 《Redrawing the Boundaries: The Transformation of English and American Literary Studies》, New York: MLA, pp. 437–65.

탈식민주의의 이론적 기획을 분명히 밝힌 글로, 민족과 차원이 교차하는 transnational and translational 측면을 간략하게 설명한다. 문학적 구성물이 구성된 문화와 전통을 연구하는 데 어떻게 중심적인 위치를 차지하는지를 설명해 준다.

d. 〈Double Visions〉, 《Artforum》 (January), 30(5), 85–9.

동명의 전시회에 대한 논평으로, 콜럼버스의 '발견' 이후의 500년을 돌아본다. 바바는 '놀라운 평행 관계'를 설정하는 암묵적 시간관념에 특별히 주의를 기울인다.

1994

a. 《The Location of Culture》, London: Routledge.

1. The Commitment to Theory: 19–39.
2. Interrogating Identity: Frantz Fanon and the Postcolonial Prerogative: 40–65.
3. The Other Question: Stereotype, Discrimination and the Discourse of Colonialism: 66–84.
4. Of Mimicry and Man: The Ambivalence of Colonial Discourse: 85–92.
5. Sly Civility: 93–101.
6. Signs Taken for Wonders: Questions of Ambivalence and Authority under a Tree outside Delhi, May 1817: 102–22.
7. Articulating the Archaic: Cultural Difference and Colonial Nonsense: 123–38.
8. DissemiNation: Time, Narrative and the Margins of the Modern Nation: 139–70.
9. The Postcolonial and the Postmodern: The Question of Agency: 171–97.
10. By Bread Alone: Signs of Violence in the Mid-Nineteenth Century: 198–211.
11. How Newness Enters the World: Postmodern Space, Postcolonial Times and the Trials of Cultural Translation: 212–35.

12. Conclusion: 'Race', Time and the Revision of Modernity: 236–75.
바바를 읽을 때 중심이 되는 텍스트. 어떤 글이 다른 글보다 더 중요하다고 말하기 어렵다. 모든 글을 다 읽어 봐야 한다. 다만, 서문과 1장이 상대적으로 접근하기 쉽다. 몇몇 글은 더 시적인 형태로 바뀌어 초기 형태가 더 알기 쉽다. 그러나 이러한 시적 특성이 그의 저작을 읽으면서 느낄 수 있는 보람이다.

b. 〈**Anxious Nations, Nervous States**〉, in Joan Copjec (ed.) 《**Supposing the Subject**》, London: Verso, pp. 201–17.
다시 민족의 문제를 점검하는 이 글은 〈민족의 산포〉에 대한 중요한 보론이다. 여기서 바바는 교육적/수행적 차원이 형성하는 쌍에 대한 생각을 정신분석학적 용어로 번역하면서, 공식적인 민족 서사의 편집증에 대해 서술한다.

1995

a. 〈**In a Spirit of Calm Violence**〉, in Gyan Prakash (ed.) 《**After Colonialism: Imperial Histories and Postcolonial Displacements**》, Princeton: Princeton University Press, pp. 326–44.
바바는 이 논문에서 푸코와 기괴한 낯섦을 강조한다. 논의의 대부분이 《문화의 위치》에서 선보인 탈근대주의와 탈식민주의에 대한 비교 연구로 낯이 익다.

b. 〈**Black and White and Read All Over**〉, 《**Artforum**》 (October), 34(2), 16–17, 114, 116.
소위 '새로운 흑인 대중 지식인New Black Public intellectuals'을 논의하고 옹호한다. 특히 그들의 혼종화된 위치에 주목하면서, 그들의 어려움을 설명하고자 과거로 돌아가 제임스 볼드윈James Baldwin에게 시선을 던진다.

c. 〈Dance This Diss Around〉, 《Artforum》 (April), 33(8), 19–20.

'피해자 예술victim art'에 대한 암시적인 분석으로, 실비아 플라스Sylvia Plath의 〈레이디 라자루스Lady Lazarus〉로 시작하여 HIV 양성 반응자로 구성된 댄서들이 공연하는 빌 티 존스Bill T. Jones의 《여전히/여기Still/Here》로 넘어간다. 바바는 비평가들이 이러한 예술 작품을 해석하기를 거부했던 이유를 생존과 교섭의 예로 읽어 낸다.

d. 〈"Black Male": The Whitney Museum of American Art〉, Artforum (February), 33(6), 86–87, 110.

다시 여기서 바바는 흑인 남성이라는 '존재'를 재현하는 구체적인 전시회로 글을 시작해, 반counter정형적 재현의 전망이 시작되는 지점을 만들어 낸다. 《아트포럼》에 기고한 다른 글들처럼 그 문맥과 대화적인 방식으로 인해 접근하기가 더 쉽다.

e. 〈Translator Translated: W. J. T. Mitchell talks with Homi Bhabha〉, 《Artforum》 (March) 33(7), 80–3, 110, 114, 118–19.

미첼과의 대담은 바바의 삶과 저작을 소개하는 뛰어난 글이다. 파르시Parsi 정체성을 꽤 길게 논평하고, 자기 저작의 난해함을 옹호하며, 이론과 학제간성의 역할을 논한다.

1996

a. 〈Day by Day…With Frantz Fanon〉, in Alan Read (ed.) 《The Fact of Blackness: Frantz Fanon and Visual Representation》, Seattle: Bay Press, pp. 186–205.

파농에 대한 후기 논의로서, 〈파농을 기억하며〉가 그의 삶과 저작에

대한 최근의 논의에서 큰 논쟁을 불러일으킨 것 때문에 특히나 중요해
졌다. 바바는 파농의 방법론과 당시 그것이 가진 의미를 심도 있게 살
펴 본다.

b. 〈Aura and Agora: On Negotiating Rapture and Speaking Between〉, in Richard Francis (ed.) 《Negotiating Rapture. The Power of Art to Transform Lives》, Chicago: Museum of Contemporary Art, pp. 8–16.

'황홀을 교섭하며 Negotiating Rapture'라는 1996년 전시회 카탈로그에 쓰인 글. 바바는 그림과 시를 사용하며 교섭의 의미를 추구한다. 미리 가정된 합의 없는 교섭이 가진 중재하는 특질을 강조한다.

c. 〈Unpacking my library…again〉, in Iain Chambers and Lydia Curti (eds) 《The Postcolonial Question》, London: Routledge, pp. 199–211.

과정과 역사, 기억에서 주체에 대해 더 진전된 생각을 제시하며, 발터 벤야민과 에이드리언 리치를 활용한다. '지역 코스모폴리타니즘'을 향한 중요한 제스처도 포함하고 있다. 코스모폴리타니즘에 관해 바바가 진행하는 작업의 일부이다.

d. 〈Rethinking Authority: Interview with Homi K. Bhabha〉, 《Angelaki》, 2(2), 59–63.

문화 연구 전문가들과 나눈 짧고 이해하기 쉬운 대담. 특히 문화 연구에 대한 탈식민 관점의 중요성을 다루었다.

e. 〈Laughing Stock〉, 《Artforum》 (October), 35(2), 15–16, 132.

물리학자 앨런 소칼 Alan Sokal의 사기 논문을 발행했던 '소셜 텍스트 Social Text'라는 저널을 둘러싼 논쟁에 대한 재미있는 논의. 소칼은 자신이 사

기를 쳤다고 밝히고, 탈근대주의에서 나타나는 상대주의로부터 진실을 방어하고자 했다고 주장했다. 바바는 소칼의 텍스트가 가진 무의식적 구조를 탐구하고, 진실에 대한 자기만의 개념을 제시한다.

1997

a. 〈Queen's English〉, 《Artforum》 (March), 35(7), 25–6, 107.

언어행위이론과 롤랑 바르트의 '개인언어idiolects' 개념을 이용하며, '아프리카계 미국인 토착 영어African American Vernacular English'(AAVE)라고도 알려져 있는 흑인영어Ebonics에 대해 논의한다.

b. 〈Editor's Introduction: Minority Maneuvers and Unsettled Negotiations〉, 《Critical Inquiry》 (Spring), 23(3), 431–59.

영향력 있는 학제 간 연구 저널 특집호의 서문. 소수민 집단, 혼종성, 교섭 과정에 대한 낯익은 사안을 포함하고 있다.

c. 〈Designer Creations〉, 《Artforum》 (December), 36(4), 11–12, 14, 130.

웨일스 공주 다이애나와 잔니 베르사체에 대한 간략한 논의로 시작한다. 클로드 르포르Claude Lefort의 '우리사이entre-nous' 개념을 대중매체와의 관계에서 탐구한다. 이 글은 Mandy Merck (ed.) (1998) 《After Diana: Irreverent Elegies》, London: Verso, pp. 103–10.에 재수록되었다.

d. 〈"Fireflies Caught in Molasses": Questions of Cultural Translation〉, in Rosalind Krauss 《et al》. (eds) 《October: The Second Decade, 1986–1996》, Cambridge, MA: MIT Press, pp. 211–22.

바바의 문학 읽기를 보여 주는 예로서, 특히나 데렉 월콧의 시에 대한 재미있는 논의를 담고 있다. 바바는 이러한 읽기를 탈식민의 시간적 분열에 대한 논의로 향하게 한다. 예를 들어, 탈식민성은 반동적이고 유령 같은 형태로 노예제가 존재함을 밝히며 근대를 수정한다.

e. 〈Postscript: Bombs Away in Front-Line Suburbia〉, in Roger Silverstone (ed.)《Visions of Suburbia》, London: Routledge, pp. 298–303.

미국 내에서 보수적인 가치와 교외의 생활양식이 갖는 관계를 살피는 짧은 글. 바바는 상상의 공동체가 스스로를 부정적인 정의, 즉 정치적인 정확성과 같은 것에 명백히 반대되는 것을 통해 정의 내린다고 주장한다. 그는 이러한 자기 정의를, 수용할 수 있는 것과 수용할 수 없는 것 간의 경계를 너무나도 분명하게 가르는 '민족적 편집증'의 증거로 든다.

f. 〈Liberalism's Sacred Cow〉, accessed at http://bostonreview.net/BR22.5/bhabha.html on22June2004.

여기서 바바는 수잔 몰러 오킨Susan Moller Okin의 '다문화주의가 여성에게 나쁜가?'라는 질문에 대답한다.(Okin 1997 참조) 오킨은 페미니즘과 다문화주의가 갈등 관계에 빠질 수 있다고 주장한다. 이에 대해 바바는 소수민 문화와 다수 문화를 구분지어 비자유주의적(심지어 자유주의에 반대하는) 문화와 자유주의 문화에 각각 대응하게 하는 것은 쉽지 않다고 지적한다. 그러면서 소수민 문화에 대한 논의는 종종 소수와 다수에 대한 고정된 생각을 암시한다고 말한다.

g. 〈Re-Inventing Britain: A Manifesto〉,《British Studies Now》9 (April), 9–10.

이해하기 어렵지 않은 제안서로, 정체성을 강조하는 전통적인 다문화주의에서 옮겨 오는 예술과 문화 이론에 중점을 둔 학술대회를 간략히 소개한다. 예상할 수 있듯이, 바바는 혼종성과 코스모폴리타니즘의 중요성을 특징적으로 제시한다. 동시에 세속주의도 강조하면서, 다문화주의의 전 지구적 맥락 내에서 논의할 경우 '자유주의의 세속주의 문화가 가장 뛰어난 공적 토론의 장인가'라는 질문을 던진다.

h. 〈Halfway House〉, 《Artforum》 35.9, 11–13.
이 짧고 어렵지 않은 글에서, 바바는 고향이 단순히 안전함과 편안함의 장소일 뿐만 아니라 내적 분열과 방향성 상실의 장소도 될 수 있다는 생각(중요한 것은 이러한 경험이 생산적일 수 있다는 점이다.)을 더 발전시킨다. 바바는 토니 모리슨의 작품에서 보이는 암시적인 순간을 그 증거로 든다.

1998

a. 〈On the Irremovable Strangeness of Being Different〉, 《PMLA》 113(1), 34–9.
겉보기에는 명백히 반대되는 차이의 공간, 예를 들어 시장과 신사들의 클럽이 서로 겹치는 현상에 대한 논의. 현대에 발생하는 사건을 두고 서로 대립하는 관점에 반하는 다양한 주장을 암시한다. 포스터의 《인도로 가는 길》에 대해서도 간략하게 논의한다.

b. 〈Culture's In Between〉, in David Bennett (ed.) 《Multicultural States: Rethinking difference and identity》, London: Routledge, pp. 29–47.
문화 권리를 강조하는 바바가 전면에 드러나는 중요한 에세이. 불완전한 환경에 대한 철학자 찰스 테일러의 초기 논의를 포함하고 있다. 혼종성 개념과 문화 권리를 둘러싼 사안을 연결시키는 주장이 이해하기 쉽게 설명되어 있다. 그래서 《문화의 위치》에 수록된 글과 최근의 글을 연결시켜 주는 다리 역할을 한다.

c. 〈Anish Kapoor: Making Emptiness〉, in 《Anish Kapoor》, London: Hayward Gallery, pp. 11–41.

이 예술가의 작품이 암시하는 윤리에 대한 재미있는 에세이. 철학자 에마뉘엘 레비나스Emmanuel Lévinas의 논의를 포함하고 있다.

d. 〈Joking Aside: The Idea of a Self-Critical Community〉, in Bryan Cheyette and Laura Marcus (eds) 《Modernity, Culture and 'the Jew'》, Cambridge: Polity Press, pp. xv–xx.

소수민 언어행위로서의 농담에 대한 논의로 주목을 끈 글. 반counter직관적 특징을 보인다. 스테레오타입을 해체시키고 문화적 재현의 유통을 재개하는 역할을 한다.

e. 〈The White Stuff〉, 《Artforum》 (May), 36(9), 21–2, 24.

이 백인성 논의는 바바의 생각이 인종과 종족에 대한 현대 담론과 연결되는 방식을 잘 보여 준다.

1999

a. 〈Miniaturizing Modernity: Shahzia Sikander in Conversation with Homi K. Bhabha〉, 《Public Culture: Bulletin of the Project for Transnational Cultural Studies》 (Winter), 11(1), 146–51.

이 글은 시카고대학이 1998년에 시칸더의 작품을 전시했을 당시 바바와 시칸더가 나눈 대화를 편집한 것이다. 바바는 겉보기에는 획일적인 '동양' 문화 내에 있는, 시칸더의 작품이 보여 준 혼종성에 관심을 보인다.

b. 〈Arrivals and departures〉, in Hamid Naficy (ed.) 《Home, Exile, Homeland: Film, Media, and the Politics of Place》, London: Routledge, pp. vii–xii.

편집 논문집의 서문. 가상 공동체가 민족국가의 시간적/일시적 구조에 도전하거나 재생산하는 방식을 논의한다. 이 재미있는 텍스트는 인터넷과 근본주의, 민족주의, 소수민에 대해 언젠가 의미를 가지게 될 방식으로 논의한다.

c. 〈For Edward Said: On the 20th Anniversary of Orientalism〉, 《Emergences》 9(1), 9–10.

이 시는 《오리엔탈리즘》 출간 20주년을 기념하며, 사이드의 저작에서 명백히 드러나고 바바 자신의 글쓰기 목적이기도 한 미학과 정치학의 복잡한 운동을 주제로 삼는다.

2000

a. 〈On Minorities: Cultural Rights〉, 《Radical Philosophy》 100 (March/April), 3–6.

문화 권리에 대한 간략하지만 분명한 논의로서, 특히 민족 공동체로 향하는 지속적인 편향을 논의한다. 기본적인 주장은 〈문화의 중간 지대 Culture's In Between〉를 따른다. 앰네스티 강연(2003)에서 더 세세하게 제시된다.

b. 〈Surviving Theory: A Conversation with Homi K. Bhabha〉, in Fawzia Afzal-Khan and Kalpana Seshadri-Crooks (eds) 《The Pre-Occupation of Postcolonial Studies》, Durham, NC and London: Duke University

Press, pp. 369–79.

입문서로 좋은 대담으로, 독자뿐 아니라 대담자에게도 깨달음을 준다. 바바를 읽기가 힘든 것은 학생들만이 아니다.

c. 〈On Cultural Choice〉, in Marjorie Garber, Beatrice Hanssen and Rebecca L. Walkowitz (eds) 《The Turn to Ethics》, New York and London: Routledge, pp. 181–200.

다시 농담을 다룬 논문. 이 논의를 문화 권리에 대한 자신의 생각과 연결짓는다. 이 글은 겉보기에는 연관성이 없어 보이는 그의 최근 저작이 일관성이 있음을 확인시켜 준다.

d. 〈The Right to Narrate〉, accessed at http://www.uchicago.edu/docs/millennium/bhabba/bhabba–a.htmlon5December2003.

서사할 권리에 대한 추가적인 논의. 문학적인 서사뿐 아니라 자기 재현과 인식에 대한 일반적인 권리를 가리킨다. 바바는 해석 공동체와 코스모폴리타니즘이라는 생각을 합친다. 그리고 이상적이면서 필연적으로 열린 공동체적 지평을 추구하며, 불확실하고 위험한 번역의 필요성을 다시 한 번 주장한다.

e. 〈Cosmopolitanisms〉 (with Carol A. Breckenridge, Sheldon Pollock and Dipesh Chakrabarty), 《Public Culture》 12(3) (Fall), 577–89.

코스모폴리타니즘을 다룬 《대중문화 Public Culture》 특집호 소개글. 코스모폴리타니즘은 언제나 아직 오지 않은 것으로, 필연적으로 종결되지 않은 채 남아 있어야 하는 것으로 간주된다. 유럽 중심적 보편주의의 한 형태가 되는 역설을 만들어 내지 말고, 코스모폴리타니즘은 필연적으로 다원적인 것으로 상상해야 한다. 이를 위해서 페미니즘이 하나의 모델로 제시된다. 보편주의는 구체적인 상황 안에 놓여야 한다. 다른 말로 지역성을 가져야 한다는 뜻이다.

2002

〈Foreword〉to Dipesh Chakrabarty, 《Habitations of Modernity: Essays in the Wake of Subaltern Studies》, Chicago: Chicago University Press, pp. ix–xiii.

차크라바르티의 책에 대한 짧은 고찰. 텍스트를 친구로 여기면서 읽는다는 것이 무엇을 의미하는지에 대한 논평으로 시작하여, 민족국가를 넘어서는 역사적 서사에 대한 논의로 넘어간다. 바바는 특히 서발턴 행위주체에 대한 차크라바르티의 상세한 설명과 역사와 시민권에 대한 서발턴의 파편적인 경험에 관심을 둔다.

2003

a. 〈Democracy De-realized〉,《Diogenes》50(1), 27–35.

9·11 이후의 세계에 대한 에세이로서, 이전의 주장과 진행 중인 다른 저작을 활용하여 문명의 충돌 담론을 비판한다.

b. 〈On Writing Rights〉, in Matthew J. Gibney (ed.) 《Globalizing Rights: the Oxford Amnesty Lectures 1999》, Oxford: Oxford University Press, pp. 162–83.

인권 담론에 대한 바바의 입장을 밝힌 중요한 자료. 이전의 글에서 쉽게 접할 수 있는 예와 주장들을 많이 활용하고 있다. 바바의 작업이 어느 방향으로 나아가고 있는지를 보려 할 때 유용하다.

c. 〈Making difference: Homi K. Bhabha on the legacy of the culture wars〉,《Artforum》(April), accessed at http://www.findarticles.com /cf—dls/m0268/8—41/101938552/pl/article.jhtmlon5December2003.

1980년대의 정체성 정치에 대한 고찰. 바바는 소수민 담론이 갖는 동일화와 연대 형태에 세밀한 주의를 기울이며 '평등 속의 차이'로 나아간다. 그는 여기서 탈근대주의를 단순히 후기 자본주의의 문화 논리라고 부정하는 주장에 반대한다.

2005

〈Adagio〉,《Critical Inquiry》31 (Winter), 371–80.

에드워드 사이드의 유산을 고찰하며, 생각의 속도에 대해 서술한다. 바바는 '우리가 얼마나 빨리 생각하며, 비평적 고찰은 얼마나 빨리 움직이는가'라고 질문한다. 특히 에드워드 사이드의《마지막 하늘 이후 After the Last Sky》를 살펴보며 느림의 중요성을 강조한다. 이 특집호는 사이드의 저작에 바쳐진 것으로, 노엄 촘스키 Noam Chomsky와 바바의 대담도 실었다.

바바에 대한 논의

Ahmad, Aijaz (1995) 〈The politics of literary postcoloniality〉, 《Race and Class》 36(3), 1–20.
탈식민 이론에 대한 아마드의 입장은 이 분야에 대한 가장 명료한 비판이다. 여기서 그는 특히 바바와 로버트 영을 논의하며 탈식민 이론의 잘못을 밝힌다.

Chambers, Iain (1994) 〈Exposure, abeyance and dislocation: Some comments on Benita Parry's discussion of Homi Bhabha's The Location of Culture〉, 《Third Text》 31, 108–10.
챔버스는 간략하고 쉬운 방식으로 특정 비평가의 바바 비평에 반응한다. 일반적이지만 설득력 있는 논평.

Childs, Peter, and Patrick Williams (1996) 〈Bhabha's hybridity〉, in 《An Introduction to Post-colonial Theory》, London: Prentice Hall, pp. 122–56.
탈식민 이론을 일반적으로 소개한 장으로, 바바의 주요 주제를 간결하고 탁월하게 설명했다.

Eakin, Emily (2001) 〈Homi Bhabha: Harvard's Prize Catch〉, 《New York Times》 17 November.
바바의 저작보다 바바 개인을 둘러싼 논쟁이 궁금하다면 출발점으로 삼을 만한 텍스트.

Easthope, Antony (1998) 〈Bhabha, hybridity and identity〉, 《Textual Practice》 12(2), 341-8.
혼종성에 대한 바바의 겉으로 드러난 집착을 매우 세밀하게 읽어 낸 글로서, 데리다도 비판의 대상이다. 바바와 특히 데리다를 읽는 데 약간 잘못된 점이 있긴 하지만, 하나의 관점에서 바라본 혼종성에 대해 매우 분명한 반대 입장을 보인다.

Evaristo, Bernardine 《et al》. (1999) 〈Reinventing Britain: a forum〉, 《Wasafiri》 29 (Spring), 49.
바바의 선언을 두고 '브리튼의 재발명Reinventing Britain'이라는 토론회에서 나온 논평이다. 바바뿐 아니라 문화 이론 일반에 대한 문화업계 종사자의 짧고, 재치 있고, 이해하기 쉬운 반박.

Gates, Henry Louis, Jr (1991) 〈Critical Fanonism〉, 《Critical Inquiry》 17 (Spring), 457-70.
게이츠는 1980년대의 파농 다시 읽기에 대한 세밀하고 이론적으로 풍부한 개관을 보여 준다. 이러한 개관은 바바의 읽기에 상당한 부분을 할애할 수밖에 없다. 재미있을 뿐만 아니라 바바의 읽기 방식에 공감하는 텍스트.

Gewertz, Ken (2002) 〈Telling tales out of, and in, class〉, 《Harvard University Gazette》, 31 January.
바바에 대한 중요한 전기적 정보와 그 사상을 쉽게 설명한다.

Giroux, Henry A., and Susan Searls Giroux (2000) 〈Teaching the Political with Homi Bhabha〉, in Henry A. Giroux, 《Impure Acts: The

Practical Politics of Cultural Studies》, London: Routledge.
교육적 차원에 대한 바바의 생각을 구체적으로 살피면서 그러한 생각이 열어 주는 가능성과 한계를 탐구한다. 기본적인 질문은 '어떻게 수행적 차원이 교육적 차원으로 기능하는가'이다. 결론은 바바의 전략이 실천적 변화로 이어지려면 그 전략을 보완해야 한다는 것이다.

Hall, Stuart (1996) 〈The After-life of Frantz Fanon: Why Fanon? Why Now? Why Black Skin, White Masks?〉, in Alan Read (ed.) 《The Fact of Blackness: Frantz Fanon and Visual Representation》, Seattle: Bay Press, pp. 12–37.
파농의 저작에 대한 새로운 관심이 생겨난 이유를 살피면서 파농에 대한 바바의 읽기를 세심하게 보여 준다. 특히 홀은 파농의 텍스트가 다양한 해석에 열려 있다고 생각하기 때문에 바바의 읽기 방법에 공감을 표시한다.

Hallward, Peter (2001) 《Absolutely Post-Colonial: Writing Between the Singular and the Specific》, Manchester: Manchester University Press.
홀워드는 바바를 탈식민 이론에 나타나는 단일화 경향의 명백한 예로 읽어 낸다. 이는 탈식민 이론이 혼종성과 같은 개념과 함께 스스로 만들어 낸 용어 위에 더 정치적으로 개입해 있고, 상대적이고 구체적인 형태의 비평과는 반대로 작동한다는 것을 의미한다. 이를 문화적 상대주의에 반대하는 주장으로 파악할 수 있다. 이 관점에서 보면, 탈식민 이론은 어떠한 진정한 비평과 판단 수단도 제공하지 않는다.

Hardt, Michael, and Antonio Negri (2000) 《Empire》, Cambridge MA: Harvard University Press.

하트와 네그리는 바바를 제국주의 시대에 적합한 비평적 저작의 예로서 논의하지만, 탈근대 제국의 시대에는 더 이상 적합하지 않다고 생각한다. 이들은 바바의 저작이 근본적으로 새로운 특징을 가진 제국, 흔히 전 지구화라고 불리는 현상을 감당하지 못하는 현상을 징후적으로 드러낸다고 본다.

Larsen, Neil (2000) 〈DetermiNation: Postcolonialism, Poststructuralism, and the Problem of Ideology〉, in Fawzia Afzal-Khan and Kalpana Seshadri-Crooks (eds) 《The Pre-Occupation of Postcolonial Studies》, Durham, NC and London: Duke University Press, pp. 141–56.

라르센은 탈식민 이론에 대한 아이자즈 아마드의 비판을 발전시키면서 스피박에 대해 논의하는데, 특히 바바의 저작에 초점을 맞춘다. 라르센은 바바가 자기 저작에 대한 잠재적인 반대 의견을 인지하고 있었기에, 비판을 염두에 두고 훨씬 더 세밀하고 분화된 개념을 만들어 냈다고 주장한다. 이 글은 탈식민 이론이 일종의 이데올로기라고 가장 포괄적으로 주장한다.

Lazarus, Neil (1999) 《Nationalism and Cultural Practice in the Postcolonial World》, Cambridge: Cambridge University Press.

베니타 패리와 마찬가지로 라자루스의 관심사는 민족주의를 명백히 거부하는 바바에 도전하는 것이다. 이 책은 바바가 파농의 의미를 왜곡하는 경향이 있다고 주장하면서 바바의 파농 해석을 비판적으로 읽어 낸다.

Moore-Gilbert, Bart (1996) 〈"The Bhabhal of Tongues": Reading Kipling, reading Bhabha〉, in Bart Moore-Gilbert (ed.) 《Writing India

1757–1990》, Manchester: Manchester University Press, pp. 111–38.

무어 길버트는 바바의 저작을 통해 키플링을 읽으면서, 키플링의 이야기에 나오는 식민지배 권위의 양가성을 강조한다. 바바를 이용해 키플링의 저작을 한 방향으로만 해석하는 기존의 읽기에 도전한다. 동시에 키플링을 이용해 바바의 방법이 지닌 한계를 살펴보는데, 특히 바바의 저작이 식민지배의 폭력적 효과에 관심이 없다는 점을 지적한다.

──── (1997) 《Postcolonial Theory: Contexts, Practices, Politics》, London: Verso.

영의 《백색신화》와 마찬가지로, 이 책은 바바를 사이드와 스피박과의 관계 속에 위치시킨다. 무어 길버트는 다른 맥락과 비교 대상을 들고 나오는데, 특히 바바와 윌슨 해리스가 만나는 지점을 끄집어낸다. 마지막에는 바바의 일관성에 의문을 제기한다.

Papastergiadis, Nicos (1996) 〈Ambivalence in Cultural Theory: Reading Homi Bhabha's Dissemi-Nation〉, in J. C. Hawley (ed.) 《Writing the Nation》, Amsterdam: Rodopi, pp. 176–93.

모든 민족 서사를 지배하는 양가성에 대한 바바의 이해를 세심하게 점검한다. 파파스터지아디스는 혼종성이 역사적으로 부정적으로 사용되었음에도 불구하고, 용어로서 혼종성을 사용하는 것을 옹호한다.

Parry, Benita (1987) 〈Problems in Current Theories of Colonial Discourse〉, 《Oxford Literary Review》 9(1–2), 27–58.

특히 스피박과 바바에 주의를 기울이는 이 글은, 탈식민 이론에 대한 베니타 패리의 초기 문제의식을 드러낸다. 흥미로운 점은 스피박이 자신을 마르크스주의자라고 공언했음에도 불구하고, 이 지점에서 패리는 바바에 더 공감을 표시한다는 것이다. 〈우리 시대의 기호 Signs of Our Times〉와 마찬가지로, 이 글은 Parry, 《Postcolonial Studies: A Materialist Critique》 (London: Routledge, 1994), pp. 13–36.에 재수록되었다.

—— (1994) 〈Signs of Our Times: Discussion of Homi Bhabha's The Location of Culture〉, 《Third Text》 38/39, 5–24.
이 글은 아마도 (1994년까지) 바바의 저작에 대한 가장 세밀한 반응일 것이다. 그의 저작에 대한 패리의 문제의식이 참고문헌과 함께 분명하게 설명되어 있다. 〈식민지배 담론에 대한 현재 이론에서의 문제 Problems in Current Theories of Colonial Discourse〉와 마찬가지로 Parry, 《Postcolonial Studies: A Materialist Critique》 (London: Routledge, 1994), pp. 55–74.에 재수록되었다.

Perloff, Marjorie (1998) 〈Cultural Liminality/Aesthetic Closure?: the 'Interstitial Perspective' of Homi Bhabha〉, accessed at http://www.buffalo.edu/epc/authors/perloff/bhabha.html on20March2002.
펄로프는 바바가 전체성을 지닌 민족 서사에 대한 예로 사용한 괴테와 바흐친을 세밀하게 읽어 낸다. 펄로프는 바바의 읽기가 문학 텍스트와 다른 예술 작품이 가진 구체적인 본질을 도외시했다고 설득력 있게 주장한다. 바바의 주장과는 상관없이, 괴테와 바흐친은 혼종적이라는 주장이 중요하다.

Pickering, Michael (2001) 《Stereotyping: the Politics of Representation》, London: Palgrave.
피커링은 스테레오타입에 대한 일반적인 연구의 한 부분으로 바바가 명백히 탈역사적인 정신분석학에 의존하고 있다고 철저하게 비판한다. 피커링의 분석은 바바의 '텍스트주의'를 비판하면서, 이런 식으로 텍스트성을 강조하는 것은 식민지배 정형화에 대한 비현실적으로 통합된 이해로 이어진다고 주장한다.

Sakamoto, Rumi (1996) 〈Japan, Hybridity and the Creation of Colonialist Discourse〉, 《Theory, Culture & Society: Explorations in Critical Social Science》 13(3), 113–28.

사카모토는 도쿠가와 시대 일본의 '서양 학문' 연구자였던 후쿠자와 유키치가 일본 대 서양이라는 이분법을 넘어서서 혼종적 일본을 이론적으로 만들어 내었으나, 이는 일본 대 아시아라는 새로운 이분법을 만드는 데 그쳤다고 주장한다. 그녀는 혼종성에 대한 바바의 이론이 이러한 대체가 발생할 가능성을 놓쳤다고 주장한다.

Young, Robert (1990) 《White Mythologies: Writing History and the West》, London: Routledge.

이 책은 바바를 마르크스주의적 유럽 중심주의에 비판적인 비평가들의 계보에 집어넣는다. 특히 한 장에서 바바의 초기 저작에 초점을 맞추며, 그것이 지닌 잠재력과 문제점을 매우 세밀하게 살펴본다. 개정판(2004)에는 바바가 쓴 서문이 실렸다.

──── (1995) 《Colonial Desire: Hybridity in Theory, Culture and Race》, London: Routledge.

바바를 탈식민 연구 '성삼위' 중 한 명으로 간주하면서 혼종성이라는 개념에 질문을 던진다. 그리고 현대 문화 연구에서 혼종성을 활용하는 것이 왜 19세기 식민지배 담론을 반복하는 것처럼 보이는지를 탐구한다.

—— (2001) 《Postcolonialism: An historical introduction》, Oxford: Blackwell.

여기서 영은 바바를 역사적 현상으로서의 탈식민주의, 또는 일련의 연관되고 종종 부딪치는 현상으로 이른바 '트리컨티넨탈리즘Tricontinentalism'으로 부르는 것에 대한 폭넓은 비교 연구 내에 위치시킨다.

참고문헌

호미 바바가 쓴 저작 정보는 〈바바의 모든 것〉 참조.

Achebe, Chinua (1958[2001]) *Things Fall Apart*, London: Penguin.

──── (1977[1997]) 'An Image of Africa: Racism in Conrad's "Heart of Darkness"', in Bart Moore-Gilbert, Gareth Stanton and Willy Maley (eds) *Postcolonial Criticism*, London: Longman, pp. 112-25.

Ahmad, Aijaz (1992) *In Theory: Classes, Nations, Literatures*, London: Verso.

Anderson, Benedict (1991) *Imagined Communities: Reflections on the Origin and Spread of Nationalism*, London: Verso.

Apple, Michael W. (1996) *Cultural Politics and Education*, Buckingham: Open University Press.

Araeen, Raheed (2000) 'A New Beginning: Beyond Postcolonial Cutural Theory and Identity Politics', *Third Text* 50 (Spring), 3-20.

Arendt, Hannah (1951) *The Origins of Totalitarianism*, New York: Harcourt Brace.

──── (1958) *The Human Condition*, Chicago: Chicago University Press.

Badiou, Alanin (2001) *Ethics: An Essay on the Understanding of Evil*, trans. Peter Hallward, London: Verso.

Bakhtin, M. M. (1986) *Speech Genres and Other Late Essays*, trans. Ver W. McGee, Austin: University of Texas Press.

Baldick, Chris (1983) *The Social Mission of English Criticism: 1848-1932*, Oxford: Clarendon Press.

Bhattacharyya, Gargi (1991) 'Cultural Education in Britain: From the Newbolt Report to the National Curriculum', *Oxford Literary Review* 13(1-2), 4-19.

Boehmer, Elleke (1998) 'Post-Colonial Literary Studies: A Neo-Orientalism?', in C. C. Barfoot and Theo d'Haen (eds) *Oriental Prospects: Western Literature and the Lure of the East*, Amsterdam: Rodiopi, pp. 241-56.

Brennan, Timothy (2001) 'World Music Does Not Exist', *Discourse* 23 (1) (Winter), 44-62.

Butler, Judith (1997) *The Psychic Life of Power*, Stanford: Stanford University Press.

Carey, Peter (2003) *My Life as a Fake*, London: Faber and Faber.

Césaire, Aimé (1939[2001]) *Notebook of a Return to the Native Land*, trans. A. Smith and C. Eshleman, Middletown CT: Wesleyan University Press.

Chaudhuri, Amit (2004) 'In the Waiting-Room of History', *London Review of Books* 27 (12) (24 June), 3, 5-6, 8.

Clifford, James (1997) *Routes*, Cambridge MA: Harvard University Press.

Conrad, Joseph (1899[1973]) *Heart of Darkness*, London: Penguin.

Coombes, Anne E. (1994) 'The Recalcitrant Object: Culture Contact and the Question of Hybridity', in Francis Barker *et al.* (eds) *Colonial Discourse/Postcolonial Theory*, Manchester: Manchester University Press, pp. 89-114.

Deitcher, David *et al.* (2000) *The Film Art of Issac Julien*, New York: Center for Curatorial Studies.

Derrida, Jacques (1976) *Of Grammatology*, trans. G. C. Spivak, Baltimore: Johns Hopkins University Press.

—— (1978) *Writing and Differnce*, trans. A. Bass, Chicago: Chicago University Press.

—— (1987) *The Post Card: From Socrates to Freud and Beyond*, trans. A. Bass, Chicago: Chicago University Press.

—— (1994) *Specters of Marx: The State of the Debt, the Work of Mourning, and the New International*, trans. P. Kamuf, London: Routledge.

―― (1996) *Archive Fever*, trans. E. Prenowitz, Stanford: Stanford University Press.

―― (1997) *Politics of Friendship*, trans. G. Collins, London: Verso.

Dirlik, Arif (1994) 'The Postcolonial Aura: Third World Criticism in the Age of Global Capitalism', *Critical Inquiry* 20 (Winter), 328-56.

Douzinas, Costas (2001) 'Human Rights, Humanism, and Desire', *Angelaki* 6(3) (December), 183-206.

Du Bois, W. E. B. (1995) *W. E. B. Du Bois: A Reader*, New York: Henry Holt & Company.

Eagleton, Terry (1998) 'postcolonialism and "Postcolonialism"', *Interventions* 1(1), 24-6.

Fanon, Frantz (1952[1986]) *Black Skin, White Masks*, trans. C. L. Markmann, London: Pluto Press.

―― (1961[1967]) *The Wretched of the Earth*, trans. C. Farrington, London: Penguin.

―― (1970) *Toward the African Revolution: Political Essays*, trans. H. Chevalier, New York: Grove Press.

―― (1988) *A Dying Colonilaism*, trans. H. Chevalier, New York: Grove Press.

Forster, E. M. (1924) *A Passage to India*, London: Hogarth Press.

Foucault, Michel (1965) *Madness and Civilization*, trans. R. Howard, New York: Pantheon.

―― (1970) *The Order of Things. An Archaeology of the Human Sciences*, trans. A. S. Smith, London: Tavistock.

―― (1972) *The Archaeology of Knowledge*, trans. A. S. Smith, London: Tavistock.

―― (1973) *The Birth of the Clinic*, trans. A. M. Sheridan-Smith, London: Tavistock.

—— (1978) *Discipline and Punish*, trans. A. Sheridan, New York: Pantheon.

—— (1981) 'The Order of Discourse', in Robert Young (ed.) *Untying the Text: A Post-Structuralist Reader*, London: Routledge.

—— (1985) *The Use of Pleasure*, trans. R. Hurley, New York: Random House.

—— (1986) *The Care of the Self*, trans. R. Hurley, New York: Random House.

Freud, Sigmund (1919[2003]) 'The Uncanny', in David McLintock (trans.) *The Uncanny*, London: Penguin.

Gelder, Ken, and Jane M. Jacobs (1998) *Uncanny Australia: Sacredness and Identity in a Postcolonial Nation*, Melbourne: Melbourne University Press.

Gilroy, Paul (1993) *The Black Atlantic*, London: Verso.

—— (1999) *Joined-Up Politics and Post-Colonial Melancholia*, London: ICA.

—— (2000) *Between Camps: Race, Identity and Nationalism at the End of the Colour Line*, London: Allen Lane.

Giroux, Henry A. (1994) *Disturbing Pleasures: Learning Popular Culture*, London: Routledge.

Gramsci, Antonio (1971) *Selections from the Prison Notebooks*, Q. Hoare and G. N. Smith (trans.), London: Lawrence and Wishart.

Guha, Ranajit (ed.) (1998) *A Subaltern Studies Reader: 1986-1995*, Minneapolis: University of Minnesota Press.

Hall, Stuart (1990[1994]) 'Cultural Identity and Diaspora', in Patrick Williams and Laura Chrisman (eds) *Colonial Discourse and Post-Colonial Theory: A Reader*, London: Harvester Wheatsheaf, pp. 392-401.

—— (1996) 'When Was "The Postcolonial"? Thinking at the Limit', in I. Chambers and L. Curti (eds) *The Postcolonial Question*, London: Routledge, pp. 242-60.

—— (1997) 'Culture and Power', *Radical Philosophy* 86, 24-41.

Huntington, Samuel (1997) *The Clash of Civilizations and the Remaking of World Order*, New York: Simon and Schuster.

Jakobson, R. (1987) *Language in Literature*, K. Pomorska and S. Rudy (eds), Cambridge MA: Harvard University Press.

Kristeva, Julia (1977) *About Chinese Women*, trans. A. Barrows, London: Marion Boyars.

—— (1984) 'Women's Time', in Toril Moi (ed.) *The Kristeva Reader*, Oxford: Blackwell, pp. 188-211.

—— (1994) *Strangers to Ourselves*, trans. L. S. Roudiez, London: Harvester Wheatsheaf.

—— (2000) *Crisis of the European Subject*, trans. S. Fairfield, New York: Other Press.

Kymlicka, Will (1997) 'Liberal complacencies', accessed at http://bostonreview.net/BR22.5/kymlicak.html on 22 June 2004.

—— (2001) *Politics in the Vernacular*, Cambridge: Cambridge University Press.

Lacan, Jacques (1997a) *The Four Fundamental Concepts of Psycho-analysis*, trans. Alan Sheridan, London: Vintage.

—— (1977b) *Écrits: A selection*, trans. Alan Sheridan, London: Routledge.

—— (1992) *The Ethics of Psychoanalysis*, trans. Dennis Porter, London: Routledge.

Lee, A. Robert (1995) 'Introduction', in A. Robert Lee (ed.) *Other Britain, Other British: Contemporary Multicultural Fiction*, London: Pluto Press, pp. 1-3.

Lewis, Bernard (2004) *From Babel to Dragomans*, London: Weidenfeld.

Luhrmann, T. M. (1996) *The Good Parsi: The Fate of a Colonial Elite in a Postcolonial Society*, Cambridge MA: Harvard University Press.

McClintock, Anne (1995) *Imperial Leather: Race, Gender and Sexuality in the*

Colonial Contest, London and New York: Routledge.

Macey, David (2000) *Frantz Fanon: a biography*, New York: Picador USA.

Memmi, Albert (1965) *The Colonizer and the Colonized*, trans. H. Greenfeld, London: Earthscan.

—— (2000) *Racism*, trans. S. Martinot, Minneapolis: Minnesota University Press.

Mercer, Kobena (1994) *Welcome to the Jungle: New Positions in Black Cultural Studies*, London: Routledge.

Moore-Gilbert, Bart, Gareth Stanton and Wily Maley (eds) (1997) *Postcolonial Criticism*, London: Longman.

Morley, David (2000) *Home Territories*, London: Routledge.

Morley, David, and Kuan-Hsing Chen (eds) (1996) *Stuart Hall: Critical Dialogues in Cultural Studies*, London: Routledge.

Morrison, Toni (1999) *Paradise*, London: Vintage.

Naipaul, V. S. (1967) *The Mimic Men*, London: André Deutsch.

Nandy, Ashis (1998) 'A New Cosmopolitanism', in Kuan-Hsing Chen (ed.) *Trajectories: Inter-Asia Cultural Studies*, London: Routledge, pp. 142-9.

Okin, Susan Moller (1997) 'Is Multiculturalism Bad for Women?', accessed at http://bostonreview.net/BR22.5/okin.html on 22 June 2004.

Parry, Benita (2004) *Postcolonial Studies: A Materialist Critique*, London: Routledge.

Phillips, Caryl (1987[1999]) *The European Tribe*, London: Faber and Faber.

Punter, David (2000) *Postcolonial Imaginings: Fictions of a New World Order*, Edinburgh: Edinburgh University Press.

Quayson, Ato (2000) *Postcolonialism: Theory, Practice or Process?*, Cambridge: Polity Press.

Rich, Adrienne (1995) *Dark Fields of the Republic: Poems 1991-1995*, New York: W. W. Norton.

Robinson, Cedric (1993) 'The Appropriation of Frantz Fanon', *Race and Class* 35(1), 79-91.

Royle, Nicholas (2003) *The Uncanny*, Manchester: Manchester University Press.

Runnymede Trust (2000) *The Future of Multi-Ethnic Britain* (the Parekh Report), London: Profile Books.

Rushdie, Salman (1988) *The Satanic Verses*, London: Consortium Press.

—— (1992) *Imaginary Homelands*, London: Granta.

—— (1996) *The Moor's Last Sigh*, London: Vintage.

Said, Edward W. (1978[1995]) *Orientalism: Western Conceptions of the Orient*, London: Penguin.

—— (1979) *The Question of Palestine*, New York: Random House.

—— (1981[1997]) *Covering Islam: How the Media and the Experts Determine How We See the Rest of the World*, London: Vintage.

—— with Jean Mohr (1986) *After the Last Sky: Palestinian Lives*, London: Faber and Faber.

—— (1993) *Culture and Imperialism*, London: Vintage.

—— (1999) *Out of Place: A Memoir*, London: Granta.

Sartre, Jean-Paul (1947[1995]) *Anti-Semite and Jew: An Exploration of the Etiology of Hate*, New York: Schocken Books.

—— (2001) *Colonialism and Neocolonialism*, (with a Preface by Robert J. C. Young, and Introduction by Azzedine Haddour; trans. by Azzedine Haddour, Steve Brewer and Terry McWiliams), London: Routledge.

Schwab, Raymond (1984) *The Oriental Renaissance: Europe's Rediscovery of India and the East 1680-1880*, trans. G. Patterson-Black and V. Reinking, New York: Columbia University Press.

Schwarz, Bill (1996) 'Conquerors of Truth: Reflections on Postcolonial Theory', in Bill Schwarz (ed.) *The Expansion of England*, London:

Routledge, pp. 9-31.

Shohat, Ella (1992) 'Notes on the "Post-Colonial"', *Social Text* 31/32, 99-113.

Slemon, Stephen (1994) 'The Scramble for Post-Colonialism', in Chris Tiffin and Alan Lawson (eds) *De-Scribing Empire: Postcolonialism and Textuality*, London: Routledge, pp. 15-32.

Smith, Zadie (2000) *White Teeth*, London: Hamish Hamilton.

Soja, Edward (1996) *Thirdspace: Journeys to Los Angeles and Other Real-and-Imagined Places*, Oxford: Blackwell.

Spivak, Gayatri Chakravorty (1987) *In Other Worlds: Essays in Cultural Politics*, London: Routledge.

—— (1990) Sarah Harasym (ed.) *The Post-Colonial Critic: Interviews, Strategies, Dialogues*, London: Routledge.

—— (1993) *Outside in the Teaching Machine*, London: Routledge.

—— (1999) *A Critique of Postcolonial Reason: Toward a History of the Vanishing Present*, Cambridge MA: Harvard University Press.

Teverson, Andrew (2003) '"The Uncanny Structure of Cultural Difference" in the Sculpture of Anish Kapoor', *Gothic Studies* 5(2) (November), 81-96.

Viswanathan, Gauri (1989) *Masks of Conquest: Literary Study and British Rule in India*, New York: Columbia University Press.

Williams, Patrick (1996) '"No Direction Home?"–Futrues for Post-Colonial Studies', *Wasafiri* 23 (Spring), 6-8.

Williams, Raymond (1983) *Keywords*, rev. edn, New York: Oxford University Press.

찾아보기

〈1492년경: 탐험시대의 예술 Circa 1492: Art in the Age of Exploration〉(전시회) 89, 91, 92
9·11 사건 23, 251, 253, 293, 294

ㄱ

〈'기괴하고 낯섦'에 관한 노트〉(프로이트) 150
거울 단계 84, 85
《검은 피부, 하얀 가면 Black Skin, White Mask》 61, 63, 64, 83, 86, 88, 277, 288, 290
게이츠 주니어, 헨리 루이스 Gates, Jr, Henry Louis 66
겔더, 켄 Gelder, Ken 157
경계 127, 207, 226, 241, 275, 285
경계성 30, 201
'경계에 있는 것 the liminal' 29
〈경이로운 기호들 Signs Taken For Wonders〉(바바) 226, 235
계급 202, 246, 247, 283
〈고대의 것을 분명히 말하기 Articulating the Archaic〉(바바) 154, 199
고전(문학) 100, 101, 102
고정성 83, 121, 298
고향 129, 130, 131, 132, 146, 153, 156, 157, 158, 282
《고향의 영토 Home Territories》(몰리) 157
공동체 96, 158, 191, 192, 193, 194, 197, 200, 213, 234, 240, 248, 261, 273, 274, 275
공모(관계) 27, 94
공적 영역(정치) 237, 243, 244
과정 becoming 51, 52, 97, 202, 250, 260
과정적인 것 94, 197, 204, 250
교육적 pedagogcal 차원 166, 197, 198, 199, 200, 202, 204, 208, 210, 211, 213, 215, 236, 238, 239, 242, 297
교활한 공손함 109, 226
구성된 constructed 존재 50
국제주의 internationalism 230
〈권리 서술에 대해 On Writing Rights〉(바바 강연) 239
〈귀향 수첩 Cahier d'un retour au pays natal〉(세자르, 1939) 126
균열 102, 218, 223
《그라마톨로지 De la grammatologie》(데리다, 1967) 44
그람시, 안토니오 Gramsci, Antonio 43, 258, 259
근대 171, 172, 173

근대성 31, 144, 164, 166, 167, 197, 271
글쓰기 41, 42, 43, 49, 59, 96, 97, 114, 115, 120, 196, 211, 225, 271, 275, 278, 279, 284, 287, 289, 290
《기괴하고 낯선 호주 Uncanny Australia》(겔더) 157
기괴한 낯섦 the uncanny 34, 143, 144, 146, 147, 148, 149, 150, 151, 152, 153, 154, 156, 157, 158, 159, 161, 163, 164, 166, 167, 168, 169, 170, 171, 172, 174, 175, 176, 177, 180, 185, 195, 199, 202
기원 78, 87, 145, 171, 193, 200, 283
길로이, 폴 Gilroy, Paul 189, 206

ㄴ

《낙원 Paradise》(모리슨, 1999) 247, 248
난디, 아쉬스 Nandy, Ashis 42, 271, 272
낯설게 하기 250
내러티브 136, 137, 138, 154, 155
네그리, 안토니오 Negri, Antonio 291, 292, 293, 294
네그리튀드 négritude(흑인성) 62, 126
네이폴 Naipaul, V. S. 114, 131, 132, 133, 135, 138

ㄷ

〈다른 문제〉(바바) 76, 78, 88, 93
다문화주의 90, 214, 217, 218, 224, 225, 226, 243
〈다문화주의가 여성에게 나쁜가? Is multiculturalism bad for women?〉(오킨) 243
다이애나 Lady Diana Frances Spencer(웨일스 공작 부인) 186, 187, 188, 189
《다인종적 영국의 미래 The Future of Multi-Ethnic Britain》(러니미드 트러스트) 215
단일성 294, 296
닮은꼴 21, 22, 137, 143, 147, 163, 164, 168, 170, 171, 247
닮음 113, 114, 127, 128, 180
담론 discourse 45, 47, 49, 68, 75, 76, 80, 81, 88, 93, 94, 111, 113, 226
《대지의 저주받은 사람들》(파농) 288
대체(물) 115, 121, 257, 278
데리다, 자크 Derrida, Jacques 24, 33, 43, 44, 49, 66, 67, 115, 269
독법 168, 227
동성애 191
동시성 193, 194
동일성 26, 157, 197
동일화 84, 86, 120, 154
두지나스, 코스타스 Douzinas, Costas 234
듀보이스, 윌리엄 Du Bois, William 43
들뢰즈, 질 Deleuze, Gilles 24
등가성 113, 201
〈디자이너 크리에이션 Designer Creations〉(바바) 186

ㄹ

라자루스, 닐 Lazarus, Neil 278, 279, 280, 288, 289, 292
라즈, 조지프 Raz, Joseph 240
라캉, 자크 Lacan, Jacques 66, 67, 83, 84, 85, 97, 125, 136, 288
러니미드 트러스트 Runnymede Trust 215
로크, 존 Locke, John 121
루슈디, 살만 Rushdie, Salman 28, 128, 130, 131, 195, 196, 204, 205, 206, 210, 211, 275
루이스, 버나드 Lewis, Bernard 23, 252
리치, 에이드리언 Rich, Adrienne 246, 247

ㅁ

마르크스, 카를 Marx, Karl 229, 291
마르크스주의 25, 40, 48, 51, 56, 57, 61, 62, 63, 67, 224, 253, 258, 259, 269, 270, 271, 272, 273, 274, 281, 293
《마지막 하늘 이후 After the Last Sky》 (사이드, 1986) 74
《말과 사물 Les Mots et les choses》(푸코, 1970) 167
매콜리, 토머스 Macaulay, Thomas Babington 113, 286
맥클린톡 McClintock, Anne 245
머서, 코베나 Mercer, Kobena 191
메트로폴리스 92, 112, 137, 230, 281, 282
멤미, 알베르트 Memmi, Albert 43
《모든 것이 산산이 부서진다 Things Fall Apart》(아체베, 1958) 102
모리슨, 토니 Morrison, Toni 247, 248
모방 109, 114, 119, 154, 197
몰리, 데이비드 Morley, David 156, 158
《무어의 마지막 한숨 The Moor's Last Sigh》(루슈디, 1996) 195
무의식 26, 84, 112, 283
무장투쟁 276, 277
문명의 충돌 23, 164, 252, 253, 254
문명화 163, 215, 229
문명화 사명 111, 114
문학 22, 108, 116, 153, 174, 248
문학비평 63, 97
〈문학적 탈식민성의 정치 The politics of literary post-coloniality〉(아마드) 272
문화 담론 223, 233
문화 분석(비평, 연구) 41, 42, 287
문화 전선 the cultural front 258, 259
《문화와 제국주의 Culture and Imperialism》(사이드, 1993) 80
《문화의 위치 The Location of Culture》(바바, 1994) 29, 33, 59, 66, 74, 113, 281, 295
문화적 권리 34, 155, 223, 224, 234, 236, 237, 238, 241, 244, 246, 247, 253, 261
문화적 정체성 28, 160, 185, 241, 285
문화적 차이 23, 24, 25, 171, 214, 218, 225, 227, 228
(언어의)미끄러짐 50, 86, 110, 111, 120, 124, 174, 201
미메시스 109

민족 91, 129, 155, 160, 170, 185, 186, 188, 191, 192, 193, 194, 196, 197, 198, 199, 200, 201, 202, 203, 204, 213, 214, 216, 217, 218, 219, 223, 230, 231, 232, 233, 236, 245, 261, 297
민족 서사 187, 188, 215, 219, 223, 236, 238, 239, 242
민족 정체성 166, 185, 186, 191, 192, 202, 215, 218
민족/국가 29, 34
《민족과 서사Nation and Narration》(바바) 186
민족국가nation-state 193, 230, 232, 235, 282
민족문화 230, 239, 240
민족성 187, 188, 204, 217
〈민족의 산포: 시간, 서사, 그리고 근대 민족의 주변DissemiNation: Time, narrative and the margins of the modern nation〉(바바) 79, 146, 170, 195, 201, 213, 214, 218
민족적 정체성 161, 283
민족주의 34, 156, 160, 185, 197, 198, 200, 201, 202, 218, 232, 239, 240, 245, 275, 279
《민족주의와 탈식민 세계의 문화적 실제Nationalism and Cultural Practice in the Postcolonial World》(라자루스) 278
민주주의 149, 253, 254, 255, 256
〈민주주의의 비-실현Democracy De-Realized〉(바바) 252
밀, 존 스튜어트Mill, John Stuart 33, 52, 53, 54, 55, 56, 121, 149, 169, 250, 280

ㅂ

바디우, 알랭Badiou, Alain 297
바타차리야, 가르기Bhattacharyya, Gargi 217
바흐친, 미하일Bakhtin, Mikhail 43
반근대성 171, 172
반복iteration 43, 44, 46, 103, 107, 108, 110, 120, 122, 127, 137, 143, 147, 173, 201
반복 가능성 43, 44, 103, 149
반복 강박repetition compulsion 152
반식민 275, 280
반식민 투쟁(저항) 22, 62
반식민주의 200, 278
반전이 현상 171
〈반항하는 젊은 영혼들Young Soul Rebels〉(영화, 줄리언 1991) 189, 191
반counter지구화 운동 23
《백색신화: 서양이론과 유럽중심주의 비판White Mythologies: Writing History and the West》(영, 1990) 268, 270, 271, 272
백인성whiteness 66, 86, 94, 95, 96, 97, 216
벤야민, 발터Benjamin, Walter 194
변증법 57, 58, 61, 125, 157, 195, 228, 237, 261, 292
보르헤스, 호르헤 루이스Borges, Jorge Luis 167
보충대리 156, 248
보충성 113

보편 관점 universal view 64
복잡성 48, 81, 185, 282, 288
부분성 120, 122, 130, 260, 261
부분의 철학 philosophy of the part 258
부분화 235
분열 24, 54, 55, 56, 87, 98, 111, 149, 204, 229, 250, 276, 283
불안 19, 20, 26, 27, 32, 34, 39, 74, 84, 85, 91, 93, 98, 99, 100, 107, 113, 114, 115, 143, 145, 164, 178, 203, 204, 207, 210
〈불안한 민족, 신경질적인 국가 Anxious Nations, Nervous States〉(바바) 156
불평등 30, 282, 284
불확실성 112, 148
브레넌, 티머시 Brennan, Timothy 61
브레히트, 베르톨트 Brecht, Bertolt 255
〈비문 Inscription〉(리치, 1995) 246
비-실현 de-realization 254, 255, 256
비존재 115
비판적 글쓰기 74
비판적 사고 47, 51
비평 언어 57

ㅅ
'사람들 people' 91, 198, 202, 203
사르트르, 장 폴 Sartre, Jean-Paul 269
사실주의 79, 80, 101, 116, 201
사이드, 에드워드 Said, Edward 25, 26, 27, 45, 74, 75, 80, 81, 98, 109, 168, 210, 269, 270, 285
사적 영역(가정) 243

사회적인 것 49, 50
산포 154
상대주의 51, 226
《상상 속의 고향 Imaginary Homelands》 (루슈디, 1992) 128, 129, 130, 210
상상계 84, 86
상상의 공동체 191, 192
《상상의 공동체 Imagined Communities》 (앤더슨, 1983) 129, 192
상업주의 57, 273, 274
상호주체성 intersubjectivity 94, 103
〈새로운 시작: 탈식민 문화 이론과 정체성의 정치를 넘어 A New Beginning: Beyond Postcolonial Cultural Theory and Identity Politics〉(아라인) 284
〈새로움이 어떻게 세계 속으로 들어오는가 How Newness Enters the World〉(바바) 204
서구 정체성 185
서구 지식 42, 169
서발턴 subaltern 27, 259, 261, 276
서사 98, 101, 155, 186, 193, 200, 201, 202, 203, 204, 205, 206, 247, 248, 249, 251
서사 운동 236
서사 행위 250, 251
서사할 권리 246, 248, 249, 250, 261, 262
선언 297, 298
선언행위 enunciation 51, 55
성性 191, 202, 243, 245
성적 불평등 244
성적 차별 243
세계인권선언 234, 235, 239, 240

세계적인 것 237
세자르, 에이메Césaire, Aimé 126
셍고르, 레오폴드 세다르Senghor, Leopold Sedar 126
소수민 204, 224, 225, 235, 237, 238, 239, 241, 242, 243, 257
소수민 권리 231, 232, 233
소수민 담론 203, 204, 213, 218
소수민 문화 241, 243, 244, 245, 246
〈소수민에 대해: 문화적 권리On Minorities: Cultural Rights〉(바바) 235
소외(감) 64, 112, 154
《속임수 내 인생My Life as a Fake》(캐리, 2003) 116
수사rhetoric 49, 53
수사성figurality 49, 67, 68
수행적 94, 204, 211
수행적performative 차원 74, 166, 197, 198, 199, 200, 202, 208, 213, 217, 218, 236, 238, 239, 242, 280, 281, 297
슈왑, 레이먼드Schwab, Raymond 165
스미스, 제이디Smith, Zadie 129, 130, 131
《스스로에게 낯선 우리Strangers to Ourselves》(크리스테바) 159
스테레오타입 82, 100, 103, 107, 108, 112, 113, 114, 121, 124, 127, 128, 143, 190, 216, 228, 258
스테레오타입stereotype 31, 33, 46, 73, 74, 75, 76, 77, 78, 79, 81, 83, 84, 85, 92, 93, 94, 95, 96, 97, 99
스피박, 가야트리 차크라보르티 Spivak, Gayatri Chakravorty 259, 269, 270, 276, 277, 285
시각성visiblility 85, 95, 125
시각적 (성)충동scopic drive 83, 86, 125
시간 193, 197, 218, 250
시간성 30, 94, 96, 191, 197, 198, 213, 229
시간적 차원 103
시간적인 것 250
시간차 297
시민권 모델 261
시선 122, 124, 164
시적 특성 40, 42
시적 허용 261
시차적 관점 254
시차parallax 224
시차timelag 166, 171
식민 담론 78, 115, 122, 126
식민 엘리트주의 역사기술학 259
식민 주체 122
식민 피지배 닮은꼴 169
식민주의 114, 169, 283
식민지배 30, 145, 146, 168, 171, 185, 209
식민지배 권력 26, 30, 276
식민지배 권위 96, 197, 201, 202
식민지배 담론 26, 30, 34, 45, 47, 53, 56, 57, 75, 76, 77, 78, 79, 80, 81, 82, 83, 85, 87, 89, 107, 108, 109, 111, 119, 120, 124, 125, 126, 127, 154, 169, 228, 276, 278
식민지배 담론 분석colonial discourse analysis 25

〈식민지배 담론에 대한 현재 이론상의 문제점 Problems in Current Theories of Colonial Discourse〉(패리) 276
식민지배 문서 23, 35, 42, 269
《식민지배 욕망 Colonial Desire》(영, 1995) 269
식민지배 이론 156
식민지배 지식 74, 85, 87, 163, 228
식민지배 진술 45, 46
식민지배 텍스트 22, 24, 40
식민화 135, 254
신식민주의 283
신식민지배 281, 296, 297

ㅇ

아널드, 매슈 Arnold, Matthew 215
아라인, 라쉬드 Araeen, Rasheed 284, 285, 286
아렌트, 한나 Arendt, Hannah 43
아마드, 아이자즈 Ahmad, Aijaz 272, 273, 274, 275, 292
아이덴티킷 identikit 56
아이러니 120, 138
아체베, 치누아 Achebe, Chinua 99, 100, 101
《아트 인 어메리카 Art in America》(잡지) 225
《아트포럼 Artforum》(잡지) 89, 92, 94, 186
〈아프리카의 이미지 An Image of Africa〉(아체베, 1977) 99
《악마의 시 The Satanic Verses》(루슈디) 204, 206, 210, 212

안정성 73, 84, 95, 97, 154, 174, 211, 239
안정화 201, 227, 229
알 수 없는 장소 nowhere 89
알튀세, 루이 Althusser, Louis 269
앤더슨, 베네딕트 Anderson, Benedict 129, 192, 193, 194, 214
양가성 19, 47, 55, 82, 84, 85, 110, 111, 112, 120, 127, 130, 144, 145, 148, 197, 201, 203, 281
양극화 175, 176, 177, 179, 252
《어둠의 속 Heart of Darkness》(콘래드, 1899) 97, 99, 100, 102
어떤 곳 elsewhere 90
억압 30, 32, 62, 91, 119, 127, 144, 152, 185
언어 모델 22, 283, 284
역사주의 169, 200, 201, 206, 218, 230, 269
열등(성) 73, 111
영, 로버트 Young, Robert J. C. 268, 270
영국성 133, 216
영문학 215, 218
《오리엔탈 르네상스 The Oriental Renaissance》(슈왑) 164, 165
오리엔탈리즘 25, 26, 45, 80
《오리엔탈리즘 Orientalism》(사이드, 1978) 25, 74, 80, 81, 168, 210
오킨, 수잔 몰러 Okin, Susan Moller 243, 244, 245
외부성 159, 162, 171
외부인 161, 162
욕망 120, 122, 126, 138, 144, 152, 207, 270
'우리' 91, 252

우연성 169, 193, 204, 273
우월성 21, 85, 111, 169
운동 movement 274
원주민 157, 277, 285, 286
월콧, 데렉 Walcott, Derek 284
위장 camaouflage 125
위치 137, 286
위치이동 dislocation 69, 273
위협 113, 123, 127, 128
윌리엄스, 레이먼드 Williams, Raymond 224
《유럽 부족 The European Tribe》(필립스, 1987) 170
유사성 120, 157, 195
유색인종 42, 285
유효한 국적 257
윤리주의 56
은유 50, 68, 81, 82, 85, 121, 127, 155, 200, 201, 211, 260
은유성 metaphoricity 49, 50
의미작용 55, 82
의미화 과정 198
이글턴, 테리 Eagleton, Terry 297
이동성 292
《이론 안에서 In Theory》(아마드, 1992) 272
〈이론에 대한 참여 The Commitment to Theory〉(바바) 49, 52, 56
이론화 174, 192
이산 254
이주 145, 147, 156, 274
이주민 130, 133, 148, 155, 157, 204, 212, 229, 232, 239, 240, 241, 282
이중성 137, 148, 149, 202, 203

이중적 서사 운동 198
인간과 그의 닮은꼴 167, 172
인간에 대한 담론 163, 167
인권 33, 223, 233, 241
인권 담론 223, 231, 234, 236, 237, 239
《인도로 가는 길 A Passage to India》(포스터) 175
인종 62, 63, 78, 81, 83, 191, 196, 202, 246, 290
인종 담론 125
인종주의 30, 66, 73, 74, 75, 83, 95, 96, 99, 100, 101, 102, 125, 157, 252
인종차별 189, 191, 218, 296
인종화 85
일관성 73, 95, 135, 136, 137, 154, 155, 161, 201, 240
일반화 145, 153, 154, 157
읽기 39, 40, 43, 46, 55, 69, 84, 85, 102, 138, 250, 271, 275, 276, 277, 278, 280, 289
읽기 모델 39, 43

ㅈ

자본주의 281, 291
자아 30, 45, 84, 85, 136, 153, 171
《자유론 On Liberty》(밀) 52, 53
자유주의 51, 52, 53, 54, 55, 56, 67, 169, 230, 231, 232, 243, 244, 245, 254
잡종성 206
《장면과 음향 Sight and Sound》(잡지) 189

재현 74, 82, 89, 90, 97, 102, 103, 109, 114, 116, 120, 125, 127, 192, 197, 226, 229, 247, 279, 287
저항 62, 108, 113, 116, 127, 192, 270, 275, 281, 282
전 지구적 시민(권) 256, 257, 261
전 지구적 주체 257
전 지구화 286, 291
전이 171, 194
정신분석(학) 26, 32, 34, 42, 63, 80, 81, 84, 86, 87, 88, 112, 116, 125, 143, 144, 151, 153, 159, 160, 161, 162, 170, 171, 172, 173, 202, 270, 271, 281
정의 justice 235, 240
정체성 24, 27, 28, 32, 51, 54, 55, 63, 64, 65, 66, 76, 81, 83, 85, 86, 96, 97, 107, 120, 121, 123, 124, 125, 126, 127, 128, 129, 130, 131, 135, 143, 145, 146, 147, 149, 153, 154, 155, 156, 158, 161, 163, 165, 166, 171, 172, 180, 185, 186, 188, 190, 191, 192, 196, 197, 199, 202, 203, 204, 205, 206, 207, 208, 210, 211, 223, 225, 226, 235, 237, 238, 248, 258, 259, 261, 273, 284, 293, 297
〈정체성에 관한 질문 Interrogating Identity〉(바바) 59, 66, 67
정치 문화 251
정치 주체 52, 55
정치적 정체성 56
정치적 주체 49, 56, 241

정형화 75, 87, 92, 93, 94, 99, 102, 107, 202
제3세계 286
〈제3의 공간 The Third Space〉(바바 인터뷰) 228
《제3의 텍스트 Third Text》(잡지) 284
《제국 Empire》(하트, 네그리, 2000) 291, 292, 294
제국의 체계 system of empire 291
제국적인 체계 imperial systems 291
제국주의 80, 98, 169, 292
제유 82
제이콥스, 제인 Jacobs, Jane M. 157
제임스, 헨리 James, Henry 148
제임슨, 프레드릭 Jameson, Fredric 269
종결성 95
종족기술 ethnography(학) 94, 170, 202, 203
종족성 94
주저함 50, 148
주체 the subject 50, 51, 52, 54, 82, 111, 113, 123, 149, 198, 237, 276, 297, 298
줄리언, 아이작 Julien, Isaac 189, 190, 192
중간 지대 29, 200, 205, 285
중복 143, 147
지구화 31, 34, 286, 291, 293
지배 담론 122
지역 코스모폴리타니즘 vernacular cosmopolitanism 146, 256
지역적인 것 237
지연 deferral 61
진보 32, 89, 229, 254
진술 statement 43, 45, 46, 47, 149,

197, 199
진실 47, 53, 159
〈진정한 신념으로In Good Faith〉(루슈디) 206
집단적 권리 261
집단적 정체성 32, 160, 259
집단적 주체 259

ㅊ

차별 75, 93, 227
차연差延·différance 298
차이difference 19, 24, 26, 46, 67, 75, 81, 82, 91, 95, 107, 110, 111, 114, 120, 122, 128, 147, 149, 169, 171, 172, 216, 226, 227, 247, 276, 281, 292, 293
참여하는 비판critique engagée 47
챔버스, 이언Chambers, Iain 283
초민족주의transnationalism 34
총체(성) 101, 218
총체화 226
최종적 판단closure 85

ㅋ

칸트, 이마누엘Kant, Immanuel 256
캐리, 피터Carey, Peter 116
코스모폴리타니즘cosmopolitanism 146, 162, 163, 255, 256
코스모폴리탄 148, 187
콘래드, 조셉Conrad, Joseph 97, 98, 99, 100, 101, 102
크리스테바, 줄리아Kristeva, Julia 149, 153, 158, 160, 161, 162, 163
키플링Kipling, Rudyard 114, 116
킴리카, 윌Kymlicka, Will 231, 232, 233, 243, 244

ㅌ

타자 28, 30, 44, 85, 86, 87, 110, 115, 128, 133, 155, 161, 165, 171, 172, 173, 228, 255
타자성otherness 88, 90, 93, 158, 159, 161, 172, 203, 227, 283
탈구조주의post-structuralism 24, 25, 31, 33, 84, 167, 276, 279, 281, 288, 294
탈구조주의적 방법론 24
탈구조주의적 읽기 33
탈근대성 166, 167
탈근대주의 206, 229, 281, 291, 292, 293
탈식민 166, 213, 224, 228, 241, 257
탈식민 민족성 197
탈식민 비평 27, 61, 99, 167, 171, 173, 175, 202, 258, 259, 270, 273, 282, 283, 296
탈식민 연구 185, 268
탈식민 이론 19, 45, 108, 251, 279, 283, 284, 291, 292, 293, 294, 295
'탈식민 이론의 성삼위聖三位' 270
탈식민 지성인 273
탈식민 특권층 282
〈탈식민과 탈근대The Postcolonial and the Postmodern〉(바바) 166, 229

탈식민성post-coloniality 273
탈식민적 관점 20, 22, 31, 34, 149, 164, 166, 168, 171, 172, 224, 225, 230, 232, 260
탈식민주의 31, 34, 67, 121, 123, 145, 226, 260, 271, 272, 274, 275, 291, 292, 293, 296, 297
탈식민주의 비평 19, 126, 138, 144
테일러, 찰스Taylor, Charles 235, 239
텍스트 39, 59, 96, 100, 115, 119, 121, 123, 124, 154, 164, 165, 167, 168, 261, 268, 275, 276, 277, 278, 279, 280, 281, 283, 287, 288, 289, 290
텍스트성 49, 115, 280, 295
텍스트주의 295
텔로스telos 253
투명성(신화) 53, 54
투사projection 54, 55, 93, 178, 216, 245
특권(층) 282, 283, 286

ㅍ

파농, 프란츠Fanon, Frantz 33, 40, 60, 61, 62, 63, 64, 65, 66, 67, 83, 84, 86, 87, 88, 125, 126, 157, 276, 277, 278, 279, 280, 287, 288, 289, 290
〈파농을 기억하며Remembering Fanon〉(바바) 59, 277, 288
〈파렉 보고서Parekh Report〉(파렉) 216, 217
파렉Parekh, Bhikhu 216
패러디 137, 138

패리, 베니타Parry, Benita 275, 276, 277, 278, 281, 282, 283, 284, 288, 290, 292
팰림세스트palimpsest 196
펄로프, 마저리Perloff, Marjorie 251, 252, 293, 294
페미니즘 213, 243
평행(관계) 89, 91, 92
포스터Forster, E. M. 175, 179, 181
《포스트식민주의 또는 트리컨티넨탈리즘Postcolonialism: An historical introduction》(영, 2001) 271
푸코, 미셸Foucault, Michel 24, 33, 43, 45, 81, 149, 167, 168, 170
프로이트, 지그문트Freud, Sigmund 80, 81, 84, 88, 144, 149, 150, 151, 152, 153, 158, 159, 162, 172, 174
피부화epidermalization 63, 65, 95
필립스, 카릴Phillips, Caryl 170

ㅎ

《하얀 이빨White Teeth》(스미스, 2000) 129
하위문화 191, 192
하트, 마이클Hardt, Michael 291, 292, 293, 294
학제간적interdisciplinary 250
해리스, 윌슨Harris, Wilson 284
행동주의activist 49
행위 요인(주체) 295, 296, 298
행위주체agency 20, 22, 27, 39, 51, 53, 54, 107, 111, 112, 113, 122, 145, 164, 270, 281, 295, 296, 298

헌팅턴, 새뮤얼 Huntington, Samuel 252, 253
헤게모니 hegemony 98, 258, 259, 260
헤겔 Hegel, G. W. F. 60, 229
현재성 198
혼성 모방 196
혼종성 hybridity 19, 28, 29, 30, 33, 34, 48, 57, 63, 146, 149, 189, 195, 205, 206, 210, 211, 214, 215, 217, 225, 226, 227, 228, 229, 233, 235, 236, 237, 251, 252, 253, 269, 285, 292, 297
혼종화 hybridization 29, 32, 227, 233, 234, 237, 256, 274
혼종화된 근대 271
홀, 스튜어트 Hall, Stuart 189, 287, 288, 289, 290
홀워드, 피터 Hallward, Peter 294, 295, 296, 297, 298
환상 26, 84, 87, 134, 211, 216, 270, 283, 296

환원 206, 259, 274, 297
환유 81, 82, 85, 121, 122, 127, 169, 200, 201, 211, 235, 257, 258, 260
휴머니즘 62, 66, 111
흉내 mimicry 19, 107, 108, 109, 110, 112, 113, 114, 115, 116, 119, 120, 121, 122, 123, 124, 125, 126, 127, 128, 130, 131, 132, 133, 134, 135, 136, 138, 143, 148, 226, 285, 286
《흉내 The Mimic Men》(네이폴, 1967) 131, 137
〈흉내와 인간에 대하여 Of Mimicry and Man〉(바바) 108, 111, 125, 131
흑인 92, 191, 207, 286
〈흑인 남성 Black Male〉(바바) 92, 93, 94
흑인성 blackness 64, 65, 83, 86
《흑인이라는 사실》(파농) 287

호미 바바의 탈식민적 정체성

2011년 11월 7일 초판 1쇄 발행

지은이 | 데이비드 허다트
옮긴이 | 조만성
펴낸이 | 노경인 · 김주영

펴낸곳 | 도서출판 앨피
출판등록 | 2004년 11월 23일 제2011-000087호
주소 | 우)07275 서울시 영등포구 영등포로 5길 19(37-1 동아프라임밸리) 1202-1호
전화 | 02-336-2776   팩스 | 0505-115-0525
전자우편 | lpbook12@naver.com
블로그 | blog.naver.com/lpbook12

ISBN 978-89-92151-38-2